8/7

LICENSE

法考一本通（2018年版）

法理学·宪法·司法制度和法律职业道德·法制史·中国特色社会主义法治理论

编著 杨帆

编写说明

实行统一的国家法律职业资格考试,不仅是我国司法改革的一项重大举措,也是我国法学教育改革的突破口。从司考转变为法考后,使得更多适合条件的考生热衷于此,法律职业资格考试也逐渐形成了市场,辅导用书层出不穷。然而在众多的法考辅导用书当中,如何作出选择,便成了备考考生一个头痛的问题。

法考该用何种辅导书?我们认为,要用"看一本就能通"的书。为了达成此目的,我们努力使本书具备了如下特色:

特色一 名师编著、套书完整

本书由来胜全方位法律人培训力邀各科法考名师亲自执笔,集结了老师们多年的法考辅导经验和智慧。本书共分八小册,涵盖了最新考纲的重要考点。

特色二 内容精练、针对性强

本书强调内容的精练和实战性。针对重要的考点,我们结合历年考试的规律,对其进行精讲,并针对实际考查情况和精讲内容,提供例题以提高实战能力。

特色三 体例安排科学合理

根据考纲的要求及体系,我们选出了各科的重要考点并对其从以下三个方面为考生提供帮助。

一、精讲。对当前考点进行精当、有效的讲解,以帮助读者掌握当前考点的精要,具备解决问题的基本能力。

二、例题。针对当前考点,并结合精讲内容,使考生得到及时、有效的练习,提高应试能力,并在修正自己错误的过程中得到提高。

三、提示与预测。主要是针对一些应当特别注意的问题的提示,以及对2018年法考动向的预测。

业精于勤,荒于嬉;行成于思,毁于随。当您拥有了本书,您便得到了一片肥沃的黑土,若能加以勤耕,今日播下的种子,定能在那金秋结出胜利的果实!

编者

2018 年 5 月

目　　录

法　理　学

第一章　法的本体 ··· 3
第二章　法的运行 ·· 52
第三章　法的演进 ·· 78
第四章　法与社会 ·· 86

宪　　法

第一章　宪法的基本理论 ·· 99
第二章　国家基本制度 ··· 118
第三章　公民的基本权利和义务 ··································· 147
第四章　国家机构 ·· 155
第五章　宪法的实施及其保障 ····································· 173

司法制度和法律职业道德

第一章　司法制度和法律职业道德概述 ··························· 181
第二章　审判制度与法官职业道德 ································· 188
第三章　检察制度与检察官职业道德 ······························ 202
第四章　律师制度与律师职业道德 ································· 211
第五章　公证制度及公证员职业道德 ······························ 225

法 制 史

第一章　中国古代法制史························ 235
第二章　中国近代法制史························ 254
第三章　外国法制史···························· 259

中国特色社会主义法治理论

第一章　基本原理······························ 271
第二章　基本格局······························ 275
第三章　保障力量······························ 288

法 理 学

第一章 法的本体

第一节 法的概念

一、法的概念的争议

对于"法律是什么?"这个问题,人们的看法不尽一致。大致而言,**判断一个规范究竟是不是法律有三个标准:**
(1)是否由权威性立法机关制定。
(2)其内容是否符合道德规范。
(3)该规范是否具有社会实效。
基于对以上问题的不同回答,可以把法学划分为两大阵营:

	非实证主义		实证主义	
	自然法学	第三条道路	分析法学	法社会学
内容的正确性(是否符合道德)	√	√	×	×
权威性制定	×	√	√①	√②
社会实效	×	√	√②	√①

从上表可以看出:
(1)实证主义与非实证主义的根本分歧在于对**法律是不是必须符合道德(法律与道德之间有无内在的必然的联系)**"这个问题的认识有关。
(2)实证主义认为法律与道德之间没有必然联系,实证主义考虑两个要素:**权威性制定和社会实效**。大多数实证主义者以这两个要素的结合作为定义法的概念的标准,既然是两个要素的结合就有一个以何者为主要要素的问题,依据对这两个要素强调的程度不同,实证主义法学阵营可以做进一步的区分:
① 分析法学(也叫分析实证主义法学):**以权威性制定为首要要素或唯一要素**。其主张如下表:

主张	着力分析真正的法或"严格意义的法",即国家制定的法律"国家法",由于这种法律能为经验所感知和真实存在着,因而也叫实在法或实证法。至于其他所谓的"法",如自然规律、自然法、荣誉法则,只是有比喻意义,不值得法学研究。
	实在法或国家法是由法律规则构成的,是一个法律规则或法律规范的体系。
	法律是中性和价值无涉的,也就是说它是一种纯粹技术性和工具性的东西。至于政治道德等价值观念、意识形态与法律并无内在的和必然的联系,因此不能从政治上和道德上对法进行评价,即不存在什么道义与不道义、良与恶的问题。"恶法是法"。
	一个由立法机关制定的好的法律规则体系,即形式上具有合理性的法律规则体系是以解决各种社会问题为宗旨的,执法者或法官只要遵循规则就可以审理各种案件,也就是说,执法者只是法律推理的机器,不应当有任何的自由裁决权。
评价	这种法律观只注意到法与国家密切联系,却忽略、否认和割裂了法与其他事物,特别是政治、道德的不可分割的联系,他们揭示了法的技术性、工具性、独立性,却否认了它的价值性、目的性、依赖性。

② 法社会学(含现实主义法学):**以社会实效为首要因素或者唯一要素**。其主张如下表:

主张	法在本质上是一种社会秩序,真正的和主要的法律不是国家立法机关制定的法律规则,而是社会立法中的秩序或人类联合的内在秩序。凡是对形成秩序起到了实效的东西都是法律。
	法律与国家之间并没有不可分割的联系,它并非一定由国家机关特别是立法机关所制定和实施,在没有国家的时候和没有国家的地方也存在着法律。
	法律绝非仅仅是规则的体系,而是由规则、原则、政策、习惯多种复杂的要素构成,法律的本身并不是单纯的一种规则。
	法律不仅是一个规则体系,还是一个过程和事业。
评价	社会法学派的观点,表明了他们坚持在法与社会的相互关系中,以法的实际运作为对象,揭示了法产生于社会之中,目的是消解彼此利益之间的矛盾、冲突、对立和斗争,以平衡各种利益。而且,他们还把法置于整个社会之中,分析各种社会的、政治的、心理的以及文化的诸因素对于法及其运作的作用和影响。应当说,法律社会学有利于对法的内涵的理解,有利于扩展法学研究的领域和视野。

现实主义法学认为:真正的法律存在于法官的判决中,纸面上的法律仅仅是对法官将要做什么的预测(霍姆斯)。

(3) 非实证主义法学:**以内容的正确性为必备要素,不排除其他要素**。

① 自然法学派:**以内容的正确性(法律的内容是否符合正义)为唯一要素**。其主张如下表:

主张	自然法学派认为,法在本质上是一种客观规律,立法者所制定的法律必须以客观规律为基础,这种客观规律是宇宙、自然、事物以及人的本性,是"理性"的反映。
	法来源于永恒不变的本性、自然性、社会性、理性。真正的法律应当与之相符合,特别是与理性相符合,或以理性为基础,它永恒不变,并具有普遍的适用性。
	法的功能和目的在于实现公意和正义。
	法律及其观念应当与人们的价值观念、道德观念相一致,自然法是人类寻求正义之绝对标准的结果。不符合道德、违背正义准则的法律是恶法。"恶法非法"。
评价	自然法学派特别重视法律存在的客观基础和价值目标,即人性、理性、正义、自由、平等、秩序,他们对法律的终极价值目标和客观基础的探索,对于认识法的本质和起源有着重要的意义。

② 第三条道路(综合法学派):如果既考虑内容的正确性,又考虑权威性的制定和社会实效,则该学派被称为超越自然法学和分析法学的第三条道路,代表人物如阿列克西。

【帆哥提示】 自然法学看道德,不道德的不是法。分析法学看来源,出自国家才是法。法社会学看实效,有实效的都是法。

【真题示例】

"法学作为科学无力回答正义的标准问题,因而是不是法与是不是正义的法是两个必须分离的问题,道德上的善或正义不是法律存在并有效力的标准,法律规则不会因违反道德而丧失法的性质和效力,即使那些同道德严重对抗的法也依然是法。"关于这段话,下列说法正确的是:(2015/1/90,不定项)①

A. 这段话既反映了实证主义法学派的观点,也反映了自然法学派的基本立场
B. 根据社会法学派的看法,法的实施可以不考虑法律的社会实效
C. 根据分析实证主义法学派的观点,内容正确性并非法的概念的定义要素
D. 所有的法学学派均认为,法律与道德、正义等在内容上没有任何联系

【分析】 引文认为:"即使那些同道德严重对抗的法也依然是法",同道德严重对抗的法即恶法,"恶法亦法"是分析法学的观点,自然法学派主张恶法非法。故 A 错。

社会学法学派以社会实效作为定义法的首要要素或者唯一要素,故 B 错。

分析实证主义以权威性制定作为定义法的唯一要素或首要要素,不考虑内容是否符合道德,即法律规范的内容是否正确,故 C 对。

虽然在"法律与道德有没有必然联系"这个问题上,不同的学派主张不同,但是他们都认为法律和道德有内容上的联系,道德义务可以转化为法律义务,法律是最低限度的道德。故 D 错。

二、马克思主义法理学关于法的本质的学说

正式性 (官方性、 国家性)	从来源上看,法律由国家制定或认可。
	从保障实施的力量看,法律的实施最终依赖于国家强制力的保障。
	从外在表现形式看,法律以正式的规范性法律文件的形式表现于外。

---

① 【答案】C

（续表）

阶级性	国家是统治阶级进行阶级统治的工具。	
	在阶级对立的社会，法律所体现的国家意志实质上是统治阶级意志。	
	所有的法律都体现统治阶级的意志，但并非所有的法律都仅仅体现统治阶级的意志。有些法律在体现统治阶级的意志的同时，还反映被统治阶级的愿望和要求。	
物质制约性	法律最终是由一定社会的物质生活条件决定的。	
	"立法者应该把自己看做是一个自然科学家，他不是在制造法律，更不是在发明法律，而仅仅是在表述法律。"	

【帆哥提示】 出自国家正式性；统治工具阶级性；物质制约社会性。

【真题示例】

下列有关法的阶级本质的表述中，哪些体现了马克思主义法学关于法的本质学说？（2002/1/81，不定项）①

A. 一国的法在整体上是取得胜利并掌握国家政权的阶级意志的体现
B. 历史上所有的法律仅仅是统治阶级的意志的反映
C. 法的本质根源于物质的生活关系
D. 法所体现的统治阶级的意志是统治阶级内部各党派、集团及每个成员意志的相加

【分析】 基于马克思主义法理学的基本理论，AC两项显然表述正确。

在阶级对立的社会中，法律体现统治阶级的意志，但并不是仅仅体现统治阶级的意志，有些法律反映包括统治阶级和被统治阶级在内的所有社会成员的意志，比如维护交通安全的法律就体现社会成员的共同意志。故 B 错。

法律体现统治阶级的意志，但是这种意志是统治阶级的共同意志，并非是统治阶级内部各党派、集团及每个成员意志的相加。故 D 错。

三、"国法"及其外延

定义	特定国家现行有效的法，即一个国家正在实施的法。	
外延	国家专门（立法机关）机关制定的法（成文法）	"成文法"中的文指条文。
	法院或法官在判决中创制的规则（判例法）	① 判例法是"**法官造法**"的产物，其基本原则为"**遵循先例**"。 ② 中国的"**案例指导制度**"和英美法系的判例法制度具有类似的功能，即限制法官的自由裁量，实现法的统一适用。
	国家通过一定的方式认可的习惯法（不成文法）	"不成文法"有两种含义：一是指不具有文字形式的习惯法；二是指不具有条文形式的判例法。**在日常的用法中，"不成文法"主要指习惯法。**
	其他执行国法职能的法	欧洲中世纪的教会法虽然不是国家制定，但是起到了国法的职能。

---

① 【答案】AC

【帆哥提示】 "国法"分四类:国家制定成文法;国家认可习惯法;法院创制判例法;其他职能类似法。

【真题示例】
下列有关"国法"的理解,哪些是不正确的？(2012/1/54,多选)①
A. "国法"是国家法的另一种说法
B. "国法"仅指国家立法机关创制的法律
C. 只有"国法"才有强制性
D. 无论自然法学派,还是实证主义法学派,都可能把"国法"看作实在法

【分析】 此题的难点在于对"国家法"和"国法"这两个概念的辨析。

"国家法"指的是出自国家的法,与"社会法"或"民间法"相对立。大致而言,"国家法"包括国家立法机关制定的成文法、国家立法机关认可的习惯法、法院创制的判例法。而"民间法"或"社会法"指的是与国家机关无涉,而在社会中存在的建构社会秩序的规范,比如习惯,再比如前文提及的教会法就属于这个范畴。根据前文的对国法的定义,显然国法的外延要大于国家法。基于此,A、B 两个选项的表述是错误的。

一般而言,规范都有保障自己得以实现的力量,规范都有强制性,并不是只有"国法"才具有强制性,道德规范、宗教规范都有强制性。法律和其他社会规范的区别在于法律具有国家强制性。故 C 选项表述错误。

D 选项中出现了"实在法"一词。所谓实在法就是实际存在的法。自然法学认为实际存在的法有两个系统:自然法和人定法。自然法即普遍的公平正义等道德观念,人定法即国法,自然法学认为,人定法应该符合自然法,否则就是恶法,不具有法律效力,恶法非法。分析法学认为,只有"国法"才是唯一存在的法。由此可见,自然法学和分析法学都认为国法是实在法,其分歧在于是否承认自然法的实存性,以及自然法和人定法之间的必然联系性。

四、法律的特征

(一) 法是调整人的行为的一种社会规范

1. 规范的含义大体为标准、尺度、准则、规矩和规则。
2. 社会规范是指人与人相处的准则。法律就是社会规范之一。
3. 法律不同于**技术规范**和**自然法则**。

(1) **技术规范**,它的调整对象是人与自然的关系,是规定人们如何使用自然的力量和生产工具以有效地利用自然的行为准则。

(2) **自然法则**,即自然规律,是自然现象之间的联系,自然现象的存在与人的思维和行动无关,因此它不具有文化的意蕴。对于自然法则,人们只能认识和遵守而不能改变,违背自然规律,会招致自然力的惩罚。

(3) 社会规范是无数思维着的理性的个人行动的结果,是一种**文化现象**。

4. 作为调整行为的社会规范,法律又不同于其他社会规范。法律是一种以公共权力为后盾的、具有特殊强制性的社会规范。而习惯、道德、宗教、政策等社会规范则建立在人们的信仰或确信的基础上,大体上通过社会舆论、传统的力量、社团内部的组织力或人们的内心发生作

---

① 【答案】A、B、C

用。因此,它们不仅是人的行为的准则,而且也是人的意识、观念的基础。

【帆哥提示】

（1）规范性有两层含义:① **对象不特定**;② **适用可反复**。

（2）法典属于规范性法律文件,因为法典针对的对象是不特定的,在同样的情况下是可以反复适用的。根据法律作出的判决书,其针对对象特定,且不能反复适用,属于非规范性法律文件。

（二）法是由公共权力机构制定或认可的具有特定形式的社会规范

1. 法形成于公共权力机构,这是法律与其他人为形成的社会规范的主要区别之一。

2. 法的形成方式有两种:制定和认可。

3. 通过制定的方式形成的法律就是成文法或制定法。

4. 认可就是国家机关赋予社会已有的社会规范,如习惯、道德、宗教教义、政策等法律效力。认可有两种方式:

（1）国家立法者在制定法律时将已有的不成文的零散的社会规范系统化、条文化,使其上升为法律。此种方式可称之为"**具体认可**"。

（2）立法者在法律中承认已有的社会规范具有法律的效力,但未将其转化为具体的法律规定,而是交由司法机关灵活掌握,如有关"从习惯""按政策办"等。此种方式可称之为"**抽象认可**"。

（三）法是具有普遍性的社会规范

1. 在一国主权范围内,法具有普遍效力,所有人都要遵守;

2. 在民主法治国家里,法律对同样的事和人同样适用,即法律面前人人平等;

3. 近代以来,法虽是一国主权范围内的事,具有**地域性**、**民族性**。但一国法的内容与人类的普遍要求相一致。

【帆哥提示】

（1）普遍性有三层含义:效力最高性;适用平等性;内容一致性。

（2）亚里士多德曾言:法治就是已经制定的法律获得了普遍的遵守,而为大家所遵守的法律本身是制定得良好的法律。普遍守法是法治不可或缺的要素。

（四）法是以权利和义务为内容的社会规范

1. 法是通过设定以权利义务为内容的行为模式的方式,指引人的行为,将人的行为纳入统一的秩序之中,以调节社会关系。

2. 法律以权利义务为内容,意味着一定条件具备时,人们可以从事或不从事某种行为,必须做或必须不做某件事。而自然法则不是人们选择的问题,一定条件具备时,必然出现一定的结果。

3. 法律具有既关注权利也关注义务的两面性。宗教、道德等社会规范,其内容主要是对主体的义务性要求。

（五）法是以国家强制力为后盾,通过法律程序保证实现的社会规范

1. **规范都有保证自己实现的力量**。没有保证手段的社会规范是不存在的。

2. 不同的社会规范,其强制措施的方式、范围、性质是不同的。法律强制是一种国家强制,法律是最具有外在强制性的社会规范。国家强制力是保证法律实施的**最后力量**,而**非唯一力量**。

3. 国家强制力即国家暴力。国家的暴力是一种"合法的"暴力。国家权力必须合法行使，包括符合实体法和程序法两个方面的要求。

4. 无程序即无正义。法律的制定和实施都必须遵守法律程序，法律职业者必须在程序的范围内思考、处理和解决问题。法的程序性是法区别于其他社会规范的重要特征。

（六）法是可诉的规范体系，具有可诉性

1. 法的可诉性是指法律作为一种规范人们外部行为的规则可以被任何人在法律规定的机构中通过争议解决程序加以运用以维护自身权利的可能性。

2. 不同的社会规范，具有不同的实现方式。法律的实现方式不仅表现在以国家暴力为后盾，更表现在以一种制度化的争议解决机制为权利人提供保障，通过权利人的行动，启动法律与制度的运行，进而凸显法律的功能。所以，判断一种规范是否属于法律，可以从可诉性的角度加以观察。

3. 法的可诉性的构成要素：

（1）**可争讼性**。即任何人均可以将法律作为起诉和辩护的根据。

（2）**可裁判性**（可适用性）。法律能否用于裁判作为法院适用的标准，是判断法律有无生命力、有无存续价值的标志。

【帆哥提示】 可诉性要素有二：对公民可争讼；对法院可裁判。

【真题示例】

法是以国家强制力为后盾，通过法律程序保证实现的社会规范。关于法的这一特征，下列哪些说法是正确的？（2013/1/55，多选）①

A. 法律具有保证自己得以实现的力量

B. 法律具有程序性，这是区别于其他社会规范的重要特征

C. 按照马克思主义法学的观点，法律主要依靠国家暴力作为外在强制的力量

D. 自然力本质上属于法的强制力之组成部分

【分析】 自然与人为相对应。保证法律实施的力量是国家强制力，国家强制力是一种人为的暴力，而非自然力。故 D 错。其余选项均正确。

五、法的作用

（一）法的作用的定义

1. 法的作用泛指法律对社会产生的影响。

2. 法的作用体现在法与社会的交互影响中，在社会发展的过程中，法作为上层建筑的组成部分，其产生、存在与发展变化都是由社会的生产方式决定的。法在由社会决定的同时，也具有相对的独立性。这种独立性在一定意义上就体现在法能够促进或延缓社会的发展。

3. 法的作用直接表现为国家权力的行使。

4. 法的作用本质上是社会自身力量的体现。法能否对社会发生作用、法对社会作用的程度、法对社会发生作用的效果，不是法律自身能够决定的。

5. 法的作用可以分为规范作用和社会作用。规范作用是手段，社会作用是目的。

---

① 【答案】A、B、C

(二) 法的作用对象

1. **法律作用的对象只能是人的行为,而不规制人的思想**。思想应该是自由的,思想实际上也是自由的,因为即使囚犯也可以神游九州,心驰八荒。

2. 法律作用的行为是人与人之间的**交互行为**,人与人之间的交互行为构成了社会关系,故也可以说,法律调整的对象是社会关系,经过法律调整的社会关系就是法律关系。

(三) 法的规范作用

法的规范作用可以分为指引、评价、教育、预测和强制五种。这五种法的规范作用是法律必备的,任何社会的法律都具有。但是,在不同的社会制度下,在不同的法律制度中,由于法律的性质和价值的不同,法的规范作用的实现程度是会有所不同的。

1. 指引作用

(1) 指引作用的对象:**自己的行为**。

(2) 指引作用的形式:

① 个别性指引,即通过一个具体的指示形成对具体的人的具体情况的指引,它具有针对性强的优点,但也有任意性强、成本高、缺乏效率、缺乏统一性,容易导致人们的不稳定心理等缺点。

② 规范性指引,是通过一般的规则对同类的人或行为的指引,它存在针对性弱可能造成个案不正义的缺点,但是同时具有连续性、稳定性和高效率的优势。

(3) 法律的指引属于规范性指引,以行为人是否可以作出选择,可分为确定的指引和不确定的指引(选择性指引)。

(4) 权利性规则对人的行为进行选择性指引,义务性规则对人的行为进行确定性指引。但要注意的是**确定性规则不一定是确定性指引**。

(5)《管子·七臣七主》说"法律政令者,吏民规矩绳墨"。在一个法治社会中,人们主要是依据法律来安排自己的行为的。

2. 评价作用

(1) 评价作用的对象:**他人的行为**。

(2) 任何人都可以依据法律对他人的行为作出评价。

(3) 评价作用有专门评价和一般的评价之分。专门评价具有法律约束力。

(4) 一般的评价虽然无法律上的约束力,但是对司法活动既有积极影响,也有消极影响。就积极影响而言,可以形成舆论监督,从而保证司法公正的实现。就消极作用而言,可能影响到司法机关独立行使审判权,从而造成司法不公。

【帆哥提示】 评价作用是依据法律对他人行为作出的评价,因而评价的结果有二:合法和违法。最严重的违法行为是犯罪。如果题目中出现了合法、违法或者构成某罪,一般都体现了法的评价作用。

3. 预测作用

(1) 预测作用的对象:人们之间的**相互作用**。

(2) 预测作用可分为:

① 对如何行为的预测。即当事人根据法律规范的规定预计对方当事人将如何行为,自己将如何采取相应的行为。

② 对行为后果的预测。借助于法律规范,行为人可以预测到自己行为的后果,从而对自

己的行为作出理性的安排。

（3）预测作用与人对安全、稳定的需求有关。一个社会中人们行为的法律后果可预测性越强，人们的安全感越高。

（4）法律要发挥预测作用，它必须是不溯及既往的、稳定的、确定的、不矛盾的。

【帆哥提示】 预测作用是对将要发生的后果的预测，预测作用往往和指引作用联系在一起。比如说根据交通法规，我可以预测到：如果我开车闯红灯，将被罚款200元，所以我就按照交通规则行为而不去闯红灯。

4. 教育作用

（1）教育作用的对象：一般人的行为。

（2）教育作用分为示警作用和示范作用。通过法的强制作用可以达到"兴功惧暴"的目的，"兴功"是示范作用的表现，"惧暴"是示警作用的体现。

5. 强制作用

（1）强制作用的对象：违法犯罪者的行为。

（2）法的强制作用首先表现为对违法行为的否定和制裁，其目的在于对合法行为的肯定和保护。

（3）强制作用是法的其他作用的重要保障。没有强制作用，法的指引作用就会降低，评价作用就会失去意义，预测作用就会受到怀疑，教育作用也会在一定程度上受大影响。

（4）德国法学家耶林认为，法律乃是国家通过外部强制手段而加以保护的社会生活条件的综合。强制是法律的形式要素，没有强制力的规则是"一把不燃烧的火，一缕不发亮的光"。

（5）虽然法律要发挥作用离不开强制，但是强制并非保证法律实施的唯一力量，而只是最后力量。法律要得到良好地遵守，还得建立在人们自觉自愿的基础上。

（6）自愿遵守建立在人们对法律信任的基础之上。美国法学家伯尔曼说："法律必须被信仰，否则它将形同虚设。"故，树立法律的公信力，培育民众对法律的信仰是法治建设亟须解决的课题。

【小结】 法的规范作用，是司法考试的高频考点。总结如下：

规范作用	指引	自己的行为	指引分为：个别性指引和规范性指引，规范性指引分为确定性指引和有选择(不确定)的指引。
	评价	他人的行为	评价作用有专门评价和一般评价之分。专门评价具有法律约束力。
	预测	相互行为	包括对如何行为的预测和对行为后果的预测。
	教育	一般人行为	分为示警作用和示范作用。
	强制	违法犯罪行为	强制作用是法的其他作用的重要保障。
			指自己，评别人，测后果，强犯罪，育大众

【真题示例】

关于法的规范作用，下列哪一说法是正确的？（2014/1/10，单选）[①]

A. 陈法官依据诉讼法规定主动申请回避，体现了法的教育作用

---

① 【答案】D

B. 法院判决王某的构成盗窃罪,体现了法的指引作用

C. 林某参加法律培训后开始重视所经营企业的法律风险防控,反映了法的保护自由价值的作用

D. 王某因散布谣言被罚款300元,体现了法的强制作用

【分析】 陈法官主动申请回避体现了法的指引作用。法院判决王某行为构成盗窃罪,体现了法的评价作用。林某参加法律培训后开始重视所经营企业的法律风险防控,体现了法的指引作用。故A、B、C选项错误,D选项正确。

(四)法的社会作用

1. 法的社会作用是由法的内容、目的决定的。

2. 法的社会作用主要涉及了三个领域和两个方向。

(1)三个领域即社会经济生活、政治生活、思想文化生活领域。

(2)两个方向即政治职能(通常说的阶级统治的职能)和社会职能(执行社会公共事务的职能)。

(五)法的作用的局限性

1. 法律是以社会为基础的,因此,法律不可能超出社会发展需要"创造"或改变社会。

2. 法律是社会规范之一,必然受到其他社会规范以及社会条件和环境的制约。

3. 法律规制和调整社会关系的范围和深度是有限的:

① 法律只能调整人的外部行为而不涉及人的思想,而行为根源于思想,法律不能解决行为的根源。思想问题最终得靠其他方式来解决。

② 法律只调整人的某些行为,而不能是全部行为。友谊、爱情、信仰就不适宜用法律来调整特别是用法律来强制。

4. 法律自身条件的制约:

(1)"法律规制将来,法官裁判过去。"立法者为未来立法,这就要求立法者对将来发生的行为要具有一定的预测能力,但立法者的理性是有限的,因而**法律难免会有空白或者漏洞**。

(2)法律是通过语言表达的,语言的模糊性决定了法律会有**不确定性**。

(3)法律具有概括性和抽象性,概括性的法律概念有可能不能够涵盖纷繁复杂的现实世界,因而法律有可能存在**僵硬性**,即严格按照法律裁判可能导致判决结果**合法而不合理**。

(4)法律应该是稳定的,但是法律所调整的社会关系是频繁变化的,故法律具有**滞后性和保守性**。

【帆哥提示】 法的作用的局限性是分析许多法理学问题的出发点,尤其以下三个方面经常会被提起:

(1)当法律出现空白的时候,法官不能拒绝裁判案件,此时法官有法律续造的义务,即填补法律空白。记忆口诀为:**理性有限有空白,法律续造补空白**。填补法律空白的方法有:

① 当法律规则出现空白的时候,适用法律原则。

② 法律的正式渊源出现空白的时候,适用法的非正式渊源。

③ 对法律进行创造性解释。

④ 类比推理也可以起到填补法律空白的作用。

(2)语言的模糊性导致了法律的不确定性,法律的不确定性导致了自由裁量权的产生,自由裁量权的行使有可能导致同案不同判。记忆口诀为:**语言模糊不确定,自由裁量不可免**。要

实现法律面前人人平等,必须限制法官的自由裁量权。"**禁止向一般条款逃逸**"就是限制自由裁量权的方法之一,"一般条款"就是更加抽象、更加概括的条款,一般条款授予法官更大的自由裁量权,该原则要求有四:

① 同一机关制定的一般法和特别法之间,优先适用特别法;
② 上位法和下位法之间,当下位法符合上位法时,优先适用下位法;
③ 同一部规范性法律文件中的规则规定和原则规定之间,优先适用规则;
④ 同一部规范性法律文件中的总则规定和分则规定之间,优先适用分则规定。

(3) 用一般性的法律裁判个案,可能会导致个案不公正。记忆口诀为:**一般对个别,合法不合理,法现僵硬性**。克服法律僵硬性的方法之一就是赋予法官适度的自由裁量权。

【真题示例】

关于法的作用,下列哪些选项是错误的?(2008/1/51,多选)①
A. 法是由人创制的,人们在立法时受社会条件的制约
B. 法律人在处理法律问题时没有自己的价值立场
C. 法具有概括性,能够涵盖社会生活的所有方面
D. 法律不能要求人们去从事难以做到的事情

【分析】 本题考查法的作用。法的作用体现在法与社会的相互影响中,法是由人创造的,人们在立法时会受到社会条件的制约,立法者不可能脱离其所处时代的社会条件去创造法律,比如秦始皇就不能制定信息安全法。因此,A 项说法正确。

法律规范体现了立法者的价值判断。法律人处理法律问题时,必须严格依照法律规范进行,但是,法律人适用法律的时候也存在自由裁量权,行使自由裁量权就是法律人在做自己的价值判断。因此,B 项说法错误。

法不是万能的,法的局限性是和法律调整对象的有限性相联系的,法不可能调整社会生活的全部,有些社会关系(如人的情感关系、友谊关系)不适宜由法律来调整,法律不应涉足其间。因此,C 项说法错误。

法律是人的行为准则而不是神的行为标准,法律是一般人的行为准则而不是圣人的行为准则,所以法律不能把一般人做不到的行为规定为义务,即法律不强人所难。故 D 项说法正确。

第二节 法 的 价 值

一、法的价值的含义

1. 法的价值是指作为客体的法相对于作为主体的人而言所表现出来的性状、属性和作用。

2. 法的价值体现了一种主客体之间的关系。法律无论内容还是目的都必须符合人的需要。

3. 法的价值表明了法律对于人们而言所拥有的正面意义,它体现了其属性中为人们所珍

---

① 【答案】B、C

视或珍惜的部分。

4. 法的价值既包括对实然法的认识,更包括对应然法的追求。

二、法的价值判断和法的事实判断

1. 事实判断是一种描述性判断,是关于客体实际上是什么的判断;而价值判断是一种规范性判断,是关于客体应该是什么的判断。

2. 客观世界是由事实构成的,价值是判断者附加在客体之上的,不同的主体其价值观不同,故对同一客体会做出不同的价值判断,因此,**价值判断具有主观性**。

3. 法律作为一种规范,它是立法者从自己的价值体系出发,做出的关于人应该如何行为的判断,故,**法律规范为价值判断**。

4. 根据三段论的推理规则,如果大前提是价值判断,结论必然为价值判断,故在法律实施过程中,一定主体依据法律规范所作出的实体结论为价值判断。

5. 在法律的实施过程中,对案件事实的认定总体上属于事实判断,但是认定案件事实离不开证据,一个证据有无证明力以及证明力大小需要相关主体做价值判断。

【帆哥提示】 描述案件事实判断;依法决定价值判断。

【真题示例】 贾律师在一起未成年人盗窃案件辩护意见中写到:"首先,被告人刘某只是为了满足其上网玩耍的欲望,实施了秘密窃取少量财物的行为,主观恶性不大;其次,本省盗窃罪的追诉限额为800元,而被告所窃财产评估价值仅为1050元,社会危害性较小;再次,被告人刘某仅从这次盗窃中分得200元,收益较少。故被告人刘某的犯罪情节轻微,社会危害性不大,主观恶性小,依法应当减轻或免除处罚。"关于该意见,下列哪些选项是不正确的?(2010/1/55,多选)①

A. 辩护意见既运用了价值判断,也运用了事实判断

B. "被告人刘某的犯罪情节轻微,社会危害性不大,主观恶性小,依法应当减轻或免除处罚",属于事实判断

C. "本省盗窃罪的追诉限额为800元,而被告人所窃取财产评估价值仅为1050元",属于价值判断

D. 辩护意见中的"只是"、"仅为"、"仅从"这类词汇,属于法律概念

【分析】 事实判断是一种描述性判断,是关于客体实际上是什么的判断,而价值判断是一种规范性判断,是关于客体应该是什么的判断,具有主观性。"主观恶性不大""社会危害性较小"属于价值判断,"分得200元"属于事实判断,所以辩护意见既运用了价值判断,也运用了事实判断。选项A正确。

"被告人刘某的犯罪情节轻微,社会危害性不大,主观恶性小,依法应当减轻或免除处罚"属于价值判断。选项B错误。

"本省盗窃罪的追诉限额为800元,而被告人所窃取财产评估价值仅为1050元"属于事实判断。选项C错误。

法律概念,是对各种法律事实进行概括,抽象出它们的共同特征而形成的权威性范畴。法律概念与日常生活用语中的概念不同,它具有明确性、规范性、统一性等特点。法律概念是构

---

① 【答案】B、C、D

成整个法律体系的原子,是法律知识体系中最基本的要素,如故意犯罪、法人、正当防卫都属于法律概念。辩护意见中的"只是""仅为""仅从"这类词汇属于连词,不是法律概念。选项D错误。

三、法的价值的种类

（一）秩序

1. 任何一种法律都是要追求并保持一定社会的有序状态的,法律总为一定的秩序服务。**不存在不以建构社会秩序为目的的法。**

2. 现代法律所追求的秩序必须受自由和正义的规制。奴隶制可以是有秩序的,但是由于奴隶制下缺乏正义和自由,所以不是现代法治意欲建立的秩序。

3. 秩序形成的首要条件是规则的存在,法律秩序的建立的前提条件是存在法律规则。仅颁布规则还不够,这些规则还得具备一定的要件且要得到严格的实施。

（二）自由

1. 是否存在自由,取决于决定论是否成立。如果决定论成立,则自由是不存在的。自然界受"因果律(凡事物都有原因)"的支配,除了第一因(上帝)外,其他事物是不自由的。

2. 但是,对个人而言,人可以支配自己的行为,自己是自己行为的原因,故而人的意志可以是自由的。**故从哲学上来讲,自由是指在没有外在强制的情况下,能够按照自己的意志进行活动的能力。**

3. 从价值上而言,自由体现了人性最深刻的需要,好的法律必须承认、尊重、维护人的自由。**法律本质上以自由为最高价值。**

4. 绝对意义上的自由就是为所欲为。可是,在一个社会中,不可能有绝对的自由,除非是荒岛上生存的鲁滨逊。

5. 法治政府的常识是:对公民而言,自由就是做法律许可的事情的权利,即**"法无禁止即自由"**。相应的,法治下的政府的权力是有边界的,即以宪法和法律的授权为界限,**"法无授权即禁止"**。

6. 从价值上而言,法律是自由的保障。马克思说:"法典就是人民自由的圣经。"因而,法律必须体现自由、保障自由,只有这样,才能使"个别公民服从国家的法律也就是服从他自己的理性即人类理性的自然规律",从而达到国家、法律与个人之间的完满统一。

7. 自由既然是人的本性,因而也就可以成为一种评价标准。衡量国家的法律是否是"真正的法律",马克思说:"法律只是在自由的无意识的自然规律变成有意识的国家法律时,才成为真正的法律。哪里法律成为实际的法律,即成为自由的存在,哪里法律就成为人的实际的自由存在。"因而**任何不符合自由意蕴的法律,都不是真正意义上的法律,都是"恶法"。**

8. 法律可以限制自由,这是当代法治社会的共识。法律不能无限制的、随意的限制自由,这也是共识。赖以证明法律限制自由正当性的原则如下:

(1) 伤害原则:

在《论自由》一书中,密尔把人的行为分为自涉行为和涉他行为。前者只影响自己的利益或者仅仅伤害到自己,后者则影响到别人或者伤害到别人。密尔认为,只有伤害别人的行为才是法律检查和干涉的对象,未伤害任何人或仅仅伤害自己的行为不应受到法律的惩罚,简言之,社会干预个人行动自由唯一的目的是"自我护卫",只有为了阻止对别人和公共的伤害,法律对社会成员的限制才是合理的,可以证成的。概言之,**所谓伤害原则就是禁止伤害他人的行为**。

(2) 冒犯原则:

冒犯原则的基本思路是:法律禁止那些虽不伤害别人但却冒犯别人的行为是合理的。这里的冒犯行为是指使人愤怒、羞耻或惊恐的淫荡行为或放肆行为,如人们忌讳的性行为、虐待尸体、亵渎国旗。这种行为公然侮辱公众的道德信念、道德感情和社会风尚,因此必须受到刑事制裁。概言之,冒犯原则的主旨是**禁止公然违背公序良俗的行为**。

(3) 法律家长主义:

法律家长主义原则也称父爱主义,其基本思路是,禁止自我伤害的法律,即家长式的法律强制是合理的。家长式的法律强制是指为了被强制者自己的福利、幸福、需要、利益和价值,而由政府对一个人的自由进行的法律干涉。如禁止自杀、禁止决斗、强制戒毒等法律法规都是该原则的体现。概言之,就是**禁止自我伤害的行为**。

(4) 法律道德主义原则:

凡是违背了一个社群的道德,无论公然与否都予以禁止。该原则过分限制了人的自由,为法治国家所不采。

【真题示例】

"法律只是在自由的无意识的自然规律变成有意识的国家法律时,才成为真正的法律。哪里法律成为实际的法律,即成为自由的存在,哪里法律就成为人的实际的自由存在。"关于该段话,下列说法正确的是:(2016/1/88,不定项)①

A. 从自由与必然的关系上讲,规律是自由的,但是无意识的,法律永远是不自由的,但却是有意识的

B. 法律是"人的实际的自由存在"的条件

C. 国家法律须尊重自然规律

D. 自由是评价法律进步与否的标准

【分析】 题干部分是马克思的名言。自然规则是受因果律支配的,有原因必有结果,自然规律属于必然王国,是不自由的。在马克思看来,真正的法律就是自由的法律,自由是评价法律进步与否的标准,故A错,D对。每个人的自由都是平等的,一个人在行使自由的时候要受到法律的限制,法律限制自由的目的在于保障每个人的自由能和谐共处。故B对。立法的时候不能违背自然规律,否则不具有可操作性,或者强人所难。故C对。

(三) 正义

1. 美国法理学家博登海默曾经说过:"正义具有一张普罗透斯似的脸,变幻无常,随时可呈不同的形状,并具有极不相同的相貌。"这就是说正义的概念形形色色,正义的观念也有很多种。在以往的考试中,关于正义的理论曾经考到的有:

(1) 功利主义:一个行为、一项制度只要实现了最大多数人的最大幸福,则该行为或者该制度就是正义的。

(2) 自由至上主义:个人权利和自由具有绝对的优先性,除非经过个人同意,否则不得以大多数人的幸福为由侵犯个人的自由和权利。

---

① 【答案】B、C、D

【真题示例】

一外国电影故事描写道：五名探险者受困山洞，水尽粮绝，五人中的摩尔提议抽签吃掉一人，救活他人，大家同意。在抽签前摩尔反悔，但其他四人仍执意抽签，恰好抽中摩尔并将其吃掉。获救后，四人被以杀人罪起诉并被判处绞刑。关于上述故事情节，下列哪些说法是不正确的？（2013/1/53，多选）①

　　A. 其他四人侵犯了摩尔的生命权
　　B. 按照功利主义"最大多数人之福祉"的思想，"一命换多命"是符合法理的
　　C. 五人之间不存在利益上的冲突
　　D. 从不同法学派的立场看，此案的判决存在"唯一正确的答案"

【分析】　在本事例中，其他四人以民主的方式剥夺了摩尔的生命权，充分说明了民主有非理性的要素，会造成多数人的暴政，从而侵犯少数人的权利，故 A 的说法正确。

在功利主义者看来，本例中牺牲了摩尔一个人，而挽救了其余四个人，四个人的幸福总量大于一个人的幸福总量，故该行为是正当合理的。故 B 的说法正确。

在当时的情况下，五个人的利益显然是有冲突的，故 C 的说法错误。

在疑难案件中，从不同的法学立场出发可能会得到不同的法律判决，德沃金所主张的"唯一正确答案"实际上是不存在的，故 D 的说法错误。

2. 正义的核心是平等。正义有形式正义（形式上的平等）与实质正义之分。

（1）形式正义：要求不管人们出于何种目的，不管在何种场合，都要以同一方式对待人。正义总意味着平等，意味着平等待人。

（2）实质正义：具体情况具体分析，照顾和保护弱者。

形式正义和实质正义二者的区别，如下图所示：

---

① 【答案】C、D

3. 实体正义和程序正义也是法学中的一对重要概念:
(1) 实体正义:实体正义指的是案件事实的正确认定和实体法的正确适用。在刑事诉讼中实体正义的要素包括:犯罪的人受到刑罚;无罪的人不被定罪;罪刑相适应。
(2) 程序正义:指判决过程的公平性和合理性,比如说法官的中立性、程序的公开性,过程的平等性等。
4. 正义是评价法律是良法还是恶法的基本标准,是促进法律进步的主要动力。

【真题示例】
法律谚语:"平等者之间不存在支配权。"关于这句话,下列哪一选项是正确的? (2013/1/9,单选)①

A. 平等的社会只存在平等主体的权利,不存在义务;不平等的社会只存在不平等的义务,不存在权利

B. 在古代法律中,支配权仅指财产上的权利

C. 平等的社会不承认绝对的人身依附关系,法律禁止一个人对另一个人的奴役

D. 从法理上讲,平等的主体之间不存在相互的支配,他们的自由也不受法律限制

【分析】 按照马克思主义法理学的看法,自从有了法律就有了权利和义务,"没有无权利的义务,也没有无义务的权利",关键是以何者为本位的问题,民主法制社会以权利为本位,等级特权社会以义务为本位。A项表述绝对化,是错误的。

古代法律中支配权既有对财产的支配也有对人身的支配,如在古罗马夫权婚姻制度下,丈夫对妻子的人身就有支配权。B项错误。

在现代社会人与人之间是平等的,法律禁止奴役和剥削。C项正确。

人与人之间平等,并不是说人的自由就是不受限制的,任何自由都是有限的而不是无限的,现代社会中的自由是法律下的自由,就是"做法律所不禁止的事情的权利",故自由仍然受到法律的限制和约束。D项错误。

【帆哥提示】 秩基础序但非最高。自由最高但要受限。一视同仁形式正义,保护弱者实质正义。

四、法的价值冲突及其解决

(一) 法的价值冲突的表现形式

以上所言秩序、自由、正义等都是法律的最基本价值。除此之外,法律尚有效率等基本价值。法的价值之间可能发生矛盾和冲突。比如,要保证社会正义的实现,有可能会牺牲效率。法的价值冲突主要有以下形式:

1. 个体之间法律所承认的价值发生冲突:行使个人自由可能导致他人利益的损失。
2. 共同体之间价值发生冲突:国际人权与一国人权之间可能出现的冲突。
3. 个体与共同体之间的价值冲突。如个人自由与社会秩序的冲突。

---

① 【答案】C

(二) 法的价值冲突的解决原则

1. 价值位阶原则

位阶即排序。**价值位阶就是价值排序**。一般而言,当法的主要价值发生冲突的时候,按照下列次序排序:

(1) 自由代表了最本质的人性需要,是法的价值的顶端;

(2) 正义是自由的价值外化,是自由之下制约其他价值的法律标准;

(3) 秩序表现为自由、正义的社会状态,必须接受自由正义标准的约束。

【帆哥提示】 只要涉及了排序就是价值位阶,如在抗洪抢险中,王某认识到个人服从社会或国家利益,同意救灾队拆除了家里的门板充作救灾物资,此例中体现的就是价值位阶,因为在个人利益和国家利益之间进行了排序。

2. 个案平衡原则

在处于同一位阶上的价值发生冲突时,必须综合考虑主体之间的特定情形、需求和利益,以使得个案的解决能够适当兼顾双方的利益。一般而言,**个案平衡都是为了实现实质正义**。

3. 比例原则:指为了保护某种较为优越的法价值而必须侵犯另外一种法益时,不得逾越此目的所必要的限度。

【帆哥提示】 区分比例原则与价值位阶原则:

比如,为了维护公共秩序,交警必要时可以实行交通管制,但应尽可能实现"**最小损害**"或"**最小限制**"。在此事例中,首先,运用价值位阶原则对公共秩序和个人通行自由进行了排序;其次,对个人通行自由的限制规定了必要的限度,即要实现"**最小损害**"和"**最小限制**",体现了比例原则。

【真题示例】

临产孕妇黄某由于胎盘早剥被送往医院抢救,若不尽快进行剖宫产手术将危及母子生命。当时黄某处于昏迷状态,其家属不在身边,且联系不上。经医院院长批准,医生立即实施了剖宫产手术,挽救了母子生命。该医院的做法体现了法的价值冲突的哪一解决原则?(2015/1/9,单选)①

A. 价值位阶原则　　　　　　　　B. 自由裁量原则

C. 比例原则　　　　　　　　　　D. 功利主义原则

【分析】 本案中家属的知情权和孕妇母子的生命权发生了冲突,为了挽救孕妇母子的生命而伤害了家属的知情权,生命权高于知情权,故体现了价值位阶原则。故 A 正确。

---

① 【答案】A

第三节 法的要素

一、法的要素概览

1. 司法考试教材认为：法律有两要素，即规则和原则，规则和原则合称法律规范。
2. 一个国家的法律运行过程是这样的：先确立**法律原则**(价值目标)，对原则具体化后形成**法律规则**，法官根据法律规则作出**判决**。这是一个逐步具体化的过程。

二、法律规范的表述

1. 法律规范具有语言的依赖性，任何法律规范都是通过语言(句)表述于外的。**语言之外不存在法**。
2. 由于语词具有多义性、不确定性以及随着时代的流变性，所以，**法律概念会呈现出不确定性、开放性**。
3. 表述法律的语句既可以是**规范句**也可以是**陈述句**。
4. 规范句就是带有道义助动词的语句，有**命令句**(必须、应当、禁止)和**允许句**(可以)之分。
5. 陈述句是不带有道义助动词的语句，但是表述法律规范的陈述语句都是可以改为规范句的。
6. **法律规范是法律语句所要表达的意义**，并不是语词本身。适用法律规范并不是适用法律语句(词)，而是适用语句(词)所表达的意义，而语词的意义需要解释才能明了。思维离不开抽象的概念，要把抽象概念用于具体事物就得进行解释。
7. 法律语句可以口耳相传，也可以文字化。如果形诸于法律条文那就是成文法。**法律条文与法律规范之间不是一一对应关系**，即，一个条文并不都仅仅表述一个法律规范。
8. 法律语句如果没有以条文形式表现出来，就是不成文法。**不成文法包括习惯法和判例法**，在我们的语境中主要指习惯法。
9. **规范性法律条文和非规范性法律条文构成了规范性法律文件**。规范性条文是表述法律规范(包括法律规则和法律原则)的条文。非规范性条文是指不直接规定法律规范，而规定某些法律技术内容(如专门法律术语的界定、公布机关和时间、法律生效日期等)的条文。

图示如下：

第一章 法的本体 21

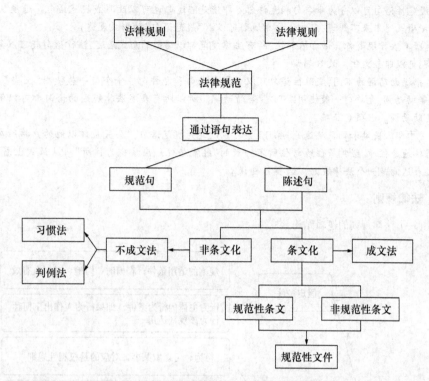

【帆哥提示】《中华人民共和国刑法》第232条规定:"故意杀人的,处死刑、无期徒刑或者十年以上有期徒刑;情节较轻的,处三年以上十年以下有期徒刑。"此条文表述的是一个刑法规则,属于规范性法律条文。但是要适用这个条文,必须明白什么是故意杀人、以上究竟包含不包含本数? 为此,我国《刑法》第14条第1款规定:"明知自己的行为会发生危害社会的结果,并且希望或者放任这种结果发生,因而构成犯罪的,是故意犯罪。"第99条规定:"本法所称以上、以下、以内,包括本数。"第14条和第99条是规定适用规范性法律条文的技术性规定,属于非规范性法律条文。

【真题示例】
关于法律规则、法律条文与语言的表述,下列哪些选项是正确的?(2010/1/51,多选)①
  A. 法律规则以"规范语句"的形式表达
  B. 所有法律规则都具语言依赖性,在此意义上,法律规则就是法律条文
  C. 所有表述法律规则的语句都可以带道义助动词
  D. 《中华人民共和国民法通则》第十五条规定:"公民以他的户籍所在地的居住地为住所,经常居住地与住所不一致的,经常居住地视为住所。"从语式上看,该条文表达的并非一个法律规则

【分析】 一般而言,表达法律规则的特定语句往往是一种规范性语句,根据助动词的不

① 【答案】A、C

同,规范性语句可以分为命令句和允许句。即使是陈述句也可以改写成规范语句。选项A正确(A项表述本来不严谨,应该说法律规则可以以"规范语句"的形式表达)。

所有法律规则都具语言依赖性,所有法律规范都以语句的形式表述,法律语句既可以条文化,也可以非条文化。故B错误。

根据助动词的不同,规范性语句可以分为命令句和允许句。命令句一般使用"应当""禁止"等助动词,允许句一般使用"可以"等助动词。所以所有表述法律规则的语句都可以带有道义助动词。选项C正确。

《中华人民共和国民法通则》第15条可以改写为规范语句,"公民应该以他的户籍所在地的居住地为住所,经常居住地与住所不一致的,经常居住地应该视为住所"。从语式上看,该条文表达的是一个法律规则。选项D错误。

三、法律规则

(一) 法律规则的逻辑结构

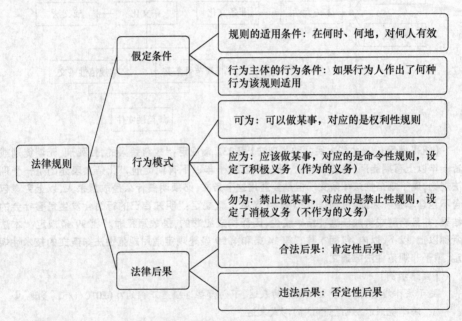

【帆哥提示】 法规规则的三部分逻辑上不可少,条文中可省略。

【真题示例】

《老年人权益保障法》第18条第1款规定:"家庭成员应当关心老年人的精神需求,不得忽视、冷落老年人。"关于该条款,下列哪些说法是正确的? (2013/1/54,多选)①

A. 规定的是确定性规则,也是义务性规则

B. 是用"规范语句"表述的

---

① 【答案】A、B、D

C. 规定了否定式的法律后果
D. 规定了家庭成员对待老年人之行为的"应为模式"和"勿为模式"

【分析】《老年人权益保障法》第18条第1款规定的内容已明确肯定,无须再援引或参照其他规则,是确定性规则。"家庭成员应当关心老年人的精神需求"属于命令性规则,"不得忽视、冷落老年人"属于禁止性规则,二者都属于义务性规则。故 A 正确。"应当…"属于应为模式,"不得…"属于勿为模式,故 D 正确。

本题中的语句带有助动词"应当""可以"因而属于规范句。故 B 正确。

在本条文中并没有关于法律后果的规定,故 C 错误。

(二) 法律规则的分类

分类标准	类别		举例
规则的内容规定不同	授权性规则	职权性规则	有………职权
		权利性规则	有权……,享有……的权利;可以……
	义务性规则	命令性规则	有……义务,须得……,要……,应……,必须……
		禁止性规则	禁止……,不准……,不得……,不应当……,严禁……,不要……
规则内容的确定性程度不同	确定性规则		无须援引或参照其他规则
	委任性规则		由其他机关制定规则
	准用性规则		把规则的内容指向了其他规则,参照……
对人们行为规定和限定的范围或程度不同	强行性规则		内容具有强制性,不容许更改
	任意性规则		允许自行选择、协商确定行为的模式
按照规则的功能不同	行为规则		指示行为人应当如何行为的规则
	裁判规则		指示裁判者应当如何裁判案件的规则

【帆哥提示】 法律规则的分类属于高频考点,有几点需要提醒:

1. 区分委任性规则与准用性规则

凡是把制定规则的权力委托给别的国家机关的规则都属于委任性规则。如《中华人民共和国计量法》第33条规定:"中国人民解放军和国防科技工业系统计量工作的监督管理办法,由国务院、中央军事委员会依据本法另行制定。"属于委任性规则。

凡是把规则的内容指向了别的规则的规则,都属于准用性规则。如《中华人民共和国商业银行法》第17条规定:"商业银行的组织形式、组织机构适用《中华人民共和国公司法》的规定。"

2. 区分行为规则和裁判规则

(1) 行为规则是直接指引行为人应该如何行为的规则。裁判规则是指示法官如何裁判的规则。

(2) 行为规则和裁判规则是可以相互转化的。比如《民法通则》第 6 条规定："民事活动必须遵守法律,法律没有规定的,应当遵守国家政策。"该规则直接告诉民事主体在进行民事活动的时候应该遵守哪些规范。但是该规则也间接告诉法院,在裁判民事案件的时候应该使用哪些规范。行为规则是可以"翻译"成裁判规则的,反之亦然。

(3) 刑法规则直接观察属于裁判规则的,是指示法官针对具体犯罪行为如何定罪量刑的规则。所以在分析刑法分则规则的逻辑结构时,要注意区分其假定条件和行为模式。比如,《刑法》第 221 条规定："捏造并散布虚伪事实,损害他人的商业信誉、商品声誉,给他人造成重大损失或者有其他严重情节的,处二年以下有期徒刑或者拘役,并处或者单处罚金。"该规则是告诉法官如果有人"捏造并散布虚伪事实,损害他人的商业信誉、商品声誉,给他人造成重大损失或者有其他严重情节的",则应当处"二年以下有期徒刑或者拘役,并处或者单处罚金"。所以该规则的**假定条件**是:捏造并散布虚伪事实,损害他人的商业信誉、商品声誉,给他人造成重大损失或者有其他严重情节的。当然这不是假定条件的全部,只是假定条件中关于行为主体的行为条件部分,假定条件中关于法律规则的适用条件部分被省略了。该规则**行为模式**是:处二年以下有期徒刑或者拘役,并处或者单处罚金,属于应为模式。该条文中**省略了法律后果**。

【真题示例】

《治安管理处罚法》第 115 条规定："公安机关依法实施罚款处罚,应当依照有关法律、行政法规的规定,实行罚款决定与罚款收缴分离;收缴的罚款应当全部上缴国库。"关于该条文,下列哪一说法是正确的?(2016/1/8,单选)①

A. 表达的是禁止性规则　　　　　　B. 表达的是强行性规则

C. 表达的是程序性原则　　　　　　D. 表达了法律规则中的法律后果

【分析】　该题考查的是法律规则的逻辑结构和分类,至为简单。从行为模式的角度来说,题干表述的是命令性规则而非禁止性规则,故 A 错。

从对人的行为限定范围和程度而言,在该规则之下,行为人并不能对自己的行为模式进行选择,只能按照法律规定的行为模式行为,故该规则属于强行性规则而非任意性规则,故 B 项的说法正确。

题干中的规范是一个实体性规则,而非程序性原则。故 C 项错误。

题干中的规则仅仅规定了法律规则的行为模式,并未涉及法律后果,故 D 项说法错误。

四、法律原则

(一) 法律原则的含义

1. 法律原则是为法律规则提供某种基础或本源的综合性的、指导性的原理或价值准则的一种规范。

2. 法律原则确定性与可预测性的程度相对较低,不能直接用来对某个裁判进行证立,还需要进一步的规范性前提。

【帆哥提示】　原则指导规则,原则是规则的上位规范,规则应当符合原则。

---

① 【答案】B

(二) 法律原则的分类

分类标准	类别	特征	举例
产生的基础	公理性原则	由法律原理构成,是由法律上之事实推导出来的法律原则	法律平等、诚实信用、无罪推定、罪刑法定
	政策性原则	一个国家或民族出于一定的政策考虑制定的原则,具有时代性、民族性、针对性	四项基本原则、计划生育原则、建设社会主义市场经济的原则等
法律原则对人的行为及其条件之覆盖面的宽窄和适用范围大小	基本原则	整个法律体系或某一法律部门所适用的、体现法的基本价值的原则	宪法中的各种原则
	具体原则	适用某一法律部门中特定情形的原则	英美契约法中的要约原则和承诺原则
法律原则涉及的内容和问题不同	实体性原则	涉及实体法问题的原则	民法、刑法等实体法中的原则
	程序性原则	涉及程序法问题的原则	"一事不再理";辩护原则;非法证据排除;无罪推定

(三) 法律原则与法律规则的区别

	法律规则	法律原则
内容	一般由假定条件、行为模式、法律后果三部分构成,其内容明确而又具体,法律规则着眼于主体行为及各种条件的共性,目的是防止或削弱法律适用上的"自由裁量"。	法律原则着眼点不仅限于行为及条件的共性,而且关注他们的个别性,其要求比较笼统模糊,它不预先设定明确的、具体的假定条件,更没有设定明确的法律后果。它只对行为或裁判设定一些概括性的要求或标准,为法官的自由裁量留下了一定的余地。
适用范围	法律规则由于内容具体明确,它们只适用于某一类行为。	对人的行为及其条件有更大的覆盖面和抽象性,他们是对从社会生活或社会关系中概括出来的某一类行为、某一法律部门甚至全部法律体系均通用的价值准则,具有宏观的指导性,其适用范围比法律规则宽广。
适用方式	以"全有或全无"的方式适用于个案当中,要么适用,要么不适用。法律规则发生冲突,只能其中一个有效,其他的无效或者加以修改。至于哪些规则有效,哪些规则应当放弃或修改,只能在法律规则范围以外来决定。	不以全有或全无之方式应用于个案,不同的法律原则具有不同的强度,而这些不同强度的原则甚至冲突的原则可能存在于一部法律之中。法律原则发生冲突,可以权衡几个法律原则的相对分量,决定采纳其中的一个,一个原则优越于另一个原则,并不意味着另一个原则失去效力或必须加以修改。

【帆哥提示】
1. 规则：明确具体，限制自由裁量，仅仅针对共性，冲突不能共存，全有全无适用。
2. 原则：笼统模糊，赋予自由裁量，更能关注个性，冲突可以共存，无需全有全无。

(四) 法律原则的适用方式

一般都认为，法律原则可以克服法律规则的僵硬性缺陷，弥补法律漏洞，保证个案正义，在一定程度上缓解了规范与事实之间的缝隙，从而能够使法律更好地与社会协调一致。但由于法律原则的内涵高度抽象，外延宽泛，不像法律规则那样对假定条件和行为模式有具体明确的规定，所以当法律原则直接作为裁判案件的标准发挥作用时，会赋予法官较大的自由裁量权，从而不能完全保证法律的确定性和可预测性。为了将法律原则的不确定性减小到一定程度之内，需要对法律原则的适用设定严格的条件：

1. 穷尽法律规则，方得适用法律原则

这个条件要求，在有具体的法律规则可供适用时，不得直接适用法律原则。即使出现了法律规则的例外情况，如果没有非常强的理由，法官也不能以一定的原则否定既存的法律规则。只有出现无法律规则可以适用的情形，法律原则才可以作为弥补"规则漏洞"的手段发挥作用。这是因为法律规则是法律中最具有硬度的部分，能最大限度地实现法律的确定性和可预测性，有助于保持法律的安定性和权威性，避免司法者滥用自由裁量权，保证法治的最起码的要求得到实现。

2. 除非为了实现个案正义，否则不得舍弃法律规则而直接适用法律原则

这个条件要求，如果某个法律规则适用于某个具体案件，没有产生极端的人们不可容忍的不正义的裁判结果，法官就不得轻易舍弃法律规则而直接适用法律原则。这是因为任何特定国家的法律人首先当崇尚的是法律的确定性。在法的安定性和合目的性之间，法律首先要保证的是法的安定性。

3. 没有更强理由，不得径行适用法律原则

在判断何种规则在何时及何种情况下极端违背正义，其实难度很大，法律原则必须为适用第二个条件规则提出比适用原法律规则更强的理由，否则上面第二个条件规则就难以成立。在已存有相应规则的前提下，若通过法律原则改变既存之法律规则或者否定规则的有效性，却提出比适用该规则分量相当甚至更弱的理由，那么适用法律原则就没有逻辑证明力和说服力。

【帆哥提示】 原则指导规则，优先适用规则，原则填补规则空白，克服规则僵硬性。

【真题示例】

全兆公司利用提供互联网接入服务的便利，在搜索引擎讯集公司网站的搜索结果页面上强行增加广告，被讯集公司诉至法院。法院认为，全兆公司的行为违反诚实信用原则和公认的商业道德，构成不正当竞争。关于该案，下列哪一说法是正确的？(2016/1/9，单选)[1]

A. 诚实信用原则一般不通过"法律语句"的语句形式表达出来
B. 与法律规则相比，法律原则能最大限度实现法的确定性和可预测性
C. 法律原则的着眼点不仅限于行为及条件的共性，而且关注它们的个别性和特殊性
D. 法律原则是以"全有或全无"的方式适用于个案当中

---

[1] 【答案】C

【分析】 所有的法律规范(包括法律规则和法律原则)都是通过法律语句的形式表现出来的。法律具有语言的依赖性,语言之外不存在法律。故 A 项的说法错误。

法律规则在逻辑结构上由三部分构成:假定条件、行为模式、法律后果。与法律原则相比,法律规则明确、具体,关注案件及行为的共性,限制法官的自由裁量权,能够最大限度地实现法的可预测性和确定性。而法律原则笼统、模糊,赋予法官较大的自由裁量权,既可以关注案件的个别性,也可以着眼于案件的共性。故 B 项的说法错误,C 项的说法正确。

在适用方式上,法律规则以"全有或者全无"的方式适用于个案当中,故 D 项的说法错误。

五、法律权利与法律义务

(一) 法律权利

1. 权利的概念

权利的概念众说纷纭,有自由说、范围说、意思说、利益说、折衷说、法力说、资格说、主张说、可能性说、选择说等多种。每种学说都有道理,但也都有缺陷,正如盲人摸象,每个盲人感觉到的只是象的一部分,所有盲人感觉到的综合才是大象的全貌。

2. 法律权利的特点

(1) 法律性:必须由法律确认,并且得到国家的认可和保障。

(2) 自主性:权利意味着权利主体可以按照自己的愿望决定是否实施某种行为。

(3) 求利性:权利不完全等于利益,但其行使以追求和维护某种利益为目的。

(4) 与义务的关联性:权利人的权利总是与义务人的义务相关联。

(二) 法律义务

1. 法律义务的概念有多种学说,此不赘述。但一般而言,义务都含有为某种行为的必须性和强制性。

2. 义务的结构:

(1) 积极义务:义务人必须根据权利的内容作出一定的行为。在法学上被称作"作为义务"或"积极义务"(如赡养父母、抚养子女、纳税、服兵役等)。

(2) 消极义务:义务人不得作出一定行为的义务,被称为"不作为义务"或"消极义务",例如,不得破坏公共财产,禁止非法拘禁,严禁刑讯逼供,等等。

(三) 权利和义务的关系

1. 结构上:权利和义务紧密联系、不可分割。正如马克思所说:"没有无权利的义务,也没有无义务的权利。"它们的存在和发展都必须以另一方的存在和发展为条件。

2. 数量上:权利人的权利总是对应着义务人的义务,故二者在总量上应该是相等的。

3. 产生和发展上:权利和义务的发展经历了从浑然一体到分裂对立再到相对一致的过程。

4. 价值上:权利和义务代表了不同的法的价值,一般而言在**等级特权社会强调义务本位**;**民主法治社会强调权利本位**。

(四)权利和义务的分类

根据根本法与普通法规定的不同	基本权利义务	宪法中规定的根本权利义务。
	普通权利义务	宪法以外的普通法律中规定的权利义务。
根据相对应的主体范围不同	绝对权利义务	绝对权又称"对世权",是指其效力及于一切人,即义务人为不特定的任何人的权利。各种人身权、所有权和其他物权等都属于绝对权。 绝对义务又称"对世义务",指对一般人承担的义务,例如不得侵害法律所保护的任何公民的基本权利。
	相对权利义务	"对人权",又称为相对权,是权利效力所及相对人仅为特定人的权利。相对权的效力仅仅及于特定的义务人。如债权,债权人仅能向特定债务人主张权利。 相对义务,又称对人义务,指对特定人承担的义务,如债务人只对债权人承担清偿债务的义务。
根据权利义务主体的性质不同	个人权利义务	公民(自然人)在法律上应该享有的权利和应该履行的义务。
	集体权利义务	国家机关、社会团体、企事业组织的权利和义务。
	国家权利义务	国家作为法律关系主体在国际法和国内法上享有的权利和承担的义务。

【真题示例】
甲和乙系夫妻,因外出打工将女儿小琳交由甲母照顾两年,但从未支付过抚养费。后甲与乙闹离婚且均不愿抚养小琳。甲母将甲和乙告上法庭,要求支付抚养费2万元。法院认为,甲母对孙女无法定或约定的抚养义务,判决甲和乙支付甲母抚养费。关于该案,下列哪一选项是正确的?(2016/1/10,单选)①
  A. 判决是规范性法律文件
  B. 甲和乙对小琳的抚养义务是相对义务
  C. 判决在原被告间不形成法律权利和义务关系
  D. 小琳是民事诉讼法律关系的主体之一

【分析】 规范性文件和非规范性文件的区别在于针对的对象是否特定,是否可以反复适用。如果一个文件针对的对象是特定的且可以反复适用,则该文件是规范性法律文件。反之,则为非规范性法律文件。各类法典是典型的规范性法律文件,判决书是典型的非规范性法律文件。故A选项的说法错误。

如果一项义务对应的权利人是特定的,则该义务是相对义务。在本题中,甲和乙的抚养义务针对的权利人是其女小琳这个特定的人,故为相对义务,故B项的说法正确。

法院判令甲和乙支付甲母抚养费,在甲、乙和甲母之间形成了权利义务关系,故C项的说法错误。

---

① 【答案】B

在题干提及的民事诉讼法律关系中,原告是甲母,被告是甲和乙,诉请的事项是支付甲母对小琳的抚养费,小琳并未参与该民事诉讼。故 D 项的说法错误。

第四节 法 的 渊 源

一、法的渊源的概念

(一)法的渊源的含义

1. 通俗地讲,法律渊源就是指作出法律决定时法律规范的来源。

2. 法的渊源指明了法律人作出法律决定时大前提(即法律依据)的来源。也就是说当法律人作法律决定时在何处寻找依据。这些依据对法律人或者具有约束力(必须遵守),或者具有说服力(可以参考)。

3. 由于社会制度、国家管理形式和结构形式的不同,及受政治思想、道德、历史与文化传统、宗教、科技发展水平、国际交往等的影响,哪些资料能够作为特定法律共同体的法的渊源的范围与种类是不同的。即使同一个法律共同体在不同历史时期,法的渊源的范围与种类也是不同的。

(二)正式渊源与非正式渊源

1. **分类标准:是否具有国家制定的法明文规定的法律效力。**

2. 正式渊源的含义:

(1) 正式法源是指具有明文规定的法的效力,并且直接作为法律人的法律决定的大前提的规范来源的那些资料,**主要为制定法**。

(2) 对于正式法源,**法律人有义务适用它们**。

3. 非正式渊源的含义:

(1) 非正式的法的渊源则指不具有明文规定的法律效力,但具有法律说服力,并能构成法律人的法律决定的前提的准则来源的那些资料。

(2) 非正式渊源没有明确的界限和范围,**凡是对法律人作出法律决定有参考价值的**,均可以构成法的非正式渊源。

(3) 正义标准、理性原则、公共政策、道德信念、社会思潮、习惯、乡规民约、社团规章、权威性法学著作、外国法等均可以成为法律的非正式渊源。

4. 司法实践中法源选取的原则:

(1) 在司法实践中,在法源的选取上遵循的原则是:"**先正式渊源,后非正式渊源。**"

(2) "**先正式渊源,后非正式渊源**"仅适用于裁判民事案件,不适用于裁判刑事案件。如果用习惯等非正式渊源来裁判刑事案件,则违背了罪刑法定原则。

【帆哥提示】

(1) 正式渊源主要为成文法,在英美法系还包括判例法。

(2) 成文法难免会有空白、不确定,僵硬性等局限性。

(3) 从《法国民法典》以来,关于民事案件的裁判形成了一个原则:禁止拒绝裁判原则。

(4) 禁止拒绝裁判原则意思是即使法律没有明文规定,法官也有作出裁判的义务。此时,法官就得进行法律续造,即填补法律空白。

(5) 填补法律空白的方法有很多种,其中适用法律的非正式渊源是一个非常重要的措施。

二、当代中国法的正式渊源

(一) 正式渊源的种类

正式渊源	宪法	制宪权属于人民；全国人大修改宪法；全国人大常委会解释宪法。全国人大和全国人大常委会监督宪法实施。
	法律	全国人大及其常委会行使国家立法权。全国人大制定、修改基本法律；全国人大常委会制定修改非基本法律；全国人大闭会期间，全国人大常委会可对基本法律进行部分补充和修改。全国人大及其常委会作出的具有规范性的决议、决定、规定、办法等，也属于"法律"类的渊源。
		法律可以规定任何应当由法律规定的事项，但是有 11 类事项只能由法律规定：国家主权，国家机关组织，自治制度，罪与罚，政治权利的剥夺与人身自由的限制，税收基本制度，非国有财产的征收(用)，民事基本制度，基本经济制度以及财政、海关、金融和外贸的基本制度，诉讼和仲裁，其他事项。
		以上 11 类事项全国人大及其常委会可以授权国务院就部分事项制定行政法规，但是罪与罚、对公民政治权利的剥夺和限制人身自由的强制措施和处罚、司法制度等事项除外。
		授权期限一般不超过 **5** 年，授权**不得转授**。
	行政法规	由国务院制定；可规定执法法律的事项、《宪法》第 89 条国务院行政管理职权的事项。
		行政法规一般称"条例""规定""办法"。
	地方性法规、经济特区法规	省、自治区、直辖市和设区的市、自治州的人大及其常委会有权制定。地方性法规可以就执行法律、行政法规以及地方性事务作出规定。除法律保留事项外，尚未制定法律、行政法规的事项也可以作出规定。
		设区的市、自治州就**城乡建设与管理、环境保护、历史文化保护**等事项制定法规。
		设区的市、自治州的地方性法规需要报**省级人大常委会批准**后生效，省级人大常委会审查其合法性，如果合法在 **4** 个月内予以批准。
		地方性法规一般称"条例""规则""规定""办法"。
		经济特区所在地的省、市的人民代表大会及其常务委员会根据全国人民代表大会的授权决定，制定法规，在经济特区范围内实施。授权法规的效力和法律相同。
	自治法规	包括自治条例和单行条例，自治区(州、县)的人大制定，可变**通法律行政法规**。自治州(县)的自治法规还可以对省级法规进行变通。
		自治区的需要全国人大常委会批准，自治州和自治县的需要省级人大常委会批准。
		自治条例是综合性法规，内容比较广泛。单行条例是有关某一方面事务的规范性文件。一般采用"条例""规定""变通规定""变通办法"等。

(续表)

正式渊源	行政规章	国务院各部门、省级人民政府、设区的市、自治州的人民政府可制定。设区的市、自治州规章就城乡建设与管理、环境保护、历史文化保护等事项进行规定。
	特别行政区法律	特别行政区的法律包括:(1) 基本法;(2) 立法会制定的法律;(3) 予以保留的原有法律;(4) 基本法附件三所列的全国性法律以及在特殊情况下在特别行政区实施的全国性法律。
	国际条约、国际惯例	一国参与或认可的条约,是该国法的正式渊源。
		中华人民共和国缔结或者参加的国际条约同中华人民共和国的民事法律有不同规定的,适用国际条约的规定,但中华人民共和国声明保留的条款除外。
		中华人民共和国法律和中华人民共和国缔结或者参加的国际条约没有规定的,可以适用国际惯例。

【帆哥提示】

1. 法律的绝对保留事项:罪、政、限、司。
2. 行政法规可以规定的事项:执行法律+行政管理。
3. 地方性法规可以规定的事项:执行法律、行政法规+地方性事务+除法律保留外尚未制定法律的事项。
4. 批准才能生效的文件:省常批准市州县,全常只批区条例。省级人大常委会批准设区的市和自治州的地方性法规以及自治州、自治县的自治条例和单行条例。全国人大常委会批准自治区的自治条例和单行条例。
5. 设区的市和自治州的法规和规整规定的事项有:城建+环保+历文等
6. 行政法规、地方性法规、自治条例和单行条例都可以被称为:条例、规定、办法,答题时区别的关键在于看其名称,如果包含地方名称的则为地方性法规,如《黑龙江省母婴保健条例》,否则为行政法规,如《婚姻登记条例》《中华人民共和国认证认可条例》。
7. 司法解释是否属于法的正式渊源存在争议,不必纠结于是或者不是。

【真题示例】

1983年3月1日,全国人大常委会通过的《商标法》生效;2002年9月15日,国务院制定的《商标法实施条例》生效;2002年10月16日,最高法院制定的《关于审理商标民事纠纷案件适用法律若干问题的解释》施行。对此,下列哪些说法是正确的?(2011/1/53)①

A. 《商标法实施条例》是部门规章
B. 《关于审理商标民事纠纷案件适用法律若干问题的解释》是司法解释
C. 《商标法实施条例》的效力要低于《商标法》
D. 《商标法实施条例》是《关于审理商标民事纠纷案件适用法律若干问题的解释》的母法

【分析】 《商标法实施条例》是国务院制定的行政法规。选项A错误。《关于审理商标民事纠纷案件适用法律若干问题的解释》是最高人民法院制定的司法解

---

① 【答案】B、C

释。选项B正确。

《商标法实施条例》属于行政法规,《商标法》属于法律,行政法规的效力要低于法律。选项C正确。

母法不限于宪法。如果A法根据B法制定,则B法是A法的母法。《关于审理商标民事纠纷案件适用法律若干问题的解释》是针对《商标法》而制定的司法解释,所以《商标法》才是《关于审理商标民事纠纷案件适用法律若干问题的解释》的母法。选项D错误。

(二)我国正式法源的效力等级

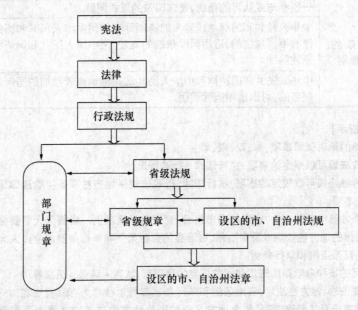

【帆哥提示】

1. 判断两个规范性法律文件之间有没有效力上的高下之别,关键是看两个文件的制定机关之间有没有宪法上的从属关系。

2. 同级法规的效力高于同级的规章。省级法规的效力高于同级的规章,高于下级的法规和规章。省级的规章的效力高于下级的规章,但是和设区的市、自治州的法规具有同等的效力。

3. 部门规章与所有的地方性法规具有同等的效力,部门规章与所有的地方性规章具有同等的效力。这不是数学,不要进行等量代换。

(三)正式法源的备案

1. 备案的基本规律:下位法报上位法的制定机关备案。
2. 备案的基本规律的制约条件:
① 各级人大不接受备案;
② 全国人大常委会不接受规章的备案;
③ 报请批准的规范性文件由批准机关报其他上位法制定机关备案;
④ 宪法、法律和自治区的自治条例和单行条例没有备案的问题;

⑤ 行政法规,地方性法规,行政规章,自治州、自治县的自治条例和单行条例在公布后 30 日内报有关机关备案。

【帆哥提示】 关于备案机关的记忆,可以总结如下口诀:备案找上级、人大不备案、规章避人常、批准同制定。

【注意】 我国《立法法》第 98 条规定了各类文件的备案问题:

种类	谁报?	报谁备案?
行政法规	国务院	全国人大常委会
省法规	省级人大常委会	国务院和全国人大常委会
市、州法规	省级人大常委会	国务院和全国人大常委会
自治州(县)自治法规	省级人大常委会	国务院和全国人大常委会
部门规章	国务院部门	国务院
省规章	省级政府	省人大常委会、国务院
市州规章	市州政府	市、州人大常委会,省政府,省人大常委会,国务院
授权法规	制定机关	授权决定规定的机关

(四)审查要求与审查建议

1. 提出的主体

主体	针对	向全人常① 书面提出	常务委员会工作机构
两央、两高、一委②	行政法规、地方性法规、自治条例、单行条例	审查要求	分送有关的专门委员会进行审查、提出意见
其他主体	行政法规、地方性法规、自治条例、单行条例	审查建议	进行研究,必要时,送有关的专门委员会进行审查、提出意见

2. 处理程序

专门委员会、常委会工作机构认为同宪法或者法律相抵触的	可以向制定机关提出书面审查意见
	可以由法律委员会与有关的专门委员会、常委会工作机构召开联合审查会议,要求制定机关到会说明情况,再向制定机关提出书面审查意见。制定机关应当在两个月内研究提出是否修改的意见,并向前述机构反馈。
	法律委员会、有关的专门委员会、常委会工作机构审查认为同宪法或者法律相抵触而制定机关不予修改的,应当向委员长会议提出予以撤销的议案,由委员长会议决定是否提请常务委员会会议审议决定。
	审查研究情况应当向提出要求或建议者反馈,可以向社会公开。

---

① "全人常"指全国人民代表大会常务委员会。
② "两央"指:国务院和中央军事委员会。"两高"指最高人民法院和最高人民检察院。"一委"指省、自治区、直辖市的人大常委会。

（五）改变与撤销

领导关系	人大对其常委会	改变或撤销	不适当的文件
	上级行政机关对下级行政机关		
	行政机关对其工作部门		
监督关系	上级人大及其常委会对下级人大及其常委会	撤销	中央机关(全人大、全人常、国务院)参与：不合法
	人大及其常委会对同级行政机关		地方机关之间：不适当

【帆哥提示】

1. 人大只处理其常委会制定或批准的文件，不处理同级的规章。

2. 全人常不处理规章；上级人常不处理下级规章；国务院不处理地方性法规。自治州、自治县的自治法规由全人常处理。

3. 省级人大改变或撤销其常委会批准的不适当的设区的市、自治州制定的地方性法规。

4. 做改变或撤销类题目分三步进行：首先找到处理机关；其次找到被处理的文件的制定机关；最后，判断处理机关和制定机关之间是监督关系还是领导关系。

【练习】 根据以上规律，在空白处填上 A(改变或撤销)或 B(撤销)①：

全国人大有权	全国人大常委会制定的不适当的法律
	全国人大常委会批准的不合法的自治区人大制定的自治法规
全国人大常委会有权	国务院制定的不合法的行政法规
	省级人大及其常委会制定的不合法的地方性法规
	省、自治区人大常委会批准的不合法的自治州、自治县的自治法规
国务院有权	不适当的部门规章
	不适当的地方规章
省级人大有权	其常委会制定的不适当的地方性法规
	其常委会批准的市、州人大及其常委会制定的不适当的法规
地方人大常委会有权	本级人民政府制定的不适当的规章
省级政府有权	下一级人民政府制定的不适当的规章
授权机关有权	被授权机关制定的超越授权范围或者违背授权目的的法规，必要时可以撤销授权

---

① 【答案】依次是：A、B、B、B、A、A、A、A、B、A、B

(六) 法律规范冲突的处理

上下位阶		上位法优于下位法。
效力相等	同一机关制定	新法优于旧法。
		特别法优于一般法。
		新的一般规定与旧的特别规定之间,由制定机关裁决。
		【注】人大与人大常委会视为同一机关。
		部门规章与地方性法规之间对同一问题规定不一致,由国务院提出处理意见,国务院认为应当适用地方性法规的适用地方性法规,国务院认为应当适用部门规章的,由全国人大常委会裁决。
	不同机关制定	部门规章与部门规章之间,部门规章与地方性规章之间对同一问题规定不一致,由国务院裁决。
		法律与授权法规之间对同一问题规定不一致,由全国人大常委会裁决。
		设区的市、自治州的地方性法规与省、自治区、直辖市的规章规定不一致,由省、自治区、直辖市人大常委会做出处理决定。

【真题示例】

耀亚公司未经依法批准经营危险化学品,2003年7月14日被区工商分局依据《危险化学品安全管理条例》罚款40万元。耀亚公司以处罚违法为由诉至法院。法院查明,《安全生产法》规定对该种行为的罚款不得超过10万元。关于该案,下列哪些说法是正确的?(2016/1/57,多选)①

A.《危险化学品安全管理条例》与《安全生产法》的效力位阶相同
B.《安全生产法》中有关行政处罚的法律规范属于公法
C. 应适用《安全生产法》判断行政处罚的合法性
D. 法院可在判决中撤销《危险化学品安全管理条例》中与上位法相抵触的条款

【分析】《安全生产法》属于法律,其效力高于作为行政法规的《危险化学品安全管理条例》,故A错。

关于行政处罚的法律是对行政权的规制,故属于公法的范畴,故B对。

当下位法与上位法发生冲突的时候,应该适用上位法,所以在本案中应该适用《安全生产法》判断行政处罚的合法性,故C正确。

我国法院在判决中并无对违背上位法的下位法进行处理的权力,故D错。

三、当代中国法的非正式渊源

1. 法的非正式渊源具有法律意义,但是不具有法律效力。对正式渊源具有弥补作用。
2. 当代中国法的非正式渊源主要但不仅仅有:
(1) 习惯:
① 习惯有个人习惯和社会习惯之分。**能够作为法的非正式渊源的习惯只是指社会习惯。**

---

① 【答案】B、C

② 社会习惯往往与人们的一些具体义务和责任有关。

③ 习惯之所以能成为法的非正式渊源,是因为它是特定共同体的人们在长久的生产生活实践中自然形成的,是该共同体的人们事实上的共同情感和要求的体现,也是他们共同理性的体现。

(2) 判例:

① **判例在英美法系属于法的正式渊源。**

② 当代中国实行案例指导制度。2010年11月26日,最高人民法院发布了《关于案例指导工作的规定》,其序言指出,"为总结审判经验,统一法律适用,提高审判质量,维护司法公正",而展开案例指导工作。其第7条规定:"最高人民法院发布的指导性案例,各级人民法院审判类似案例时应当参照。"这说明作为非正式的法的渊源的判例只能是最高人民法院发布的判例。

③ 判例之所以在法的适用中具有重要性,是因为它可以弥补制定法的不足。具体地说,任何判例都是法官结合特定案件事实将具有一般性和抽象性的制定法规范具体化的一种结果。这至少为将来的法官运用该制定法解决具体案件提供了思路、经验和指导。同理,任何判例都是法官针对具体案件事实将具有模糊性和歧义性的制定法进行解释而得到的一种结果,也就是说,任何判断都在一定程度上消除了语言的模糊性和歧义性,使制定法的语言的外延和内涵在一定程度上得到厘清。这样,判例就为将来的法官适用制定法解决具体案件提供了帮助,至少可以减轻法官的工作负担。

(3) 政策:

在我国,**中国共产党的政策属于法的非正式渊源**。我国《民法通则》第6条明确规定:"民事活动必须遵守法律,法律没有规定的,应当遵守国家政策。"中国共产党是我国的执政党,宪法以及各种法律、法规中规定的诸多原则是国家政策的体现,有的内容甚至成为宪法、法律和法规本身的有机组成部分。因此,党的政策对法律的制定或实施都有指导作用。

【帆哥提示】 非正式法律渊源有法律意义,但是无正式的法律效力。

【真题示例】
　　林某与所就职的鹏翔航空公司发生劳动争议,解决争议中曾言语威胁将来乘坐鹏翔公司航班时采取报复措施。林某离职后在选乘鹏翔公司航班时被拒载,遂诉至法院。法院认为,航空公司依《合同法》负有强制缔约义务,依《民用航空法》有保障飞行安全的义务。尽管相关国际条约和我国法律对此类拒载无明确规定,但依航空业惯例航空公司有权基于飞行安全事由拒载乘客。关于该案,下列哪些说法是正确的?(2016/1/56,多选)①

A. 反映了法的自由价值和秩序价值之间的冲突
B. 若法无明文规定,则法官自由裁量不受任何限制
C. 我国缔结或参加的国际条约是正式的法的渊源
D. 不违反法律的行业惯例可作为裁判依据

【分析】 缔约自由是法的自由价值的体现,而飞行安全是法的秩序价值的体现。为了公众的安全而拒绝与有危害飞行安全的乘客订立运输合同,体现了法的自由价值与秩序价值的冲突,故A正确。

---

① 【答案】A、C、D

在进行民事裁判时,如果法律没有明文规定,法官不得拒绝裁判案件,但并不是说在这种情况下,法官可以不受任何限制地进行自由裁量,此时法官仍然应该受法律原则、习惯等的限制。故 B 错。

我国缔结或参加的国际条约是我国法的正式渊源,故 C 正确。

习惯或惯例作为法的非正式渊源,对法官裁判案件具有说服力,可以成为裁判案件的依据,故 D 正确。

第五节　法律部门与法律体系

一、法律部门

1. 法律部门也称部门法,是根据一定标准和原则所划定的调整同一类社会关系的法律规范的总称。

2. 社会关系复杂交错,法律部门之间很难截然分开。有的社会关系需要几个法律部门来调整,如经济关系就需要经济法、民法、行政法、劳动法来调整。

3. 划分法律部门的主要标准是法律所调整的不同的社会关系,即调整对象;其次是法律的调整方法。

4. 部门法是通过规范性法律文件表述出来的。但是**一个法律部门中的规范可以通过多个规范性法律文件来表述**,比如民事法律规范就是通过《民法通则》《合同法》《物权法》《侵权责任法》等多个规范性法律文件来表述的。当然,一个规范性法律文件中所表述的法律规范有可能属于多个法律部门,比如《中华人民共和国森林法》中表述的法律规范,规定林木所有权的属于民法部门;规定采伐林木许可程序的属于行政法部门;规定盗伐、滥伐林木应该追究刑事责任的属于刑法部门。总而言之,**法律部门与规范性法律文件之间是内容和形式之间的关系,但并不是一一对应的关系**。

【帆哥提示】　划分法律部门的标准:调整对象(主要标准)+调整方法(次要标准)

二、公法、私法、社会法

1. 公法与私法的划分是大陆法系国家的一项基本分类。最早由古罗马法学家**乌尔比安**提出。

2. 大陆法系的法学理论中并没有形成普遍接受的公法和私法的区分标准。

3. 公法和私法的区分有利于法学教育和法学研究,划定不同法庭的管辖权限。

4. 现在公认的公法部门包括了宪法和行政法等,私法包括了民法和商法等。

5. 随着社会的发展,又形成了一种新的法律即社会法,如社会保障法。社会法是介于公法和私法之间的法。

6. 公法、社会法与私法在调整对象、调整方式、法的本位、价值目标等方面存在不同。

三、法律体系

1. 法律体系又称部门法体系,是指一国的全部现行法律规范,按照一定的标准和原则划分为不同的法律部门而形成的内部和谐一致、有机联系的整体。

2. 法律体系只包括**现行有效的国内法**,不包括历史上废止、已不再生效的法律,也不包括国际法。

3. 当代中国的法律体系主要由七个法律部门和三个不同层次的法律规范构成。七个法律部门是:宪法及相关法;民商法;行政法;经济法;社会法;刑法;诉讼与非诉程序法。三个不同层次的法律规范是:法律;行政法规;地方性法规、自治条例和单行条例。

【帆哥提示】 判断某一规范性法律文件是否属于我国法律体系的组成部分,关键是看它是否属于现行有效国内法。

【真题示例】

关于法的渊源和法律部门,下列哪些判断是正确的?(2011/1/51,多选)①

A. 自治条例和单行条例是地方国家权力机关制定的规范性文件

B. 行政法部门就是由国务院制定的行政法规构成的

C. 国际公法是中国特色社会主义法律体系的组成部分

D. 划分法律部门的主要标准是法律规范所调整的社会关系

【分析】 自治条例和单行条例是由自治区、自治州、自治县的人大制定的,而人大属于地方国家权力机关,故A项的说法正确。

所谓行政法部门就是调整行政关系的法律规范的集合。这些规范从渊源上讲,可以来源于宪法、法律、行政法规、地方性法规等。故B项的说法错误。在这里关键是要区分清楚法律部门和法律渊源的异同。

一个国家的法律体系是由现行有效的国内法组成,不包含国际公法。故C错。

划分法律部门的主要标准是法律规范所调整的社会关系,次要标准是法律规范的调整方法。故D对。

第六节 法 的 效 力

一、法的效力的概念及其分类

(一) 法的效力的概念

法的效力,即法的约束力,指人们应当按照法律规定的行为模式来行为,必须予以服从的一种法律之力。

(二) 法的效力的分类

1. 规范性法律文件的效力,也叫狭义的法的效力,指法律的生效范围或适用范围,即法律对什么人、什么事、在什么地方和什么时间有约束力。

2. 非规范性法律文件的效力,指判决书、裁定书、逮捕证、许可证、合同等法的效力。这些文件在经过法定程序之后也具有约束力,任何人不得违反。但是,**非规范性法律文件是适用法律的结果而不是法律本身**,因此不具有普遍约束力。

---

① 【答案】A、D

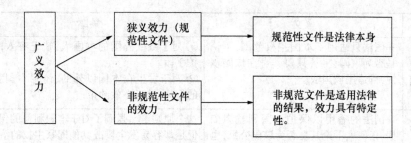

【帆哥提示】 通常所讲的法的效力主要指狭义的法的效力。一般而言,法对人和对事的效力范围,先于法的时间和空间的效力范围。

二、法的效力的来源

来自于法律	法律有国家强制力,法律规定了具体的否定性法律后果,任何明显的违法行为都会受到国家相应的制裁,因此法律具有效力。
来自于道德	法律与人们的道德观念相一致,法律建立在社会主流道德基础之上,法律体现了公平、正义,因而人们服从政府、遵守法律。
来自于社会	民众从小就养成了模仿他人所为的习惯,包括按照别人行为的守法的习惯。法律维护社会秩序,社会要求人们的行为符合法律。

【帆哥提示】
1. 分析实证主义法学认为,法律的效力来源于国家强制力,因而人们遵守法律是被动的。
2. 自然法学认为,法律的效力来源于道德,法律之所以是有效的,是因为它符合正义的标准,因而人们遵守是出于自愿的。
3. 法律社会学认为,法律之所以有效是因为它与一个社会存在的道德规范相吻合。
4. 现代法理学的洞见之一是法律的效力不能仅仅建立在强制力的基础上,有一些法律的效力来源于人们自愿的接受。

三、法的对人效力

(一)确定法律对人效力范围的原则

	含义	缺陷
属人原则	一国法只适用于本国公民,只要是本国公民,不论其身在国内还是国外,均受该国法的约束,但对于外国人,即使在该国境内,也不适用该国法律。	① 不约束生活在本国领域内的外国人。 ② 对于生活在其他国家并且受到所在国法律约束的本国人而言,本国法虽然加以约束,但实际上却难以实现。

(续表)

	含义	缺陷
属地原则	一国法只适用于本国主权范围,不论是否为该国公民,只要其身在该国境内,都适用该国法。	① 对于身处外国的本国人,缺乏有效的保护手段。 ② 对于发生在本国以外的、侵犯本国利益的行为,缺乏有效约束。
保护主义原则	一国法的适用以保护该国利益为依据,任何人不论其是否为该国公民,也不论其身居国内还是国外,只要侵害了该国利益,就适用该国法。	这个原则虽然强调了对于本国利益的保护,但是却容易发生挑战其他国家主权的情形。
折衷主义原则	以属地主义为主,结合属人主义和保护主义,既维护了本国利益,又尊重了他国主权,具有现实的操作性。	无缺陷。

(二) 我国法律的对人效力

1. 中国公民的效力

中国公民在中国境内适用中国法律,中国公民在境外也应遵守中国法律并受中国法律保护,但须考虑中国法律与所在国法律的关系问题。

2. 外国人和无国籍人的效力

(1) 对在中国境内的外国人和无国籍人,除法律另有规定外,适用中国法律。

(2) 对外国人和无国籍人在中国境外对中国国家和公民犯罪的,按中国刑法应处3年以上有期徒刑的,可适用中国刑法,但按犯罪地法律不受处罚的除外。

四、法律的对事效力

1. 法律作用于主体的行为及通过行为所建立起来的社会关系。法律的对事效力通常是指法对主体所进行的哪些行为、事项、社会关系有效。

2. 确立法律事项效力范围的原则

(1) 事项法定原则:法律对哪些事项有效一般以"是否有法律明文规定"为限。法律明确规定进行调整的事项,法对之都有效力;相反,没有法律明确规定的事项,法对之没有效力。

(2) 一事不再理原则。同一机关不得两次或两次以上受理同一当事人就同一法律关系所作的同一请求。

(3) 一事不二罚原则。对同一个行为,不得处以两次或两次以上性质相同或同一罪名的处罚。

五、法的空间效力

1. 一般说来,一国法在该国主权所及的范围内有效。

2. 法律的空间效力有两种情形:

(1) 法律的域内效力。

法律是规范性的国家意志,法律的域内效力是指法律在一主权国家领域内具有效力,相反,在该主权国家领域外无效。

(2) 法律的域外效力。

法律的域外效力是指法律在其所在的主权国家管辖领域外的效力。在殖民地时期,法律的域外效力通常是宗主国的治外法权。现代国家基于"主权平等""尊重他国主权和内政"等国际法原则,本国法在他国有效必须是建立在平等基础上的,是国与国之间互惠互利的合意的结果,通常是双方国家通过签订国际条约或根据国际惯例互相允许对方法律在本国有效。

六、法的时间效力

法的时间效力指法律规定其效力在时间上的延续期间。包括法律何时生效、何时失效以及对其生效以前的行为是否有效三个问题。

1. 法律的生效时间

法律开始生效的时间有两种情况:

(1) 自法律公布之日起生效。包括两种情形:

一是法律明文规定自公布之日起生效。如《中华人民共和国国籍法》第18条规定:"本法自公布之日起施行。"

二是法律中没有明文规定生效时间,通过其他法律文件宣告自公布之日起生效,如我国现行《宪法》本身没有规定生效时间,而是由全国人大在同日以公告的形式公布《宪法》实施。

(2) 由法律明文规定法律生效的时间。如现行《刑法》是1997年3月14日通过的,但是其生效的时间是1997年10月1日。

【帆哥提示】 在实践中,法律如果没有明文规定其生效的时间的,推定其自公布之日起生效。

2. 法律失效的时间

(1) 明示的失效:新法或其他法律文件中明文规定旧法被废止。

(2) 默示的失效:已生效的法律与原有法律的规定在某些方面有冲突,根据"新法优于旧法"原则,适用新法从而废止旧法相关内容。

3. 溯及力

(1) 法律是用来规范人的行为的。人的本性决定了今天的行为不可能遵守明天才要制定的法律。今天的法只能用来规范人们明天的行为,而不能用来约束人们昨天的行为。

(2) "法不溯及既往"要求在法律适用中采用"从旧"原则。

(3) 法律并非绝对地不溯及既往,有时候,当新法更有利于保障人权时可以溯及既往地适用,即"从新"。我国刑法采用"从旧兼从新"原则。

(4) 在处理法律的溯及力问题时,实体法和程序法是有差别的:实体法以从旧为原则,程序法以从新为原则。

【帆哥提示】 溯及从新不从旧,保障人权可从新。

【真题示例】

有法谚云:"法律为未来作规定,法官为过去作判决。"关于该法谚,下列哪一说法是正确的?(2016/1/11,单选)①

---

① 【答案】D

A. 法律的内容规定总是超前的,法官的判决根据总是滞后的
B. 法官只考虑已经发生的事实,故判案时一律选择适用旧法
C. 法律绝对禁止溯及既往
D. 即使案件事实发生在过去,但"为未来作规定"的法律仍然可以作为其认定的根据

【分析】 "法律为未来作规定",意思是说法律是针对未来的行为发生效力的,人们在做出一个行为的时候只应该遵守行为时已经存在的法律,这个原则被称为"法不溯及既往",也叫"从旧"原则。但是当新法和旧法相比较,新法更加有利于保障人权时,可以适用新法来解决新法生效以前已经发生的行为,这叫"从新",也就是说新法可以有条件的溯及既往。由此可见,在法律时间效力问题上,以不溯及既往为原则,以溯及既往为例外。

"法官为过去作判决",意思是说法官要裁判的事实,是已经发生的事实,就法官介入这一时间点而言,该事实已经实施完毕。法官裁判时,应该以事实发生前已经存在的法律作为裁判的依据。

综上所述,只有 D 项的表述正确,其余三项错误。就 A 项的表述来说,立法者是为未来立法,这就要求立法者对将来要发生的行为具有一定的预测能力,但是立法者的预测能力是有限的,将来要发生的行为总有一些是立法者无法预测到的,正因为如此,现实中的法律总有滞后性,故说"法律的内容总是超前的"是不对的。B 项说法官裁判案件时总考虑适用旧法也是不对的,因为新法在能更好地保障人权时也可以溯及既往地适用。C 项的错误如前所说:"法不溯及既往"这一原则并不绝对。

第七节 法律关系

一、法律关系的概念、特征

(一) 法律关系的概念

所谓法律关系就是法律规范在调整社会关系的过程中形成的人们之间的权利义务关系。

(二) 法律关系的特征

1. 法律关系是根据法律规范建立的一种社会关系,具有**合法性**。

(1) 法律规范是法律关系产生的前提。如果没有相应的法律规范的存在,就不可能产生法律关系。

(2) 法律关系不同于法律规范调整或保护的社会关系本身。社会关系是一个庞大的体系,其中有些领域是法律所调整的(如政治关系、经济关系、行政管理关系等),也有些是不属于法律调整或法律不宜调整的(如友谊关系、爱情关系、政党社团的内部关系),还有些是法律所保护的对象,这些被保护的社会关系不属于法律关系本身(如刑法所保护的关系不等于刑事法律关系)。即使那些受法律法规调整的社会关系,也并不能完全视为法律关系。例如,民事关系(财产关系和身份关系)也只有经过民法的调整(立法、执法和守法的运行机制)之后,才具有了法律的性质,成为一类法律关系(民事法律关系)。

(3) 法律关系是法律规范的实现形式,是法律规范的内容(行为模式及其后果)在现实社会生活中得到具体的贯彻。法律关系是人与人之间的合法(符合法律规范的)关系。这是它与其他社会关系的根本区别。

2. 法律关系是体现**意志性**的特种社会关系。

（1）法律关系是根据法律规范有目的、有意识地建立的。所以,法律关系像法律规范一样必然体现国家的意志。

（2）有些法律关系的产生,不仅要通过法律规范所体现的国家意志,而且要通过法律关系参加者的个人意志表示一致（如多数民事法律关系）。也有很多法律关系的产生,并不需要这种意志表示。例如,行政法律关系,往往基于行政命令而产生。

3. 法律关系是**特定法律关系主体之间的权利和义务关系**。

【帆哥提示】

（1）凡是法律关系都是社会关系。

（2）凡是法律关系都具有合法性,不存在不合法的法律关系,但是可以有非法的社会关系。

（3）行为有违法和合法之分,但是无论是违法行为还是合法行为,其产生的法律关系都是合法的。

（4）所有的法律关系首先反映国家意志,但不仅仅反映国家意志,民事法律关系还反映参与人的意志。

（5）法律规范和法律关系都以权利和义务为内容,但是属于两个不同的领域,前者属于应然性、可能性领域,后者属于实然性、现实性领域。

【真题示例】

"在法学家们以及各个法典看来,各个个人之间的关系,例如缔结契约这类事情,一般是纯粹偶然的现象,这些关系被他们看作是可以随意建立或不建立的关系,它们的内容完全取决于缔约双方的个人意愿。每当工业和商业的发展创造出新的交往形式,例如保险公司等的时候,法便不得不承认它们是获得财产的新方式。"据此,下列表述正确的是:(2009/1/91,不定项)①

A. 契约关系是人们有意识、有目的地建立的社会关系

B. 各个时期的法都不得不规定保险公司等新的交往形式和它们获得财产的新方式

C. 法律关系作为一种特殊的社会关系,既有以人的意志为转移的思想关系的属性,又有物质关系制约的属性

D. 法律关系体现的是当事人的意志,而不可能是国家的意志

【分析】 契约关系是人们有意识、有目的地建立的社会关系,目的在于为双方设定一种权利义务关系,故选项 A 正确。

法律规范是法律关系产生的前提。如果没有相应的法律规范的存在,就不可能产生法律关系。只有社会发展到一定阶段才有公司法、保险法等。各个时期的法都不得不规定保险公司等新的交往形式和它们获得财产的新方式是错误的。选项 B 错误。

法律关系是一种特殊的社会关系,体现了人的因素,又有物质关系的制约。选项 C 正确。

法律是统治阶级的意志上升为国家的意志,依据法律所产生的法律关系也必然体现国家的意志。选项 D 错误。

---

① 【答案】A、C

二、法律关系的分类

（一）按照法律关系产生的依据、执行的职能和实现规范的内容不同，法律关系可以分为调整性法律关系和保护性法律关系

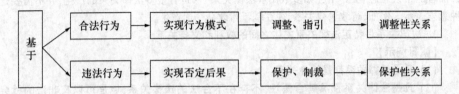

1. 调整性法律关系是基于人们的**合法行为**而产生的、执行法的调整职能的法律关系，它所实现的是法律规范（规则）的行为规则（指示）的内容。调整性法律关系不需要适用法律制裁，法律主体之间即能够行使权利、履行义务，如各种依法建立的民事法律关系、行政合同关系。

2. 保护性法律关系是由于**违法行为**产生的、旨在恢复被破坏的权利和秩序的法律关系，它执行法的保护职能，所实现的是法律规范（规则）的保护规则（否定性法律后果）的内容，是法的实现的非正常形式。在公法上，**它的典型特征是一方主体（国家）适用法律制裁，另一方主体（通常是违法者）必须接受这种制裁**，如刑事法律关系。

【帆哥提示】
保护性法律关系是在调整性法律关系因主体的违法行为不能正常实现，由此引发法律制裁时形成的法律关系。如杨帆对自己的手机拥有所有权，从而杨帆和杨帆之外的所有人之间形成了调整性法律关系。在这个法律关系中杨帆对自己的手机有占有、使用、收益、处分的权利，杨帆之外的所有人负有不干预杨帆对自己手机行使所有权的义务。但是小王弄坏了杨帆的手机，杨帆向法院起诉，法院作出判决，判令小王向杨帆承担赔偿责任。此时基于法院的判决，在杨帆和小王之间形成的赔偿法律关系属于保护性法律关系。

（二）按法律主体在法律关系中的地位的不同，法律关系可分为纵向（隶属）的法律关系和横向（平权）的法律关系

1. 纵向（隶属）的法律关系是指在**不平等的法律主体**之间所建立的权力服从关系（旧法学称"特别权力关系"）。其特点为：

（1）法律主体处于不平等的地位，如亲权关系中的家长与子女，行政管理关系中的上级机关与下级机关，在法律地位上有管理与被管理、命令与服从、监督与被监督诸方面的差别。

（2）法律主体之间的权利与义务具有强制性。

2. 横向法律关系是**指平权法律主体**之间的权利义务关系。其特点在于，法律主体的地位是平等的，权利和义务的内容具有一定程度的任意性，如民事财产关系。

（三）按照法律主体的多少和权利义务是否一致，法律关系可分为单向（单务）法律关系、双向（双边）法律关系和多向（多边）法律关系

1. 单向（单务）法律关系，是指权利人仅享有权利，义务人仅履行义务，两者之间不存在相反的联系（如不附条件的赠与关系）。单向法律关系是法律关系体系中最基本的构成要素。一切法律关系均可分解为单向的权利义务关系。

2. 双向(双边)法律关系,是指在特定的双方法律主体之间,存在两个密不可分的单向权利义务关系,其中一方主体的权利对应另一方的义务,反之亦然。例如,买卖法律关系就包含着这样两个相互联系的单向法律关系。

3. 多向(多边)法律关系,又称"复合法律关系"或"复杂的法律关系",是三个或三个以上相关法律关系的复合体,其中既包括单向法律关系,也包括双向法律关系。例如,行政法中的人事调动关系,至少包含三个方面的法律关系,即调出单位与调入单位之间的关系,调出单位与被调动者之间的关系,调入单位与被调动者之间的关系。这三种关系相互关联,互为条件,缺一不可。

(四)按照相关法律关系的作用和地位不同,法律关系可分为第一性法律关系(主法律关系)和第二性法律关系(从法律关系)

1. 第一性法律关系(主法律关系),是人们之间依法建立的不依赖其他法律关系而独立存在的或在多项法律关系中居于支配地位的法律关系。

2. 第二性法律关系(从法律关系),由第一性法律关系产生的、居于从属地位的法律关系,就是第二性法律关系或从法律关系。

【帆哥提示】 一切相关的法律关系均有主次之分,例如,在调整性和保护性法律关系中,调整性法律关系是第一性法律关系(主法律关系),保护性法律关系是第二性法律关系(从法律关系);在实体和程序法律关系中,实体法律关系是第一性法律关系(主法律关系),程序法律关系是第二性法律关系(从法律关系)。

【真题示例】

甲、乙分别为某有限责任公司的自然人股东,后甲在乙知情但不同意的情况下,为帮助妹妹获取贷款,将自有股份质押给银行,乙以甲侵犯其股东权利为由向法院提起诉讼。关于本案,下列哪一判断是正确的?(2011/1/12,单选)①

A. 担保关系是债权关系的保护性法律关系
B. 债权关系是质押关系的第一性法律关系
C. 诉讼关系是股权关系的隶属性法律关系
D. 债权关系是质押关系的调整性法律关系

【分析】 担保关系和债权关系都是基于合法行为而产生的,都属于调整性法律关系。正确的表述应该是担保法律关系是债权法律关系的第二性法律关系。故 A 错。

债权法律关系是质押法律关系产生的基础,故债权法律关系是质押关系的第一性关系。故 B 项说法正确,D 的说法错误。

诉讼法律关系和股权法律关系中,法律关系主体的地位都是平等的,故均属于横向法律关系,即平权法律关系。故 C 的说法错误。

三、法律关系的构成要素

(一)法律关系的主体

概念	法律关系的主体指法律关系的参加人,即在法律关系中享有权利或承担义务的人。享有权利的一方是权利人,承担义务的一方是义务人。

---

① 【答案】B

(续表)

种类		公民(自然人)。
		机构或组织(法人)。
		国家。国家既可以成为国际法律关系的主体,也可以成为国内法律关系的主体。比如刑事法律关系的一方主体是国家。
资格	权利能力	权利能力指能够参与一定的法律关系,依法享有一定的权利和承担一定义务的法律资格。
		公民(自然人)的一般权利能力始于出生终于死亡。一般权利能力不能被任意剥夺或解除。但是特殊的权利能力只授予特定的法律主体,如国家机关及其工作人员行使职权的资格。
		法人的权利能力自法人成立时产生,至法人解体时消灭。其范围由法人成立的宗旨和范围决定。
	行为能力	法律关系主体能够通过自己的行为,实际取得权利和履行义务的能力。
		确定公民有无行为能力标准有二:一是能否认识自己行为的意义和后果;二是能否控制自己的行为并对自己的行为负责。
		对公民(自然人)而言,具有权利能力并不必然具有行为能力,但具有行为能力则必然具有权利能力。
		公民(自然人)的行为能力可以分为:权利行为能力、义务行为能力和责任行为能力。
		公民的行为能力有完全和不完全之分,法人的行为能力总是有限的,由其成立宗旨和业务范围决定。法人的行为能力同时产生,同时消灭。

(二) 法律关系的内容

1. 法律关系主体的权利义务与作为法律规范内容的权利义务的异同比较

	所属领域不同	针对的主体不同	法律效力不同
法律关系主体的权利义务	是法律关系主体的实有权利和义务,属于现实性领域	特定的主体,是某一法律关系中的有关主体	仅对特定的法律主体有效,没有普遍的效力
作为法律规范内容的权利义务	应有权利和义务,属于可能性领域	不特定的主体	有一般的、普遍的法律效力

2. 权利与权利能力

联系	区别
权利能力是法律关系主体享有权利的前提,或者说资格	1. 任何人具有权利能力,并不必然表明他可以参与某种法律关系,而要参与法律关系,就必须要有具体的权利。 2. 权利能力包括享有权利和承担义务这两方面的法律资格,而权利本身不包括义务在内。

(三) 法律关系客体

概念	法律关系主体之间权利和义务所指向的对象。	
	法律关系建立的目的总是为了保护某种利益、获取某种利益、或者分配转移某种利益。客体所承载的利益本身才是法律权利和法律义务联系的中介。	
	法律关系客体的范围是一个历史概念,随着社会历史的不断发展变化,其范围和形式、类型也在不断变化着。总体来看,有不断扩大的趋势。	
法律关系客体种类	物	作为法律关系客体的物与物理意义上的物既有联系,又有不同。它不仅具有物理属性,而且应具有法律属性。物理意义上的物要成为法律关系客体,须具备以下条件:	1. 应得到法律之认可。
			2. 应为人类所认识和控制。不可认识和控制之物(如地球以外的天体)不能成为法律关系客体。
			3. 能够给人们带来某种物质利益,具有经济价值。
			4. 须具有独立性。不可分离之物(如道路上的沥青、桥梁之构造物、房屋之门窗)一般不能脱离主物,故不能单独作为法律关系客体存在。
		在我国,大部分天然物和生产物可以成为法律关系的客体,但有几种物不得进入国内商品流通领域,成为私人法律关系的客体。	1. 人类公共之物或国家专有之物,如海洋、山川、水流、空气;
			2. 文物;
			3. 军事设施、武器(枪支、弹药等);
			4. 危害人类之物(如毒品、假药、淫秽书籍等)。
	人身	人身是由各个生理器官组成的生理整体(有机体)。它是人的物质形态,也是人的精神利益的体现。不仅是人作为法律关系主体的承载者,而且在一定范围内成为法律关系的客体。	1. 活人的(整个)身体,不得视为法律上之"物",不能作为物权、债权和继承权的客体,禁止任何人(包括本人)将整个身体作为"物"参与有偿的经济法律活动,不得转让或买卖。贩卖或拐卖人口,买卖婚姻,是法律所禁止的违法或犯罪行为,应受法律的制裁。
			2. 权利人对自己的人身不得进行违法或有伤风化的活动,不得滥用人身,或自践人身和人格。例如,卖淫、自杀、自残行为属违法行为或至少是法律所不提倡的行为。
			3. 对人身行使权利时必须依法进行,不得超出法律授权的界限,严禁对他人人身非法强行行使权利。例如,有监护权的父母不得虐待未成年子女的人身。
		但须注意的是:人身(体)之部分(如血液、器官、皮肤等)的法律性质,是一个较复杂的问题。它属于人身,还是属于法律上的"物",不能一概而论。应从三方面分析:	1. 当人身之部分尚未脱离人的整体时,即属人身本身。
			2. 当人身之部分自然地从身体中分离,已成为与身体相脱离的外界之物时,亦可视为法律上之"物";
			3. 当该部分已植入他人身体时,即为他人人身之组成部分。

(续表)

法律关系客体种类	精神产品	精神产品是人通过某种物体(如书本、砖石、纸张、胶片、磁盘)或大脑记载下来并加以流传的思维成果,属于非物质财富。西方学者称之为"无体(形)物"。我国法学界常称为"智力成果"或"无体财产"。	1. 不同于有体物,其价值和利益在于物中所承载的信息、知识、技术、标识(符号)和其他精神文化;
			2. 不同于人的主观精神活动本身,是精神活动的物化、固定化。
	行为结果	作为法律关系客体的行为结果是特定的,即义务人完成其行为所产生的能够满足权利人利益要求的结果。这种结果一般分为两种:	1. 一种是物化结果,即义务人的行为(劳动)凝结于一定的物体,产生一定的物化产品或营建物(房屋、道路、桥梁等);
			2. 另一种是非物化结果,即义务人的行为没有转化为物化实体,而仅表现为一定的行为过程,直至终了,最后产生权利人所期望的结果(或效果)。例如,权利人在义务人完成一定行为后,得到了某种精神享受或物质享受,增长了知识和能力等。

四、法律关系产生、变更与消灭

(一) 法律关系产生、变更与消灭的条件

1. 法律规范

法律规范是法律关系形成、变更和消灭的法律依据,没有一定的法律规范就不会有相应的法律关系。

2. 法律事实

法律事实,就是法律规范所规定的、能够引起法律关系产生、变更和消灭的客观情况或现象。

(二) 法律事实的分类

依是否以**当事人**的意志为转移作标准,法律事实可以分为:

1. 法律事件

法律事件是法律规范规定的、不以当事人的意志为转移而引起法律关系形成、变更或消灭的客观事实。法律事件可分为:

(1) 社会事件:如社会革命、战争等。

(2) 自然事件:如人的生老病死、自然灾害等。

2. 法律行为

法律行为指以当事人的主观意志为转移,能够引起法律关系形成、变更和消灭的事件。因为人们的意志有善意与恶意、合法与违法之分,故其行为也可以分为善意行为、合法行为与恶意行为、违法行为。善意行为、合法行为能够引起法律关系的形成、变更和消灭。

【帆哥提示】

(1) 同一个法律事实可以引起多种法律关系的产生、变更和消灭,如死亡。

（2）两个或两个以上的法律事实引起同一法律关系的产生、变更或消灭的,称为"事实构成"。

【真题示例】

王某恋爱期间承担了男友刘某的开销计20万元。后刘某提出分手,王某要求刘某返还开销费用。经过协商,刘某自愿将该费用转为借款并出具了借条,不久刘某反悔,以不存在真实有效的借款关系为由拒绝还款,王某诉至法院。法院认为,"刘某出具该借条系本人自愿,且并未违反法律强制性规定",遂判决刘某还款。对此,下列哪些说法是正确的?（2014/1/53,多选）①

A."刘某出具该借条系本人自愿,且并未违反法律强制性规定"是对案件事实的认定

B.出具借条是导致王某与刘某产生借款合同法律关系的法律事实之一

C.因王某起诉产生的民事诉讼法律关系是第二性法律关系

D.本案的裁判是以法律事件的发生为根据作出的

【分析】 "刘某出具该借条系本人自愿,且并未违反法律强制性规定"是对案件事实的认定,故 A 的说法正确。

出具借条属于法律行为,该行为导致了借款合同法律关系的产生,故 B 正确,D 项错误。

不依赖于其他法律关系可以独立存在的法律关系被称为第一性法律关系,基于第一性法律关系产生的法律关系属于第二性法律关系,第一性法律关系又叫主法律关系,第二性法律关系又叫从法律关系。题干中的民事诉讼法律关系属于第二性法律关系。故 C 正确。

第八节 法律责任

一、法律责任的含义、特点

（一）法律责任的含义

法律责任是指行为人由于**违法行为、违约行为或者由于法律的规定**而应承受的某种不利的法律后果。

（二）法律责任的特征

1. 承担法律责任的最终依据是法律。
2. 法律责任具有国家强制性。

【帆哥提示】 违法行为不一定会导致法律责任产生,因为即使违法,也可能存在责任的阻却事由,从而不承担法律责任。**法律责任并不仅仅因为违法行为而产生。**

（三）法律责任与权力、权利、义务的关系

1. 法律责任与法律权力

（1）责任的认定、归结与实现都离不开国家司法、执法机关的权力（职权）。

（2）责任规定了行使权力的界限以及越权的后果。

2. 法律责任与法定权利和义务

（1）法律责任规范着法律关系主体行使权利的界限,以否定的法律后果防止权利行使不

---

① 【答案】A、B、C

当或滥用权利;

(2) 在权利受到妨害,以及违反法定义务时,法律责任又成为救济权利、强制履行义务或追加新义务的依据;

(3) 法律责任通过否定的法律后果成为权利、义务得以顺利实现的保证。

二、法律责任的竞合

概念	法律责任的竞合,是指由于某种法律事实的出现,导致两种或两种以上的法律责任产生,而这些责任之间相互冲突的现象。
特征	数个法律责任的主体为同一**法律主体**。 责任主体实施了**一个行为**。 该行为符合**两个或两个以上**的法律责任构成要件。 数个法律责任之间**相互冲突**。
产生原因	不同的法律规范从不同角度对社会关系加以调整,而由于法律规范的抽象性以及社会关系的复杂性,不同的法律规范在调整社会关系时可能会产生一定的重合,使得一个行为同时触犯了不同的法律规范,面临数种法律责任,从而引起法律责任的竞合问题。
处理	1. 对于不同法律部门间法律责任的竞合,一般来说,应按重者处之。如果相对较轻的法律责任已经被追究,再追究较重的法律责任时应适当考虑折抵。 2. 侵权责任与违约责任的竞合,理论上存在争议,各国的法律规定也有所不同。我国在发生违约责任和侵权责任竞合的情况下,允许受害人选择其中一种责任提起诉讼。

【帆哥提示】 法律责任的竞合就是指两个法律责任可以同时适用于一个行为,但是两个责任不能同时追究,只能选择其中一个。故在答题时,判断有无法律责任竞合的关键,不是看存在不存在两个法律责任,有两个或多个法律责任并不必然构成法律责任的竞合,只有当存在两个法律责任,且这两个法律责任相互冲突,不能同时追究时才构成竞合,如行政处罚法上的罚款和刑法上的罚金就不能同时追究。

【真题示例】

下列构成法律责任竞合的情形是:(2014/1/91,不定项)①

A. 方某因无医师资格开设诊所被卫生局没收非法所得,并被法院以非法行医罪判处3年有期徒刑

B. 王某通话时,其手机爆炸导致右耳失聪,可选择以侵权或违约为由追究手机制造商法律责任

C. 林某因故意伤害罪被追究刑事责任和民事责任

D. 戴某用10万元假币购买一块劳力士手表,其行为同时触犯诈骗罪与使用假币罪

【分析】 A选项中虽然存在两种法律责任,但是作为行政责任的没收非法所得和作为刑事责任的3年有期徒刑可以同时追究,因而不构成法律责任的竞合。B选项中既存在违约责

---

① 【答案】B、D

任,也存在侵权责任,但是违约责任和侵权责任不能同时追究,因而属于法律责任的竞合。C选项中,民事责任和刑事责任可以同时追究,因而不属于法律责任的竞合。D选项中的事例属于想象竞合犯,只能择一重处理,不能两个罪名同时追究,因而属于法律责任的竞合。

三、归责与免责

归责的概念		由特定国家机关或国家授权的机关依法对行为人的法律责任进行判断和确认。
归责的原则	责任法定（合法）	法律责任作为一种否定性的法律后果,应当由法律规范预先规定,包括在法律规范的逻辑结构之中,当出现了违法行为或法定事由的时候,按照事先规定的责任性质、责任范围、责任方式追究行为人的责任。
	公正	① 对任何违法、违约的行为都应依法追究相应的责任; ② 责任与违法或损害相均衡; ③ 要综合考虑行为人承担责任的多种因素,做到合理地区别对待; ④ 要依据法律程序追究法律责任; ⑤ 坚持法律面前一律平等。
	效益	追究法律责任要从效益角度出发,分析成本与所得,努力以较小的成本获得最大的效益。
	合理	追究法律责任时要考虑人们的情感和心理因素,努力使法律责任的承担符合社会伦理、公序良俗。
免责	时效	法律责任经过了一定期限后而免除,其意义在于:保障当事人的合法权益,督促法律关系主体及时行使权利、结清权利义务关系,提高司法机关的工作效率,稳定社会生活秩序,促进社会经济发展。
	不诉及协议	是指如果受害人或有关当事人不向法院起诉要求追究行为人的法律责任,行为人的法律责任实际上的被免除,或者受害人与加害人在法律允许的范围内协商同意的免责。
	自首、立功	指对那些违法之后有立功表现的人,免除其部分或全部的法律责任。这是一种将功抵过的免责形式。
	履行不能	在财产责任中,在责任人确实没有能力履行或没有能力全部履行的情况下,有关的国家机关免除或部分免除其责任。

【帆哥提示】 免责的前提条件是存在法律责任。正当防卫和紧急避险属于违法性的阻却事由,故法理学中不以其为免责事由。免责有全部免除和部分免除之分。

四、法律制裁

1. 法律制裁是指由特定国家机关对违法者依其法律责任而实施的强制性的惩罚措施。
2. **法律责任是前提,法律制裁是结果或体现**。但法律责任不等于法律制裁,有法律责任不等于一定有法律制裁。
3. 与法律责任相对应,法律制裁有刑事制裁、民事制裁、行政制裁和违宪制裁。

【真题示例】

下列有关法律后果、法律责任、法律制裁和法律条文等问题的表述,哪些可以成立?(2005/1/52,多选)①

A. 任何法律责任的设定都必定是正义的实现
B. 法律后果不一定是法律制裁
C. 承担法律责任即意味着接受法律制裁
D. 不是每个法律条文都有法律责任的规定

【分析】 法律有良法和恶法之分,恶法设定的法律责任就是不正义的。据此,选项A错误。

法律后果包括肯定的法律后果和否定的法律后果(即法律责任),法律制裁是被动承担法律责任的一种方式,因此选项B正确。

承担法律责任,可以主动承担,也可以被动承担,而法律制裁是被动承担法律责任的一种方式。据此,选项C错误。

法律规则由假定条件、行为模式和法律后果三个要素组成。在法条文这三部分都是可以被省略的。法律责任作为否定性法律后果在法律条文中当然可以省略。据此,选项D正确。

第二章 法 的 运 行

第一节 立 法

一、立法的定义

1. 立法是指一定的国家机关依照法定职权和程序,制定、修改和废止法律和其他规范性法律文件及认可法律的活动,是将一定阶级的意志上升为国家意志的活动,是对社会资源、社会利益进行**第一次**分配的活动。

2. 立法有广义、狭义之分:

(1) 广义上的立法概念与法律制定的含义是相同的,泛指一切有权的国家机关依法制定各种规范性法律文件的活动,它既包括国家最高权力机关及其常设机关制定宪法和法律的活动,也包括有权的地方权力机关制定其他规范性法律文件的活动,还包括国务院和有权的地方行政机关制定行政法规和其他规范性法律文件的活动。

(2) 狭义上的立法是国家立法权意义上的概念,仅指享有国家立法权的国家机关的立法活动,即国家的最高权力机关及其常设机关依法制定、修改和废止宪法和法律的活动。

3. 立法的特征:

(1) 立法是以国家的名义进行的活动。

---

① 【答案】B、D

(2) 立法的目的是实现国家和社会生活的有效调控。
(3) 立法是以一定的客观经济关系为基础的人们的主观意志活动,并且受其他社会因素的影响。
(4) 立法是产生具有规范性、国家强制性的普遍行为规则的活动。
(5) 立法是依照法定职权和程序进行的专门活动。
(6) 立法是对有限的社会资源进行制度性的分配,是对社会资源的第一次分配,反映了社会的利益倾向性。**立法是对社会进行权威的、有效的资源分配或财富分配,是通过规定权利义务所进行的分配,从而实现社会控制、社会调整,实现社会动态平衡。**
【帆哥提示】 立法是对社会资源的第一次分配,解决的是分配正义的问题。

二、立法体制

1. 立法权限的划分是立法体制的核心。
2. 立法权限的划分

	定义
国家立法权	**由一定中央国家权力机关行使**,用以调整基本的、带全局性的社会关系,在立法体系中居于基础和主导地位的最高立法权。我国国家立法权由全国人大及其常委会行使。
地方立法权	由**地方国家权力机关行使的立法权**,享有地方立法权的地方权力机关可以是单一层次的,也可以是多层次的。我国地方立法权由省、自治区、直辖市的人大及其常委会,设区的市、自治州的人大及其常委会,自治县的人大行使。自治县的人大只能制定自治条例和单行条例,而不能制定地方性法规。
行政立法权	源于宪法、由**国家行政机关依法行使的**、低于国家立法权的一种独立的立法权,**包括中央行政立法权和地方行政立法权**。我国行政立法权由国务院及国务院的部门,省、自治区、直辖市的人民政府,设区的市、自治州的人民政府行使。
授权立法权	又称委托立法权或委任立法权,是有关国家机关由于立法机关的授权而获得的、在一定期限和范围内进行立法的一种附属立法权。**我国授权立法权由全国人大及其常委会授权给国务院、经济特区所在地的省、市的人大及其常委会行使。**

3. 我国的立法体制呈现出"**一元多层级**"的样式。

三、立法原则

当代中国的立法原则为法治原则、民主原则、科学原则、原则性和灵活性相结合原则。具体阐述见本书《中国特色社会主义法治理论》部分的相关内容。

四、立法程序

（一）全国人大的立法程序

1. 提案

主席团	
全人常、两央、两高、专门委员会	由主席团决定列入会议议程
一个代表团或30名以上代表	由主席团决定列入会议议程或由专委会审议提出意见再决定是否列入会议议程。专委会审议时可邀请提案人列席会议，发表意见。
向人大提出的法律案在人大闭会期间可以先向全人常提出，常委会审议后提请人大审议，由全人常或者提案人向大会作说明。全人常审议时应征求代表意见，专门委员会和全人常工作机构可进行立法调研。全人常应在举行会议的一个月前将法律草案发给代表。	

【帆哥提示】 可以向全国人大提案的主体可以概括为：两团、两委、两央、两高。

2. 审议议案

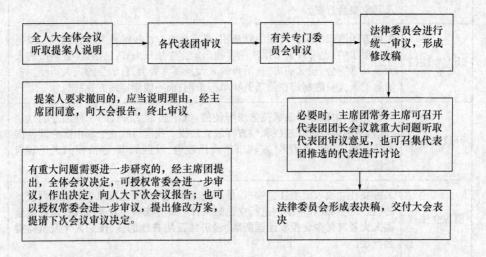

【帆哥提示】 各代表团审议法律案时，提案人应当派人听取意见，回答询问。各代表团审议法律案时，根据代表团的要求，有关机关、组织应当派人介绍情况。

3. 表决

法律草案修改稿经各代表团审议，由法律委员会根据各代表团的审议意见进行修改，提出法律草案表决稿，由主席团提请大会全体会议表决，由全体代表的过半数通过。

4. 公布

全国人民代表大会通过的法律由国家主席签署主席令予以公布。

（二）全国人大常委会的立法程序

1. 提案

委员长会议		
两央、两高、专门委员会	由委员长会议决定列入常务委员会会议议程，或者先交有关的专门委员会审议、提出报告，再决定列入常务委员会会议议程。	有重大问题需要研究的，可建议修改完善后再提
常委会组成人员10人以上		决定不列入的，向常委会报告或向提案人说明

2. 审议

除特殊情况外，应当在会议7日前将法律草案发给常委会组成人员。	
"三读"	第一次审议法律案，在全体会议上听取提案人的说明，由分组会议进行初步审议。
	第二次审议法律案，在全体会议上听取法律委员会关于法律草案修改情况和主要问题的汇报，由分组会议进一步审议。
	第三次审议法律案，在全体会议上听取法律委员会关于法律草案审议结果的报告，由分组会议对法律草案修改稿进行审议。
	可以召开联组会议或者全体会议，对法律草案中的主要问题进行讨论。
"三读"例外	**各方面意见比较一致的，可以经两次常务委员会会议审议后交付表决；调整事项较为单一或者部分修改的法律案，各方面的意见比较一致的，也可以经一次常务委员会会议审议即交付表决。**
民主立法	法律委员会、有关专门委员会、常委会工作机构应当采用座谈会、论证会、听证会等形式听取各方面意见。
	有关问题专业性较强，需要进行可行性评价的，应当召开论证会。
	有关问题存在重大分歧或者涉及利益关系重大调整，需要进行听证的，应当召开听证会。
	列入常务委员会会议议程的法律案，应当在常务委员会会议后将法律草案及其起草、修改的说明等向社会公布，征求意见，但是经委员长会议决定不公布的除外。向社会公布征求意见的时间一般不少于三十日。征求意见的情况应当向社会通报。
终止审议	列入常委会会议议程的法律案，在交付表决前，提案人要求撤回的，应当说明理由，经委员长会议同意，并向常委会报告，对该法律案的审议即行终止。
	列入审议的法律案，因各方面对制定该法律的必要性、可行性等重大问题存在较大意见分歧搁置审议满2年的，或者因暂不交付表决经过2年没有再次列入常务委员会会议议程审议的，由委员长会议向常务委员会报告，该法律案终止审议。

【帆哥提示】
（1）列入常务委员会会议议程的法律案，由有关的专门委员会进行审议，提出审议意见，

印发常务委员会会议。有关的专门委员会审议法律案时,可以邀请其他专门委员会的成员列席会议,发表意见(注意这里是可以邀请)。

(2)列入常务委员会会议议程的法律案,由法律委员会根据常务委员会组成人员、有关的专门委员会的审议意见和各方面提出的意见,对法律案进行统一审议,提出修改情况的汇报或者审议结果报告和法律草案修改稿,对重要的不同意见应当在汇报或者审议结果报告中予以说明。对有关的专门委员会的审议意见没有采纳的,应当向有关的专门委员会反馈。法律委员会审议法律案时,应当邀请有关的专门委员会的成员列席会议,发表意见(注意这里是应当邀请)。

3. 表决和通过

法律草案修改稿经常务委员会会议审议,由法律委员会根据常务委员会组成人员的审议意见进行修改,提出法律草案表决稿,由委员长会议提请常务委员会全体会议表决,由常务委员会全体组成人员的过半数通过。

法律草案表决稿交付常务委员会会议表决前,委员长会议根据常务委员会会议审议的情况,可以决定将个别意见分歧较大的重要条款提请常务委员会会议单独表决。单独表决的条款经常务委员会会议表决后,委员长会议根据单独表决的情况,可以决定将法律草案表决稿交付表决,也可以决定暂不交付表决,交法律委员会和有关的专门委员会进一步审议。

对多部法律中涉及同类事项的个别条款进行修改,一并提出法律案的,经委员长会议决定,可以合并表决,也可以分别表决。

4. 公布

常务委员会通过的法律由国家主席签署主席令予以公布。

(三)其他规定

议案撤回	法律案在列入会议议程前,提案人有权撤回。
未通案的处理	未获人大及人常通过的法律案,可重新提出,由主席团、委员长会议决定是否列入议程。其中未获人大通过的应提请人大审议决定。
法律的标准文本	在全国人大常委会公报和中国人大网及全国范围内发行的报纸上刊载。全国人大常委会公报上的文本为标准文本。
配套规定	法律明确要求配套规定的,有关机关自施行起一年内作出规定。法律另有规定的从其规定。
立法后评估	专门委员会、常委会工作机构可以作立法后评估,向人常报告。
答复询问	全国人大常委会工作机构可以对具体问题的询问进行答复,报全国人大常委会备案。

【真题示例】

根据《宪法》和《立法法》规定,关于法律案的审议,下列哪些选项是正确的?(2017/1/63,多选)①

---

① 【答案】A、B、C、D

A. 列入全国人大会议议程的法律案,由法律委员会根据各代表团和有关专门委员会的审议意见,对法律案进行统一审议,向主席团提出审议结果报告和法律草案修改稿

B. 列入全国人大会议议程的法律案,在交付表决前,提案人要求撤回的,应说明理由,经主席团同意并向大会报告,对法律案的审议即行终止

C. 列入全国人大常委会会议议程的法律案,因调整事项较为单一,各方面意见比较一致的,也可经一次常委会会议审议即交付表决

D. 列入全国人大常委会会议议程的法律案,因暂不付表决经过两年没有再次列入常委会会议议程审议的,由委员长会议向常委会报告,该法律案终止审议

【分析】 列入全国人大会议议程的法律案,审议程序如下:(1) 全国人大全体会议听取提案人说明;(2) 各代表团审议;(3) 各专门委员会审议;(4) 法律委员会根据各代表团和有关专门委员会的审议意见,对法律案进行统一审议,向主席团提出审议结果报告和法律草案修改稿。故 A 对。

《立法法》第22条规定:"列入全国人民代表大会会议议程的法律案,在交付表决前,提案人要求撤回的,应当说明理由,经主席团同意,并向大会报告,对该法律案的审议即行终止。"B 选项与之完全吻合,故正确。

列入常委会议程的法律案一般应该经常委会三次会议审议通过,俗称"三读"。但是也有例外,《立法法》第30条规定:"列入常务委员会会议议程的法律案,各方面意见比较一致的,可以经两次常务委员会会议审议后交付表决;调整事项较为单一或者部分修改的法律案,各方面的意见比较一致的,也可以经一次常务委员会会议审议即交付表决。"基于此,C 对。

《立法法》第42条规定:"列入常务委员会会议审议的法律案,因各方面对制定该法律的必要性、可行性等重大问题存在较大意见分歧搁置审议满两年的,或者因暂不付表决经过两年没有再次列入常务委员会会议议程审议的,由委员长会议向常务委员会报告,该法律案终止审议。"D项的表述与该条吻合,故正确。

第二节 法 的 实 施

一、法的实施的概念

法的实施	法的实施,是指法在社会生活中被人们实际施行。法是一种行为规范。法在被制定出来后实施前,只是一种"书本上的法律",处在应然状态;法的实施,就是使法律从书本上的法律变成"行动中的法律",使它从抽象的行为模式变成人们的具体行为,从应然状态进到实然状态。以实施法律的主体和法盼内容为标准,法的实施方式可以分为三种:法的遵守;法的执行;法的适用。
法的实现	法的实现是指法的要求在社会生活中被转化为现实。 (1) 法的实现与法的实施不同,法的实施是人们施行法律,使法从应然状态到实然状态的过程和活动; (2) 法的实现不同于法的实效,法的实效是法律被人们实际施行的状态和程度,侧重于结果。法的实现是将法的实施的过程性与法的实效的结果性结合的一个概念。

二、执法

1. 执法有广义和狭义之分,司法考试采用狭义说,狭义的执法仅指国家行政机关及其公职人员依照法定职权和程序实施法的活动。一般所说的执法指狭义的执法。
2. 执法的特点:

主体的特定性	执法的主体是行政机关及其公职人员或经行政机关授权、委托的组织和个人。
范围的广泛性	执法涉及广泛社会领域,内容纷繁复杂,其活动直接关系到公民的合法权益。
过程的主动性与单向性	执法一般处于积极主动的状态,是行政机关依据职权的单向性活动。
内容的灵活性	执法要适应社会关系的复杂性和社会发展的不平衡性,满足社会对执法活动的要求。
国家强制性	行政机关依法对社会进行管理,必须以国家强制力为保障。

3. 执法的原则:

(1) 依法行政原则。

所谓依法行政,就是要求国家行政机关及其公职人员在执行法律时,要严格按照法定权限和程序,不得越权执法、滥用权力或违反程序。

(2) 讲求效能原则。

这一原则要求行政机关及其公职人员在执行法律时,在严格遵循依法行政原则的前提下,要端正执法态度、完善办事流程,努力提高行政执法效率。

(3) 公平合理原则。

公平合理指行政机关在执法时应当权衡多方面的利益因素和情境因素,在严格执行规则的前提下做到公平、公正、合理、适度,避免由于滥用自由裁量权而形成执法轻重不一、标准失范的结果。

三、司法

1. 司法又叫法的适用,是国家司法机关依照法定职权和程序,将法运用于具体案件的专门活动。
2. 司法的特征:

司法权的专属性	司法权只能由专门的国家机关及其公职人员,依照法定职权和法定程序行使。
司法活动的职业性	司法职业人员必须具备专门的理念、知识技能,运用法言法语、法律推理和职业能力。司法是发现法律事实、得出法律结论的过程。
司法过程的程序性	司法机关在职权范围内依法行使司法权过程中,必须严格依照法定程序进行,处理不同的案件需要使用不同的法律程序。科学合理的程序对司法公正起着至关重要的作用。

（续表）

司法裁决的终局性	司法机关适用法律过程中作出的判决和裁定具有极大的权威性和终局性。任何法律裁决一经生效，就有法律上不可撤销性和强制性，当事人都要受其约束，切实执行，任何人都不能擅自变更或违抗。
司法结果具有文书性	司法文书对特定的当事人和事项具有法律约束力，必须执行和履行法律义务。如果对司法文书内容有异议，可依据法定程序上诉或申诉，但不得拒不执行已经发生法律效力的判决、裁定或决定。
审判权的被动性与中立性	法院以"不告不理"为原则，非当事人请求不作主动干预。法官在当事人之间保持不偏不倚的中立态度，不受其他因素的干涉和影响，法官在处理个案过程中不能存在偏见或偏袒一方当事人。

3. 司法和执法的区别

	执法	司法
主体不同	国家行政机关及其公职人员。	司法机关（法院和检察院）及其公职人员。
对象不同	以国家的名义对社会进行管理，内容比司法广泛。	司法本质上是一种判断，其对象是各种纠纷和争端。
程序不同	执法活动讲究效率、快捷和迅速的特点，使得执法程序设计得相对比较简便。	司法要严格遵循程序法的规定，违反程序性规定，产生的司法裁判结果是无效的。
地位不同	执法具有较强的经常性和主动性。	司法活动具有被动性，贯彻不告不理的原则。

4. 司法的原则：司法公正，法律面前一律平等，以事实为根据、以法律为准绳，司法机关依法独立行使职权等原则，具体内容参照《司法制度与法律职业道德》部分的相关内容。

【真题示例】

关于司法的表述，下列哪些选项可以成立？（2007/1/54，多选）①

A. 司法的依据主要是正式的法律渊源，而当代中国司法原则"以法律为准绳"中的"法律"则需要作广义的理解

B. 司法是司法机关以国家名义对社会进行全面管理的活动

C. 司法权不是一种决策权、执行权，而是一种判断权

D. 当代中国司法追求法律效果与社会效果的统一

【分析】 司法是司法机关以国家名义对具体纠纷进行认定和裁决的专门性活动，而外部行政行为属于对社会进行全面管理的活动，因此，司法权不是一种决策权、执行权，而是一种判断权。选项A、C正确。司法的依据主要是正式的法律渊源，而当代中国司法原则"以法律为

---

① 【答案】A、C、D

准绳"中的"法律"则需要作广义的理解,它包括具有立法权的国家机关颁布的法律、法规,特别情况下还包括习惯、政策等。在当代中国,司法要追求法律效果与社会效果的统一,也就是合法性和合理性的统一,合法性即法律效果,合理性即社会效果。因此,正确选项为A、C、D。

四、守法

概念	守法,是指公民、社会组织和国家机关以法律为自己的行为准则,依照法律行使权利、履行义务的活动。	
构成要素	守法的主体	即要求谁守法,与法律的本质、政体的性质、社会力量对比关系、历史及文化传统有着直接的关系。全民守法是社会主义法治的必要组成部分,全体人民都是社会主义法治的忠实崇尚者、自觉遵守者和坚定捍卫者。在当今的中国,党政领导干部带头学法、模范守法,是树立法治意识的关键。
	守法的范围	即所要遵守的法律的种类及范围。在我国,它不仅包括宪法和全国人民代表大会及其常委会制定的基本法律和非基本法律,而且包括与宪法和法律相符合的行政法规、地方性法规、行政规章等。
	守法的内容	包括行使法律权利和履行法律义务,两者密切联系,不可分割。守法是行使法律权利和履行法律义务的有机统一。

【帆哥提示】

1. 在通常人们所讲的"奉公守法"中,守法的含义大多限于不违法,不做法律所禁止的事情或做法律所要求做的事情。但是这里的守法,除了这种消极的不违法外,还包括积极地行使权利和履行义务。

2. 对判决书等非规范性文件的遵守也属于守法,换言之,非规范性法律文件也属于守法的范围。

【真题示例】

下列有关执法与守法区别的说法哪些是不正确的?(2004/1/52,多选)①

A. 执法的主体不仅包括国家机关,也包括所有的法人;守法的主体不仅包括国家机关,也包括所有的法人和自然人

B. 行政机关的执法具有主动性,公民的守法具有被动性

C. 执法是执法主体将法律实施于其他机关、团体或个人的活动,守法是一切机关、团体或个人实施法律的活动

D. 执法须遵循程序性要求,守法毋须遵循程序性要求

【分析】 A项错在执法的主体仅包括国家行政机关,即执法机关,而不包括所有的法人;B项错在公民的守法既包括积极的守法也包括消极的守法;C项是正确的表述;D项错在积极守法也要遵循程序性要求。

---

① 【答案】A、B、D

五、法律监督

概念	广义	国家机关、社会组织和公民个人对各种法律活动是否合法进行的监督,也称为一般法律监督。
	狭义	特定国家机关,依照法定权限和程序对立法、司法和执法活动的合法性所进行的监督,也称为国家机关的法律监督。
内容	监督主体	即由谁来监督。在现代民主法治国家,法律监督的主体具有广泛性,包括国家机关、政党、社会组织、公民、大众传媒等。
	监督客体	即监督谁。在现代民主法治国家,法律面前人人平等,因而各类进行法律监督的主体同时也是被法律监督的客体。
	监督内容	即监督什么。法律监督的内容包括与客体行为是否合法相关的所有问题,重点是国家行政机关及其公职人员行使行政权的行为和国家司法机关及其公职人员行使司法权的行为。
	监督权力(利)	监督主体凭什么进行监督。
	监督规则	即凭什么进行监督,如何进行监督。法律监督的规则包括实体规则和程序规则,实体规则指监督主体和客体所具有的相应的权力(权利)和义务,程序规则指监督主体实施监督活动所应遵循的步骤和方式。
体系	国家监督体系	国家法律监督包括国家权力机关、司法机关和行政机关所进行的监督。
		国家法律监督具有国家强制力和法的效力,是我国法律监督体系的核心。
	社会监督体系	中国共产党的监督。
		社会组织的监督。
		公民的监督。
		法律职业群体的监督。
		新闻舆论的监督。

【真题示例】

1. 王某向市环保局提出信息公开申请,但未在法定期限内获得答复,遂诉至法院,法院判决环保局败诉。关于该案,下列哪些说法是正确的?(2016/1/60,多选)①

A. 王某申请信息公开属于守法行为
B. 判决环保局败诉体现了法的强制作用
C. 王某起诉环保局的行为属于社会监督
D. 王某的诉权属于绝对权利

【分析】 守法指的是所有社会主体,依据法律行使权利和履行义务的行为。王某申请信息公开属于行使权利的行为,属于守法行为,故 A 对。

法院判决环保局败诉,是法院依据法律对环保局的行为作出了评价,认为环保局的行为违法,故体现了法律的评价作用。司法部的答案认为体现了法的强制作用,我认为不妥,强制作

---

① 【答案】A、B、C

用必须有强制性措施比如法律制裁的适用,但本题题干中并无强制的信息。故 B 选项错误。

王某起诉环保局的行为属于社会监督,因为王某不是国家机关而是社会主体,故 C 对。

王某的诉权针对的是环保局,义务人是特定的,属于相对权利而非绝对权利。故选项 D 错误。

2. 律师潘某认为《母婴保健法》与《婚姻登记条例》关于婚前检查的规定存在冲突,遂向全国人大常委会书面提出了进行审查的建议。对此,下列哪一说法是错误的?(2015/1/11,单选)①

A. 《母婴保健法》的法律效力高于《婚姻登记条例》

B. 如全国人大常委会审查后认定存在冲突,则有权改变或撤销《婚姻登记条例》

C. 全国人大相关专门委员会和常务委员会工作机构需向潘某反馈审查研究情况

D. 潘某提出审查建议的行为属于社会监督

【分析】《母婴保健法》由全国人大常委会制定,属于法律,《婚姻登记条例》由国务院制定,属于行政法规。法律的效力高于行政法规。故 A 项的说法正确。

全国人大常委会和国务院之间是监督关系,故全国人大常委会只能撤销而不能改变国务院制定的《婚姻登记条例》。故 B 项的说法错误。

按照《立法法》第 99 条的规定,有关主体在认为行政法规违法时可以提出审查要求和审查建议。其中提出审查要求的主体是特定的,中央军事委员会、最高人民法院、最高人民检察院、省级人大常委会可以提出审查要求,其余主体提出审查建议。审查工作由全国人大专门委员会和全国人大常委会工作机构负责进行。《立法法》第 101 条规定:"全国人民代表大会有关的专门委员会和常务委员会工作机构应当按照规定要求,将审查、研究情况向提出审查建议的国家机关、社会团体、企业事业组织以及公民反馈,并可以向社会公开。"据此,C 项的说法正确。

法律监督分为国家监督和社会监督。国家监督是指国家机关的监督。社会监督是指公民、其他社会主体的监督。基于此,D 项的说法正确。

第三节 法律适用的一般原理

一、法律适用的目标

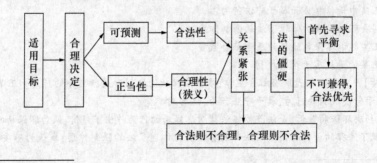

---

① 【答案】B

1. 法律人适用法律最直接的目标就是为了得到一个合理的决定。在法治社会所谓合理的法律决定就是指法律决定具有可预测性和正当性。

2. 可预测性是**形式法治**的要求，正当性是**实质法治**的要求。

3. 可预测性要求法律人依据法律做出决定，限制和削弱其自由裁量权。**可预测性又称合法性、安定性**。

4. 正当性是指按照实质价值和某些道德考量，法律决定是正当的或正确的。实质价值和道德主要是指特定法治国家或宪政国家的宪法规定的一些该国公民都承认的、法律和公共权力保障和促进的实质价值，如自由、平等、人权、正义的观念等。**正当性又称合理性、可接受性、合目的性**。

5. 从作为整体的法治来说，它要求做法律整体决定的人应该努力在可预测性和正当性之间寻找最佳的协调。在现代法治社会，人们总是要求二者兼备。

6. 由于法律自身的局限性，法律决定的可预测性和正当性之间可能会存在矛盾和冲突，有时候是难以兼得的。对特定的一个时间段内特定的国家的法律人来说，**法律决定的可预测性具有初始的优先性**。

【真题示例】

"法律人适用法律的最直接目标就是要获得一个合理的决定。在法治社会,所谓合理的法律决定就是指法律决定具有可预测性和正当性。"对于这一段话,下列说法正确的是：(2014/1/92,不定项)①

A. 正当性是实质法治的要求
B. 可预测性要求法律人必须将法律决定建立在既存的一般性的法律规范的基础上
C. 在历史上,法律人通常借助法律解释方法缓解可预测性与正当性之间的紧张关系
D. 在法治国家,法律决定的可预测性是理当崇尚的一个价值目标

【分析】　法律人适用法律的最直接的目标就是要获得一个合理的决定,在法治社会,所谓合理的决定就是法律决定具有可预测性和正当性。可预测性是形式主义法治的要求,它的正当性是实质法治的要求。故 A 正确。

可预测性意味着做法律决定的人在做决定的过程中尽可能地避免武断和恣意。这就要求法律人将法律决定建立在既存的一般性法律规范的基础上,而且他们必须按照一定的方法适用法律规范,如推理规则和解释方法。故 B 正确。

法律决定的可预测性和正当性之间存在着一定的紧张关系。这种紧张关系实质上是形式法治与实质法治之间的紧张关系的一种体现。在历史上,法律人通常借助法律解释方法缓解可预测性与正当性之间的紧张关系。但是对特定的一个时间段内的特定国家的法律人来说,法律决定的可预测性具有初始的优先性。因为对于特定国家的法律人来说,首先理当崇尚的是法律的可预测性。故 C、D 正确。

---

① 【答案】A、B、C、D

二、法律适用的步骤

第一步:查明案件事实(小前提)	第三步:根据前提(事实+规范)得出结论
第二步:寻求法律规范(大前提)	

【帆哥提示】
1. 法律人适用法律规范解决具体个案的过程就是一个形式逻辑上三段论的推理过程。首先查明案件事实作为小前提,其次寻求法律规范作为大前提,然后根据两个前提得出法律结论。
2. 在实际的法律实践中,三个步骤界限模糊并可以相互转化。如查明事实的过程就是目光在事实与规范之间流连反转来回穿梭的过程。
3. 法律人通过法律解释就是要对一般和个别之间的缝隙进行缝合,解释要解决规范和事实之间的紧张关系。因此法律解释是法律适用的基础。

三、内部证成与外部证成的区分

内部证成	内部证成是为了证明案件的结论是否成立的,即为案件结论提供充足理由。
外部证成	外部证成是为了证明赖以证明结论的前提是否成立,包括三个方面: (1)小前提是否成立:案件事实是否存在。 (2)大前提是否成立:法律规范是否存在。 (3)大前提是否能够涵摄小前提;规范是否包含事实。

【帆哥提示】
1. 内部证成证明结论,外部证成证明前提。
2. 在法律适用的过程中内部证成和外部证成是相互关联的,外部证成是将一个新的三段论附加在证据的链条中,这个新的三段论是用来支持内部证成的前提。
3. 法律推理或法律适用在整体框架上是一个三段论,而且是大三段论套小三段论。这就意味着在外部证成的过程中也必然涉及内部证成。
4. 法律人在证成前提的过程中必须遵循一定的推理规则,即法律决定所依赖的前提得到一定的法律渊源和法律解释的支持,但是这个前提作为一个判断或结论,如果不是从该前提所依赖的前提中逻辑地推出的,就是不正当或不合理的前提。
5. 法律人在法律适用或者做法律决定的过程中所确立的每一个法律命题或法律判断,都必须能够被重构为逻辑上正确的结论。
6. 关于内部证成和外部证成举例如下:

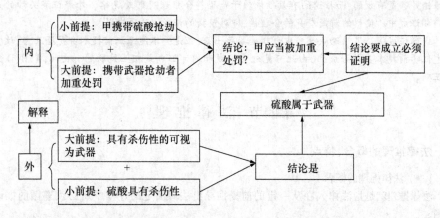

在上例中：

(1) 对结论"**甲是否应当被加重处罚？**"的证明属于内部证成。

(2) 但是这个结论成立的条件是赖以推出该结论的两个前提是否成立。而前提是否成立，需要相关主体运用证据进行证明。在本例中：

① 首先要证明"**某甲携带硫酸进行抢劫**"，这是对小前提的证明。
② 其次要证明刑法典中有"**携带武器抢劫应当加重处罚**"的规定，这是对大前提的证明。
③ 再次要证明小前提是否符合大前提，在本例中就是要证明"**硫酸是武器**"。

以上三个步骤就是外部证成。

(3) 要证明"硫酸是武器"，就必须另行构建一个三段论：

大前提：具有杀伤性的东西都可视为武器	结论：硫酸在本案中可视为武器。
小前提：硫酸在本案中也具有杀伤性	

孤立地看，对"硫酸是武器"这个结论的证明属于内部证成。但是和前面的三段论相比较，这个新的三段论是为了证明前面的三段论的小前提是否符合大前提的，因而又属于外部证成。因而内部证成和外部证成总是相对的。外部证成的过程其实是一个对法律概念进行解释的过程。

【**真题示例**】 关于适用法律过程中的内部证成，下列选项正确的是：(2013/1/86，不定项)①

A. 内部证成是给一个法律决定提供充足理由的活动
B. 内部证成是按照一定的推理规则从相关前提中逻辑地推导出法律决定的过程
C. 内部证成是对法律决定所依赖的前提的证成
D. 内部证成和外部证成相互关联

【**分析**】 法律决定必须按照一定的逻辑规则从相关前提中逻辑地推导出来，属于内部证成。对法律决定所依赖的前提的证成属于外部证成。内部证成关涉的只是从前提到结论之间

---

① 【答案】A、B、D

的推论是否是有效的,而推论的有效性依赖于是否符合推理规则或规律。外部证成关涉的是对内部证成中所使用的前提本身的合理性,即对前提的证成。C项错误。

内部证成保证了结论从前提中逻辑地推导出来,但是并不能保证前提本身是否正当,故需要先证明前提本身是否成立,由此可见外部证成和内部证成是相互关联的。由此,A、B、D三项正确。

第四节 法律推理

一、法律推理的概念、特点

(一)法律推理的概念

法律推理就是指法律人在从一定的前提推导出法律决定的过程中所必须遵循的推论规则。

(二)法律推理的特点

1. 法律推理是以法律以及法学中的理或理由为依据的。

2. 法律推理受现行法律的约束。法律的正式渊源或非正式渊源都可以成为法律推理中的"理由"。

3. 法律推理是一种寻求正当性证明的推理。

法律推理的核心主要是为行为规范或人的行为是否正确或妥当提供正当理由。法律推理所要回答的问题是:规则的正确含义及其有效性是否正当的问题,当事人是否拥有权利、是否应有义务、是否应负法律责任等问题。

二、法律推理的种类

(一)演绎

司法中的三段论是直言三段论。直言三段论由三个直言命题组成的演绎论证,其中包含且仅包含三个词项,每个词项在其构成命题中出现两次。

1. 大项、小项和中项。

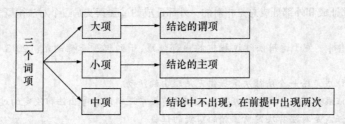

(1)任何论证都是由命题构成的,所谓命题是人们通常使用陈述句所断定的东西。

(2)谓项也称谓词,简单判断中表示事物的性质或事物之间的关系的概念。如命题"按劳分配是社会主义的分配原则"中的"社会主义的分配原则"就是谓项,而按劳分配是主项,也叫主词。

【示例】

```
大前提：所有英雄都不是胆小鬼。          大项：英雄

小前提：有些士兵是胆小鬼。               小项：士兵

结论：有些士兵不是英雄。                  中项：胆小鬼

包含大项的前提称为大前提                  结论就是大项和小项
包含小项的前提称为小前提                  形成的判断
```

2. 三段规则和三段论谬误。

规则1　避免四项

一个有效的标准式直言三段论必须仅仅包含三个项，在整个论证中，每一个项都须在相同的意义上使用。否则将会导致四项谬误。

【示例：四项谬误】

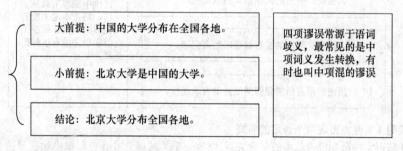

四项谬误常源于语词歧义，最常见的是中项词义发生转换，有时也叫中项混的谬误

规则2　中项至少在一个前提中周延

如果命题述及一个词项所指称的全部对象，则该项在命题中就是周延的。如果中项在两个前提中都不周延，推出结论所需的词项关联就不能建立。这种情形叫中项不周延谬误。

【示例：中项不周延】

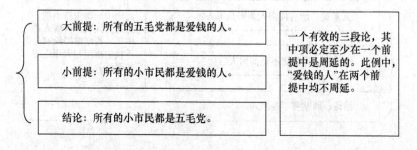

一个有效的三段论，其中项必定至少在一个前提中是周延的。此例中，"爱钱的人"在两个前提中均不周延。

规则3　在结论中周延的项在前提中也必须周延

述及一个类的全部对象,比述及其中的某些对象要断定更多。所以,如果三段论前提中不周延的项在结论中周延,也就是结论断定了比前提更多的东西。但是,有效的论证要求前提必须能逻辑地推出结论,结论绝不能比前提断定得更多。可以说,在结论中周延而在前提中不周延的项说明结论超出了前提,跑得太远了。这种谬误叫作不当周延。不当周延有两种形式:大项的不当周延(非法大项)和小项的不当周延(非法小项)。

【示例:非法大项】

大前提:所有的狗是动物。	此处大项是动物,大前提中没有对所有动物作出断言,而结论断定所有的动物都不包含猫。
小前提:没有猫是狗。	
结论:没有猫是动物。	

【示例:非法小项】

大前提:所有的武器都具有杀伤性。	此例中犯罪工具是小项。结论断定了所有犯罪的工具,而在小前提中并没有这样断言。
小前提:所有的武器都可以用来犯罪。	
结论:所有用来犯罪的工具都有杀伤性。	

规则4　避免出现两个否定的前提

任何否定的命题都否认类的包含关系,断定一个类的部分或者全部被排除在另一个类的全体之外。但是由两个断定这种排斥性的前提中不能得出结论中的联系。因此,不可能是有效的论证。这种错误叫作排斥前提谬误。

【示例:排斥前提谬误】

大前提:所有河南人都不是黑人。	此例中周晗隽是小项,黑人是大项,河南人是中项。否定前提没有告诉我们小项和大项之间的明确关系。
小前提:周晗隽不是河南人。	
结论:周晗隽不是黑人。	

规则5　如果有一个前提是否定的,那么结论必须是否定的

肯定的结论只能由两个肯定的前提得到,违反这条规则的错误叫作从否定推肯定的谬误。

【示例:从否定推肯定的谬误】

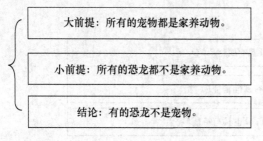

规则6　两个全称前提得不出特称结论

【示例:存在谬误】

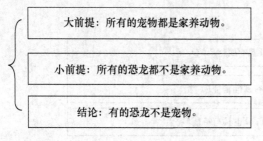

(二)归纳

1. 归纳的概念

(1)归纳(统计)三段论

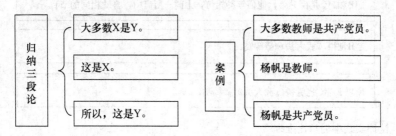

(2)归纳概括

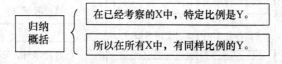

2. 归纳推理的规则

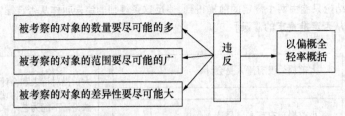

3. 归纳推理与演绎推理的区别
（1）演绎推理具有必然性：前提为真，结论必然为真。
（2）归纳推理具有或然性：前提为真，结论不一定成立。
4. 法律适用中运用类比推理应该遵循的规则：
除了所列举的事例或案例具有足够的代表性，累计经验中的事例或案例数量越大，推理所得的结论正确的或然性就越高。
（三）类比
1. 类比的基本结构

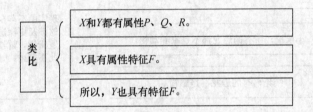

【示例】

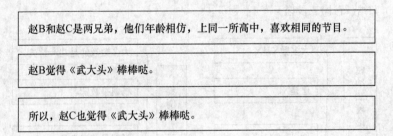

2. 法律实践中的类比推理

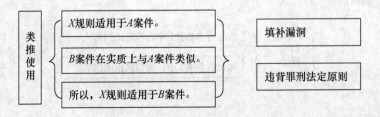

【帆哥提示】

（1）类比推理是英美法系法庭推理的基本工具之一。法官不是事先摆出严格的法规，他们往往这样推理，因为两个案件——早先已判决的案件和手头上待判决的案件——有相同的特点，他们应当具有相同的判决结果。例如，一旦作出不能禁止3K党发表言论的判决，那么法庭可能通过类比论证而得出不能禁止纳粹党游行的结论。通过判例的论证一旦作出，人们将确定和强调以前的案子和手头案件之间的类似的那些特点。

（2）在民事法律裁判中，可以用类比推理的方法来填补法律的空白。但是如果在刑事案件中进行类比推理则违背了罪刑法定原则，因而现代刑法禁止对刑事被告不利的类比推理。

（四）设证

【帆哥提示】

第一，设证推理是已知结果经由已被证实的规则去寻找原因，但是导致某一结果的原因往往不止一个，我们只是假定了其中一个最有可能的原因，故设证推理具有或然性。

第二，设证推理在司法实践中具有重要的地位。因为我们首先遇到的是案件的结果，要寻找导致案件发生的原因必须进行设证。

【真题示例】

1. 李某因热水器漏电受伤，经鉴定为重伤，遂诉至法院要求厂家赔偿损失，其中包括精神损害赔偿。庭审时被告代理律师辩称，一年前该法院在审理一起类似案件时并未判决给予精神损害赔偿，本案也应作相同处理。但法院援引最新颁布的司法解释，支持了李某的诉讼请求。关于此案，下列认识正确的是：（2015/1/89，不定项）①

A. "经鉴定为重伤"是价值判断而非事实判断

B. 此案表明判例不是我国正式的法的渊源

C. 被告律师运用了类比推理

D. 法院生效的判决具有普遍约束力

【分析】"经鉴定为重伤"，是对案件事实的认定，因而属于事实判断。故A项的表述错误。

判例是我国法律的非正式渊源，对法官裁判案件有说服力而无约束力，故B项的说法正确。

律师把自己代理的待裁判案件与原有判例进行比较，属于类比推理。故C项的说法正确。

法院生效的判决仅对案件的当事人有约束力，法院的裁判文书属于非规范性文件，无普遍

---

① 【答案】B、C

的法律效力。故D项的说法错误。

2. 在宋代话本小说《错斩崔宁》中,刘贵之妾陈二姐因轻信刘贵欲将她休弃的戏言连夜回娘家,路遇年轻后生崔宁并与之结伴同行。当夜盗贼自刘贵家盗走15贯钱并杀死刘贵,邻居追赶盗贼遇到陈、崔二人,因见崔宁刚好携带15贯钱,遂将二人作为凶手捉拿送官。官府当庭拷讯二人,陈、崔屈打成招,后被处斩。关于该案,下列哪一说法是正确的?(2016/1/12,单选)①

A. 话本小说《错斩崔宁》可视为一种法的非正式渊源

B. 邻居运用设证推理方法断定崔宁为凶手

C. "盗贼自刘贵家盗走15贯钱并杀死刘贵"所表述的是法律规则中的假定条件

D. 从生活事实向法律事实转化需要一个证成过程,从法治的角度看,官府的行为符合证成标准

【分析】 法的非正式渊源是指虽然没有明确的条文规定其效力,但是对法官裁判案件具有说服力,并能够成为法律裁判案件大前提来源的东西。《错斩崔宁》并不能成为法官裁判的依据,故A项的说法错误。

设证推理的模式是:已知结果,经由日常生活中的经验法则,寻找导致某一结果发生的原因。在本案中,邻居看到的结果是刘贵被杀且15贯铜钱被盗,经验法则是只要身上有15贯铜钱的人就有杀人的嫌疑,结论是崔宁身上正好有15贯铜钱,且崔宁正好和陈二姐同行,故崔、陈二人有杀人、盗钱私奔的嫌疑。该推理过程是一个典型的设证推理,故B项的说法正确。

"盗贼自刘贵家盗走15贯钱并杀死刘贵"是对案件事实的描述,不是法规规则中的假定条件。故C项说法错误。

法官据以定案的事实是能够被证据链条证明了的法律事实。证据需要具有合法性和真实性。而且在事实案件中,证明链条的构建要能够排除合理怀疑。本案中,证据是通过拷讯的方式获得的,不具有合法性,而且据以定案的证据太过单薄,尚不能排除合理怀疑,因而法官的证明不符合证成标准。故D项的说法错误。

第五节 法律解释

一、法律解释的概念

(一)法律解释的含义与特点

1. 法律解释的含义

(1)一定的人、组织以及国家机关在法律运用或实施过程中对表达法律的语言的意义的揭示、说明和选择。

(2)**法律解释必须遵循解释的循环原理**。循环原理是指对整体的理解和把握需要建立在理解其组成部分的基础之上,而对于部门的理解和把握又只能建立在对整体的理解的基础上。

2. 法律解释的特征

(1)法律解释的对象具有制度性。法律解释的对象是能够作为裁判案件大前提来源的文

---

① 【答案】B

本和资料,主要是制定法、习惯等,除了习惯,其他对象都是制度性行为的结果。

(2)法律解释与具体案件密切相关。首先,法律解释是由有待处理的案件所引起的。其次,法律解释要将条文与案件事实结合起来进行。

(3)法律解释具有实践性和目的性。法律解释是一个评判的过程,具有强烈的目的性。依据法律规范评价个别案件,就成为贯彻法律意图的主要过程。尤其是在出现疑难案件时,更需要法官创造性地依据法律的基本目的,对案件作出恰当地衡量。

(二)法律解释的种类

根据解释的主体和解释的效力	正式解释	由特定的国家机关、官员或其他有解释权的人对法律作出的具有法律上约束力的解释,又称法定解释、有权解释。我国的法定解释可以分为立法、司法和行政解释。
	非正式解释	也称学理解释,一般是指由学者或其他个人及组织对法律规定所作的不具有法律约束力的解释。这种解释不能被作为执行法律的依据。

二、法律解释的方法与位阶

(一)法律解释的方法

1. 文义解释

(1)也叫语法解释、文法解释、文理解释,指按照日常的、一般的或法律的语言使用方式,清晰地描述制定法的某个条款的内容,这种方法要求解释者必须对语言使用方式或规则的有效性进行证成。

(2)文义解释的特点是将解释的焦点集中在语言上,而不顾及根据语言解释出的结果是否公正、合理。

2. 立法者的目的解释

(1)又称主观目的解释,是指根据参与立法的人的意志或立法资料揭示某个法律规定的含义,或者说将对某个法律规定的解释建立在参与立法的人的意志或立法资料的基础之上。

(2)这种解释方法要求解释者对立法的目的或意图进行证成,而要完成这个任务,解释者必须以一定的立法资料如会议记录、委员会的报告等为依据。

3. 历史解释

(1)指依据正在讨论的法律问题的历史事实对某个法律规定进行解释。

(2)它的具体内容是:

① 正在讨论的法律问题的特定解决方案在过去曾被实施过;

② 该方案导致了一个后果 F;

③ F 是不合乎社会道德标准的;

④ 过去与现在的情形不同,不能充分地排除 F 在目前的情形下不会出现;

⑤ 该解决方案在目前也许不被称赞。

(3)这种方法要求解释者要对历史事实及其与现实情形的差异进行证成,而且要对"F 是不是符合社会道德标准"的命题进行证成。

4. 比较解释

（1）根据外国的立法例和判例学说对某个法律规定进行解释。

（2）如果说历史解释是利用历史已经发生的法律状况证成某个解释结果，那么比较解释是利用另一个社会或国家的状况证成某个解释结果。

（3）无论是英美法系还是大陆法系国家的法院，都有利用外国立法情况及判例学说解释本国法律的例子。对于中国这样大规模地移植其他国家法律制度及法学的国家的法制实践来说，比较解释的重要性是不言而喻的。

5. 体系解释

（1）也叫作逻辑解释或系统解释。指将被解释的法律条文放在整部法律乃至整个法律体系中，联系此法条与其他的法条之间的关系进行解释。

（2）它的具体形式是某个法律规定的解释结果 R1 与已被承认的有效的其他法律规定的含义 R2 相矛盾，那么 R1 必须被承认是无效的，也就是说，它是利用逻辑中的矛盾律来支持或反对某个解释结果，因此也被称为逻辑解释。

6. 客观目的解释

（1）这种学说认为，法律解释的目标不是在于探求历史上立法者事实上的意思，法律从颁布之日起，就有它自身的目的。

（2）法律解释的目标就是探求这一个内在于法律的目标。用来决定法律目标的时间点是裁判时。

（二）各种解释方法的功能

1. 文义解释和立法者的目的解释是使法律使用者在作法律决定时严格受制于制定法，相对于其他解释方法，这两种解释方法使法律适用的**确定性和可预测性**得到最大可能的保证。

2. 历史解释和比较解释容许法律适用者在作法律决定时，可以**参酌历史法律经验和其他国家或社会的法律经验**。

3. 体系解释有助于维护特定国家法律秩序的统一，从而保障**法律适用的一致性**。

4. 客观目的解释可以使法律决定与特定社会的伦理与道德相一致，从而使**法律决定具有最大可能的正当性**。

（三）法律解释的位阶

1. 各种解释方法之所以具有不同的功能，是因为它们各自指出了在法律解释中考虑的因素不同或提出问题的视角不同，而这就意味着在具体的情景下按照不同的法律解释方法对同一个法律规定进行解释可能会得出完全不同的解释结果，这种结果的出现导致了法律适用的不确定性。消除这种不确定性的方法是在各种法律解释之间确立一个位阶关系。

2. 现在大部分法学家都认可下列位阶：

文义解释 → 体系解释→ 立法者的目的解释→ 历史解释→比较解释→ 客观目的解释

3. 上述位阶关系是**相对的**，**不是绝对的**，在具体案件中可能会有不同。但是法律人在推翻上述位阶所确定的各种方法之间的优先性关系时，必须要予以充分论证，即只有在存在更强理由的情况下，法律人才可以推翻那些有限性关系。

【帆哥提示】

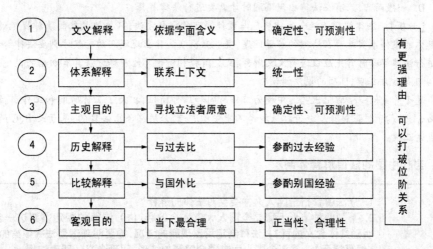

【真题示例】

1. 在莎士比亚喜剧《威尼斯商人》中,安东尼与夏洛克订立契约,约定由夏洛克借款给安东尼,如不能按时还款,则夏洛克将在安东尼的胸口割取一磅肉。期限届至,安东尼无力还款,夏洛克遂要求严格履行契约。安东尼的未婚妻鲍西娅针锋相对地向夏洛克提出:可以割肉,但仅限一磅,不许相差分毫,也不许流一滴血,惟其如此方符合契约。关于该故事,下列说法正确的是:(2016/1/90,不定项)①

A. 夏洛克主张有约必践,体现了强烈的权利意识和契约精神
B. 夏洛克有约必践(即使契约是不合理的)的主张本质上可以看作是"恶法亦法"的观点
C. 鲍西娅对契约的解释运用了历史解释方法
D. 安东尼与夏洛克的约定遵循了人权原则而违背了平等原则

【分析】 历史解释方法是指把现在的法律问题和过去的法律问题进行比较,从而保持现在和过去的一致性。鲍西娅对合同进行了严格的字面解释而非历史解释,故 C 错。

安东尼与夏洛克订立的契约是两个平等的民事主体在自愿的情况下订立的,既体现了平等原则,也体现了自由原则,所以 D 项说法错误。

2. 张某出差途中突发疾病死亡,被市社会保障局认定为工伤。但张某所在单位认为依据《工伤保险条例》,只有"在工作时间和工作岗位突发疾病死亡"才属于工伤,遂诉至法院。法官认为,张某为完成单位分配任务,须经历从工作单位到达出差目的地这一过程,出差途中应视为工作时间和工作岗位,故构成工伤。关于此案,下列哪些说法是正确的?(2015/1/59,多选)②

A. 解释法律时应首先运用文义解释方法
B. 法官对条文作了扩张解释

---

① 【答案】A、B
② 【答案】A、B、C

C. 对条文文义的扩张解释不应违背立法目的
D. 一般而言,只有在法律出现漏洞时才需要进行法律解释

【分析】 法律解释是缝合法律规范与案件事实的重要方法,只要把抽象的法律规范适用于具体的案件事实就存在法律的解释问题,并非只有在法律出现漏洞的时候才需要法律解释。在进行法律解释时首先应该进行文义解释,文义解释相对于其他解释方法具有初始的优先性。故 A 项的说法正确,D 项的说法错误。

题干的案例中法官把出差途中视为工作时间和工作岗位,扩大了工作时间和工作岗位的字面含义,属于扩张解释。进行扩张解释不能任意进行,必须符合立法目的,基于此 B、C 两项的表述正确。

三、当代中国的法律解释体制

立法解释	1. 立法解释指全国人大常委会对法律的解释。 2. 下列两种情形下需要全国人大常委会解释:(1) 法律的规定需要进一步明确具体含义的;(2) 法律制定后出现新的情况,需要明确适用法律依据的。 【帆哥提示】 需要全国人大常委会解释的情形:明确含义 + 明确依据 3. 国务院、中央军事委员会、最高人民法院、最高人民检察院和全国人大各专门委员会以及省级人大常委会可以向全国人大常委会提出法律解释要求。 【帆哥提示】 提出解释要求的主体:两央、两高、两委 4. 常委会工作机构研究拟订法律解释草案,由委员长会议决定列入常务委员会会议议程。法律解释草案经常务委员会会议审议,由法律委员会根据常委会组成人员的审议意见进行审议、修改,提出法律解释草案表决稿。 5. 法律解释草案表决稿由**常委会全体组成人员的过半数通过**,由常委会发布公告予以公布。全国人大常委会的法律解释同法律具有同等效力。 【帆哥提示】 立法解释与法律具有同等效力。
司法解释	1. 审判工作和检察工作中具体应用法律、法令的问题由最高人民法院和最高人民检察院做司法解释。 2. 最高人民法院和最高人民检察院的解释如果有原则性的分歧,报请全国人民代表大会常委会解释或决定。 3. 对司法解释的监督: (1) 两高的解释应当自公布之日起**三十日**内报全国人大常委会备案。 (2) 对司法解释的审查要求和审查建议的处理 ① 国务院、中央军事委员会和省级人大常委会认为两高的司法解释同法律规定相抵触的,最高人民法院、最高人民检察院之间认为对方作出的具体应用法律的解释同法律规定相抵触的,可以向全国人大常委会书面提出进行审查的要求,由常委会工作机构送有关专门委员会进行审查、提出意见。其他主体提出审查建议,由常委会工作机构进行研究,必要时,送有关专门委员会进行审查、提出意见。 【帆哥提示】 针对司法解释向全国人大常委会提出审查要求的主体:两央、一高、一委。

(续表)

司法解释	② 全国人大法律委员会和有关专门委员会经审查认为两高的司法解释同法律规定相抵触,而最高人民法院或者最高人民检察院不予修改或者废止的,可以提出要求最高人民法院或者最高人民检察院予以修改、废止的议案,或者提出由全国人大常委会作出法律解释的议案,由委员长会议决定提请常务委员会审议。
行政解释	不属于审判和检察工作中的其他法律、法令如何具体应用的问题,由**国务院及主管部门**进行解释。 【帆哥提示】 行政解释权不仅仅属于国务院,还包括国务院主管部门。
对地方性法规的解释	凡属于地方性法规条文本身需要进一步**明确界限**或作**补充规定**的,由制定法规的省、自治区、直辖市人大常委会进行解释或作出规定。凡属于地方性法规如何**具体应用**的问题,由省、自治区直辖市人民政府主管部门进行解释。 【帆哥提示】 地方性法规需要明确界限或者作补充规定时,由省级人大常委会解释。具体应用问题由省级人民政府主管部门解释。

【真题示例】

1.《全国人民代表大会常务委员会关于〈中华人民共和国刑法〉第一百五十八条、第一百五十九条的解释》中规定:"刑法第一百五十八条、第一百五十九条的规定,只适用于依法实行注册资本实缴登记制的公司。"关于该解释,下列哪一说法是正确的?(2016/1/13)①

A. 效力低于《刑法》

B. 全国人大常委会只能就《刑法》作法律解释

C. 对法律条文进行了限制解释

D. 是学理解释

【分析】 全国人大常委会的解释和法律具有同等的效力,故 A 项错误。

对于全国人大及其常委会制定的法律,法律解释权属于全国人民代表大会常务委员会。法律有以下情况之一的,由全国人民代表大会常务委员会解释:(1) 法律的规定需要进一步明确具体含义的;(2) 法律制定后出现新的情况,需要明确适用法律依据的。故 B 项的说法错误。

该解释把公司解释为"依法实行注册资本实缴登记制的公司",显然缩小了公司一词词义的外延,故属于限制解释。故 C 选项正确。

全国人大常委会的解释属于正式解释而非学理解释,故 D 错。

2.《最高人民法院关于适用〈中华人民共和国合同法〉若干问题的解释(二)》第十九条规定:"对于合同法第七十四条规定的'明显不合理的低价',人民法院应当以交易当地一般经营者的判断,并参考交易当时交易地的物价部门指导价或者市交易价,结合其他相关因素综合考虑予以确认。"关于该解释,下列哪些说法是正确的?(2015/1/60,多选)②

---

① 【答案】C

② 【答案】A、C

A. 并非由某个个案裁判而引起
B. 仅关注语言问题而未涉及解释结果是否公正的问题
C. 具有法律约束力
D. 不需报全国人大常委会备案

【分析】 最高法院所作的解释并非针对个案,而是具有普遍效力的规范性文件,其具有普遍的约束力,故A、C的说法正确。"两高"的司法解释自公布后的30日内应当报全国人大常委会备案。确定何为合理时,参照交易地的具体情况的目的是为了实现实质正义,该解释既关注了语言问题也关注了公正问题。基于此B、D两项的说法错误。

第三章　法的演进

第一节　法的起源

一、法的产生

（一）法律产生的根源和标志

根源	马克思主义认为,法不是从来就有的,也不是永恒存在的,而是人类社会发展到一定历史阶段才出现的社会现象。法是随着**生产力的发展、社会经济的发展、私有制和阶级的产生、国家的出现**而产生的,经历了一个长期的渐进的过程。
标志	特殊公共权力系统即国家的产生。
	权利和义务观念的形成。
	法律诉讼和司法的出现。

（二）法律与原始社会规范的比较

相同之处		都是一定社会经济基础之上的上层建筑,两者有着许多共同点:两者都属于社会规范;都要求人们普遍遵守,并且有一定约束力;都根源于一定的社会物质生活条件,由各自的经济基础所决定;都是调整一定社会关系和社会秩序的重要手段。
区别	产生的方式不同	法是由国家制定或认可的;原始社会规范是人们在长期的共同生产和生活过程中自发形成的。
	反映的利益和意志不同	法反映统治阶级的利益和意志;原始社会规范反映原始社会全体成员的利益和意志。
	保证实施的力量不同	法是以国家强制力保证实施的;原始社会规范是依靠社会舆论的力量、传统力量和氏族部落领袖的威信保证实施的。
	适用的范围不同	法适用于国家主权所及的地域内的所有居民;原始社会规范只适用于同血缘的本氏族部落成员。

二、法产生的一般规律

从个别调整到规范性调整；从一般规范性调整到法的调整	个别调整，即针对具体人、具体行为所进行的只适用一次的调整。当某些社会关系发展为经常性、较稳定的现象时，人们为提高效率、节约成本而为这一类社会关系提供行为模式，于是个别调整便发展为规范性调整，即统一的、反复适用的调整。法律产生以后，法的调整从一般的规范性调整中分离出来，法的调整逐渐成为社会关系的主要调整方式。
从习惯到习惯法、再由习惯法到制定法	原始社会时期的社会规范主要是习惯。国家产生以后习惯逐渐转变为习惯法。随着社会关系的复杂化和社会文明的发展，国家机关根据一定的程序把体现统治阶级意志和利益的规范以明确的文字形式表现出来，逐渐产生了制定法。最早的制定法，主要是习惯法的整理和记载，还有个别立法文件和最主要的判决的记载。
从与宗教规范、道德规范的浑然一体到与之分化、相对独立	原始社会的习惯融道德、宗教等社会规范于一体，国家产生之初的习惯法与宗教规范、道德规范等没有明显的界线，三者相互渗透、浑然一体。随着社会的进化、法的发展成熟，法与道德、宗教规范开始分化，法在调整方式、手段、范围等方面自成一体、相对独立，在社会调整体系中占有独特的地位，发挥特殊的作用。

【真题示例】

有学者这样解释法的产生：最初的纠纷解决方式可能是双方找到一位共同信赖的长者，向他讲述事情的原委并由他作出裁决；但是当纠纷多到需要占用一百位长者的全部时间时，一种制度化的纠纷解决机制就成为必要了，这就是最初的法律。对此，下列哪一说法是正确的？(2017/1/13，单选)①

　　A. 反映了社会调整从个别调整到规范性调整的规律
　　B. 说明法律始终是社会调整的首要工具
　　C. 看到了经济因素和政治因素在法产生过程中的作用
　　D. 强调了法律与其他社会规范的区别

【分析】　根据马克思主义法理学的基本原理，法律的产生经历了从个别调整到规范性调整再到法的调整的过程，所谓个别调整就是针对个别人的具体行为进行调整，这种调整方式虽然针对性强，但是其效率低，于是就出现了针对不特定人的行为进行调整的规范，这个规范起先表现为原始社会规范，后来发展成为法律。故 A 对。

根据马克思主义法理学的基本看法，在原始社会没有法律，调整社会关系的首要规范是原始社会习惯。故 B 错。

题干中的信息并没有反映出经济和政治因素对法律产生的影响，也没有强调法律与其他社会规范的区别，故 C、D 错。

---

① 【答案】A

第二节 法的发展与传统

一、法的发展

(一) 关于法的发展的学说

梅因	法的发展是从**身份到契约**的运动。
韦伯	法的发展是从**不合理走向合理、从实质合理性走向形式合理性**的发展过程。
诺尼特和塞尔兹尼克	法的发展经过**压制性法、自主性法和适应性法**三个阶段。
马克思主义法学	法是从一个历史类型向另一个历史类型依次更替的过程。

(二) 法的历史类型

概念	法的历史类型,是指按照法所体现的**国家意志的性质和赖以建立的经济基础**加以划分的类别。凡是建立在相同经济基础、反映相同阶级意志的法就是同一个历史类型。
类型	1. 有史以来的法可以划分为四个历史类型,即奴隶制法、封建制法、资本主义法和社会主义法。前三者由于都建立在生产资料私有制基础上,可统称为剥削阶级类型的法。社会主义法律制度根本区别于剥削阶级类型的法,它建立在生产资料社会主义公有制基础之上,反映和维护工人阶级为首的广大人民的利益和意志,是最高历史类型的法。 2. 从奴隶制法发展到封建制法,继而发展到资本主义法和社会主义法,是人类社会的法发展的一般规律、总的趋势。具体到每一个国家、民族的法并不一定都会经历过四个历史类型。 3. 社会基本矛盾的运动规律是法的历史类型更替的根本原因。社会革命是法的历史类型更替的直接原因。 4. 法的历史类型的更替意味着对旧的历史类型的法的否定,用体现新的阶级意志的法加以取代,但这并不否认新法与旧法之间存在历史联系性和批判继承关系。

二、法的继承与法的移植

(一) 法的继承

概念	法的继承是不同历史类型的法律制度之间的延续和继受,一般表现为旧法对新法的影响和新法对旧法的承接和继受。法的继承是客观存在的,法就是在继承中发展的。**法的阶级性并不排斥法的继承性,社会主义法可以而且必然要借鉴资本主义法和其他类型的法。**

(续表)

根据和理由	社会生活条件的历史延续性决定了法的继承性。
	法的相对独立性决定了法的发展过程的延续性和继承性。
	法作为人类文明成果决定了法的继承的必要性。
	法的发展的历史事实验证了法的继承性,如法国资产阶级以奴隶制时代的罗马法为基础制定的《法国民法典》。

(二) 法的移植

概念	法的移植是指在鉴别、认同、调适、整合的基础上,引进、吸收、采纳、摄取、同化外国法,使之成为本国法律体系的有机组成部分,为本国所用。
	法的继承体现**时间上的先后关系**,法的移植则反映一个国家对同时代其他国家法律制度的吸收和借鉴,**法的移植的范围除了外国的法律外,还包括国际法律和惯例**。
	法的移植以供体(被移植的法)和受体(接受移植的法)之间存在共同性,即受同一规律的支配,互不排斥,可互相吸纳为前提。
必然性和必要性	社会发展和法的发展的不平衡性决定了法的移植的必然性,比较落后的国家为促进社会的发展,有必要移植先进国家的某些法律。
	市场经济的客观规律和根本特征决定了法的移植的必要性。
	法的移植是法治现代化和社会现代化的必然需要。
	法的移植是对外开放的应有内容。
类型	经济、文化和政治处于相同或基本相同发展阶段和发展水平的国家相互吸收对方的法律,以致融合和趋同。
	落后国家或发展中国家直接采纳先进国家或发达国家的法律。
	区域性法律统一运动和世界性法律统一运动或法律全球化。
注意事项	要避免不加选择地盲目移植,选择优秀的、适合本国国情和需要的法律进行移植,注意国外法与本国法之间的同构性和兼容性,注意法律体系的系统性,同时法的移植要有适当的超前性。

三、法的传统

法的传统	法的传统是指世代相传、辗转相承的有关法的观念、制度的总和。
法律文化	法律文化指一个国家或地区的法律长期以来所形成的知识、意识、技术和调整方法等内容的总和,一般可分为:物化的层面(指法律文化通常以某种物化的形式表现出来);制度的层面(指法律文化表现为与传统相关的各种具体的制度);观念的层面(指法律意识)。

法律意识	法律意识是指人们关于法律现象的思想、观念、知识和心理的总称,是社会意识的一种特殊形式。
	法律意识在结构上可以分为两个层次:**法律心理和法律思想体系**。
	法律心理是人们对法律现象表面的、直观的感性认识和情绪,是法律意识的初级形式和阶段。
	法律思想体系是法律意识的高级阶段,它以理性化、理论化、知识化和体系化为特征,是人们对法律现象进行理性认识的产物,也是人们对法律现象的自觉的反映形式。
	法的传统之所以可以延续,在很大程度上是因为法律意识强有力的传承作用,即一个国家的法律制度可以经常随着国家制度和政权结构的变化而变化,但是人们的法律意识却相对比较稳定,具有一定的连续性。因此,**法律意识可以使一个国家的法律传统得以延续**。
	法律可能先于法律制度而存在,也可能滞后于法律制度的发展。

四、法系

(一) 法系的概念及划分的理论依据

概念	法系是比较法学上的基本概念,具体指根据法的**历史传统和外部特征**的不同,对法所作的分类。据此分类标准,凡属于同一传统的法律就构成一个法系。
划分的理论依据	法系划分的理论依据主**要是法的传统**。
	在历史上,世界各主要地区曾经存在过许多法系,诸如印度法系、中华法系、伊斯兰法系、民法法系和普通法系等。

(二) 民法法系与英美法系

概念		民法法系是指以**古罗马法**,特别是以19世纪初《**法国民法典**》为传统产生和发展起来的法律的总称。又称为大陆法系、罗马—德意志法系、法典法系。欧洲大陆国家、埃塞俄比亚、南非、津巴布韦、日本、泰国、土耳其、加拿大的**魁北克省**,美国的**路易斯安那州**,英国的**苏格兰**等都属于大陆法系。
		普通法系是指以英国中世纪的法律,特别是以**普通法**为基础和传统产生与发展起来的法律的总称。又称为普通法法系、英国法系、判例法系、英美法系。除了英国(苏格兰外)以外,美国、加拿大、印度、新加坡、澳大利亚、新西兰以及非洲的个别国家、地区也属于英美法系。
共同点		两大法系在经济基础、阶级本质上是相同的,都重视法治。
区别	法律思维	民法法系属于**演绎型**思维,而普通法系属于**归纳式**思维,注重类比推理。
	法的渊源	民法法系中法的正式渊源只**是制定法**,而普通法系中制定法、**判例法都是法的正式渊源**。
	法律的分类	民法法系国家一般都将**公法与私法**的划分作为法律分类的基础,而普通法系则是以**普通法与衡平法**为法的基本分类。

(续表)

区别	诉讼程序	民法法系与教会法程序接近,属于**纠问制诉讼**,普通法系则采用**对抗制诉讼**程序。
	法典编纂	民法法系的主要发展阶段都有代表性的法典,特别是近代以来,进行了大规模的**法典编纂**活动。普通法系在都铎王朝时期曾进行过较大规模的立法活动,近代以来制定法的数量也在增加,但从总体上看,**不倾向进行系统的法典编纂**。
	其他方面	两大法系在**法院体系、法律概念、法律适用技术及法律观念**等方面还存在许多差别。

【真题示例】

关于英美、大陆两大法系特点的表述有:① 以判例法为主要渊源;② 以制定法为主要渊源;③ 以日耳曼法为历史渊源;④ 法官对法律的发展起举足轻重的作用;⑤ 以归纳为主要推理方法;⑥ 以演绎法为主要推理方法;⑦ 诉讼程序传统上倾向于职权主义,法官起积极主动的作用。下列哪一归纳是正确的?(2017/1/20,单选)①

A. 属于英美法系特点的有:①③⑥⑦
B. 属于大陆法系特点的有:②④⑤⑦
C. 属于英美法系特点的有:①③④⑤
D. 属于大陆法系特点的有:②③⑤⑦

【分析】 英美法系以判例法为主要渊源,以日耳曼法为历史渊源,法官对法律的发展起举足轻重的作用,以演绎和归纳为主要推理方法,诉讼程序传统上倾向于当事人主义。大陆法系以制定法为主要渊源,以罗马法为历史渊源,法学家对法律的发展起举足轻重的作用,以演绎为主要推理方法,诉讼程序传统上倾向于职权主义,法官起积极主动的作用。基于此①③④⑤为英美法系的特点。②⑥⑦为大陆法系的特点。故选C。

第三节 法的现代化

一、法的现代化的概念、标志、类型

概念	法的现代化是指在社会现代化的过程中法的现代性因素不断增加的过程。**现代性因素即法治因素。**

---

① 【答案】C

(续表)

标志		法的现代化意味着法与道德的完全分离。在古代社会,法与道德混合在一起。在传统社会,法与道德开始分离,法具有部分的自主性,但是,它的合法性来自于道德。在现代社会,法与道德完全分离,法成为完全实证化的法律,道德成为理性道德。
		法的现代化意味着法成为形式法。在法和道德完全分离的情景下,法的合法性越来越依赖于确立和证成它们的形式程序。这就是说现代化的法的合法性来自于法自身。
		法的现代化意味着法具有可理解性、精确性、一致性、普遍性、公开性、一般来说是成文的以及不具有溯及既往的效力,等等。
类型		根据法的现代化的动力来源,法的现代化过程大体上可以分为**内发型法的现代化和外源型法的现代化**。
	内发型现代化	内发型法的现代化是指由特定社会自身力量产生的法的内部创新。这种现代化是一个**自发的、自下而上的、缓慢的、渐进**变革的过程。这种类型的法的现代化是在西方文明的特定社会历史背景中孕育、发展起来的。
	外源型现代化	外源型法的现代化是指在外部环境影响下,社会受外力冲击,引起思想、政治、经济领域的变革,最终导致法律文化领域的革新。外源型现代化有三个特征:**被动性;具有依附性、工具性;反复性**。

二、中国法的现代化

原因	中国法的现代化属于**外源型现代化**。其起因是**收回领事裁判权**。
特征	**由被动接受到主动选择**。
	由模仿民法法系到建立中国特色的社会主义法律制度。
	法的现代化的启动形式是立法主导型。一方面是历史上缺乏法治传统,另一方面则是由于现实的迫切需要,在这双重压力夹击下的现代化过程中,法制建设具有浓厚的"工具"色彩和"功利"性。这种法的现代化的启动方式,虽然能够迅速实现变法的意图,但是由于法律的社会基础不稳定,以致容易形成国家与社会之间的紧张关系,其作用就比较有限。
	法律制度变革在前,法律观念更新在后,思想领域斗争激烈。在中国现代法律意识的形成仍然相当艰难。群众仍然愿意用传统古老的方式解决相互之间的纠纷,老百姓期待清官为自己做主,官员把法律看成是对付老百姓的工具,以权代法等现象,都反映了法的现代化所面临任务的艰巨性。

【真题示例】

关于法的现代化,下列哪一说法是正确的?(2017/1/14,单选)①

A. 内发型法的现代化具有依附性,带有明显的工具色彩
B. 外源型法的现代化是在西方文明的特定历史背景中孕育、发展起来的
C. 外源型法的现代化具有被动性,外来因素是最初的推动力
D. 中国法的现代化的启动形式是司法主导型

【分析】 根据动力来源机制的不同,法的现代化可以分为内发型现代化和外源性现代化。外源型现代化具有被动性、依附性、反复性的特点。在这种现代化模式下法的现代化,最初是外力压迫所致,变法是富国强兵、救亡图存的工具。故 A 错,C 对。

内源型现代化是依靠社会内部自生自发的力量而导致的,其动力是在西方文明的特定历史背景中孕育、发展起来的。故 B 错。

中国法律的现代化启动形式属于立法主导型,自上而下的立法活动在法的现代化中起到了非常重要的作用。故 D 错。

第四节 法治理论

一、法治的含义

法治的含义	在西方最早提出"法治"的是古希腊思想家亚里士多德。现代西方法治发轫于英国,其基本含义是**法律至上或法律具有最高的权威**,也就是说,任何人不论他或她的社会地位或其他社会条件如何,都不能凌驾于法律之上,都必须服从法律的管辖。
法制的含义	法制一般指法律和制度的总称。一般地说,社会主义法制指由社会主义国家制定或认可的、体现工人阶级领导下全体人民意志的法律和制度的总称,是社会主义立法、守法、执法、司法、法律监督各环节的统一,核心是依法办事。社会主义法制的基本要求是"有法可依,有法必依,执法必严,违法必究"。
法治与法制的区别	**法治一词明确了法律在社会生活中的最高权威**。而法制只强调有法律制度即可。人治和法治的区别不在于是否具有法制,而在于法制是否具有最高权威。 **法治一词显示了法律介入社会生活的广泛性**。法制主要强调法律和制度及其实施。 **法治一词蕴涵了法律调整社会生活的正当性**。法治之下的法律必须是良法。而法制之下的法律既可以是良法也可以是恶法。

---

① 【答案】C

二、社会主义法治国家的基本条件

社会结构条件	**生活世界结构的分化或理性化**。所谓生活世界结构的分化或理性化,是指人从各种自然共同体(如家或家族)与人为共同体(如单位)的依附中独立出来,成为自主和个体化的人。	
	社会主义市场经济体制的确立。	
	社会主义民主制度的确立。民主政治为法治之法提供合法性,法治之法为民主政治的运行提供有序保障。	
	社会主义文化领域的功能专门化。例如,专门培训的法学、儿童养育和青少年教育的职业化、艺术自主,等等。	
制度条件	完备的法律和系统的法律体系。	
	相对平衡和相互制约的符合社会主义制度需要的权力运行的法律机制。	
	独立的、具有极大权威的司法系统和一支高素质的司法队伍。	
	健全的律师制度。	
思想条件	**法律至上**	指法律在社会规范中具有最高权威,所有的社会规范都必须符合法律的精神。
	权利平等	权利平等是指全社会范围内人们的平等,就是承认所有的社会成员法律地位平等。
	权力制约	权力制约是指所有以国家强制力保证实现的公共权力(主要是国家机构的权力),在其运行的同时,必须受到其他公共权力的制约。
	权利本位	权利本位是指在国家权力和人民权利的关系中,人民权利是决定性的、根本的;在法律权利与法律义务之间,权利是决定性的,起主导作用的。

第四章 法 与 社 会

第一节 法与社会的一般理论

一、法以社会为基础

法律的性质与功能决定于社会	**社会性质决定法律性质,不同性质的社会就有不同性质的法律**。即使是同一性质或历史形态的社会,在其不同的发展阶段上,法律的内容、特点和表现形式也往往不尽相同。"法律应该以社会为基础。法律应该是社会共同的、由一定物质生产方式所产生的利益和需要的表现,而不是单个的个人恣意横行。"
法律变迁与社会发展的进程基本一致	制定、认可法律的国家以社会为基础,国家权力以社会力量为基础;**国家法以社会法为基础**,"纸上的法"以"活法"为基础。

二、法对社会的调整

通过调和社会各种冲突的利益,进而保证社会秩序得以确立和维护。
通过法律对社会机体的疾病进行疗治。
为了有效地通过法律控制社会,必须使法律与其他的资源分配系统(宗教、道德、政策等)进行配合。

【真题示例】

奥地利法学家埃利希在《法社会学原理》中指出:"在当代以及任何其他的时代,法的发展的重心既不在立法,也不在法学或司法判决,而在于社会本身。"关于这句话含义的阐释,下列哪一选项是错误的?(2009/1/7,单选)①

A. 法是社会的产物,也是时代的产物
B. 国家的法以社会的法为基础
C. 法的变迁受社会发展进程的影响
D. 任何时代,法只要以社会为基础,就可以脱离立法、法学和司法判决而独立发展

【分析】 埃利希的这句话表明法律是要以社会为基础的,并随着社会变化而变化,社会物质生活条件在归根结底的意义上最终决定着法律的本质,法律是社会的产物。选项 A、B、C 都是正确的。法只要以社会为基础,就可以脱离立法、法学和司法判决而独立发展的说法太过绝对。选项 D 错误。

第二节 法与经济

一、法与经济的一般关系

法是由经济基础决定的	法的起源、本质、作用和发展变化,都要受到社会经济基础的制约。
法对经济基础的作用	确认经济关系。
	规范经济行为。
	维护经济秩序。
	服务经济活动。

---

① 【答案】D

二、法与科学技术

科技进步对法的影响	**立法**:科技发展对一些传统法律领域提出了新问题,要求各个法律部门的发展要不断深化。同时,随着科技的发展,出现了大量新的立法领域,科技法日趋成为一个独立的法律部门。
	司法:司法过程的三个主要环节——事实认定、法律适用和法律推理,越来越深刻地受到了现代科学技术的影响。
	法律思想:法律意识常常受到科技发展的影响和启迪。同时,科技进步促进了人们法律观念的更新,出现了一些新的法律思想、法学理论。科技进步对于历史上已经形成的各个法系,以及对于法学流派的产生、分化和发展,也发生着重要的影响。
法对科技进步的作用	运用法律管理科技活动,确立国家科技事业的地位以及国际间科技竞争与合作的准则。
	法律对于科技经济一体化特别是科技成果商品化,具有积极的促进作用。
	法律具有对科技活动和科技发展所引发的各种社会问题的抑制和预防作用。

【真题示例】

生物科技和医疗技术的不断发展,使器官移植成为延续人的生命的一种手段。近年来,我国一些专家呼吁对器官移植进行立法,对器官捐献和移植进行规范。对此,下列哪种说法是正确的?(2006/1/6,单选)①

A. 科技作为第一生产力,其发展、变化能够直接改变法律
B. 法律的发展和变化也能够直接影响和改变科技的发展
C. 法律既能促进科技发展,也能抑制科技发展所导致的不良后果
D. 科技立法具有国际性和普适性,可以不考虑具体国家的伦理道德和风俗习惯

【分析】 法律与科技相互作用、相互影响。一方面科技为立法提出了新问题,为司法提供了新技术,科技促进法律观念的更新,促使法律方法的进步,但是科技的发展变化并不能直接改变法律本身,法律的变化需要立法者进行废改立。故 A 错。

另一方面,法律也规范管理着科技活动,调整着科技竞争,促进科技成果的商品化,并抑制科技可能带来的消极作用,但法律的发展变化也并不能直接影响、改变科技的发展。故 B 是错误的。

科技发展可能引起法律内容的更新,但是立法以一国的伦理道德和风俗习惯为基础。故选项 D 错。

综上可知,本题的答案为 C。

---

① 【答案】C

第三节 法 与 政 治

一、法与政治的一般关系

政治对法的作用	由于政治在上层建筑中居主导地位,因而总体上法的产生和实现往往与一定的政治活动相关,反映和服务于一定的政治。
	法在形式、程序和技术上的特有属性,使法在反映一定的政治要求时必须同时满足法自身特有属性的要求。法的相对独立性不只是对经济基础的,也表现在对上层建筑诸因素的关系中。
法对政治的作用	**法与政治体制**。政治体制指政治权力的结构形式和运行方式。集权型权力结构中,法只是人治这种权力运行方式的点缀或辅助,在分权型权力结构中,权力的配置和行使皆须以法为依据。
	法与政治功能。政治的基本功能是把不同的利益交融和冲突集中上升为政治关系,对社会价值物进行权威性分配和整合。法律使得政治功能具有形式上的正统性。
	法与政治角色的行为。法对于国家机构、政治组织、利益集团等政治角色行为和活动的程序性和规范性控制,以及20世纪初期开始的政党法制化趋势,都表明法对重要政治角色行为控制、调整的必然和必要。
	法与政治运行和发展。政治运行的规范化,政治发展中政治生活的民主化(如政治过程的透明、公民政治参与的质感等)和政治体系的完善化,离开法的运作都无从谈起。

二、法与政策的联系与区别

联系		法与执政党政策在内容和实质方面存在联系,包括阶级本质、经济基础、指导思想、基本原则和社会目标等根本方面具有共同性。
区别	意志属性	法由特定国家机关依法定职权和程序制定或认可,体现国家意志,具有普遍约束力,向全社会公开;政党政策由党的领导机关依党章规定的权限和程序制定,体现全党意志,其强制实施范围仅限于党的组织和成员,允许有不对社会公开的内容存在。但在政党法制化趋势下,政党特别是执政党政策公开与秘密的范围也须以法界定。
	规范形式	法表现为规范性法律文件或国家认可的其他渊源形式,以规则为主,具有严格的逻辑结构,权利义务的规定具体、明确。政党政策则不具有法这种明确、具体的规范形式,表现为决议、宣言、决定、声明、通知等,更多具有纲领性、原则性和方向性。
	实施方式	法的实施与国家强制相关,且是有组织、专门化和程序化的。政党政策以党的纪律保障实施,其实施不与国家强制相关,除非它已转化为法律。

(续表)

区别	调整范围	法倾向于只调整可能且必须以法定权利义务来界定的,具有交涉性和可诉性的社会关系和行为领域。一般而言,政党政策调整的社会关系和领域比法律要广,对党的组织和党的成员的要求也比法的要求要高。但这并不意味着政党政策可涵盖法的调整范围,法也有其相对独立的调整空间。
	稳定性、程序性程度	法具有较高的稳定性,但并不意味着法不能因时而变,只是法的任何变动都须遵循严格、固定且专业性很强的程序,程序性是法的重要特征。政策可应形势变化作出较为迅速的反应和调整,其程序性约束也不及法那样严格和专门化。迅速也并不意味着政策可朝令夕改或无最基本的程序要求。

三、法与国家权力

相互依存,相互支撑	法表述和确认国家权力,以赋予国家权力合法性的形式强化和维护国家权力。特别是法所具有的形式化和程序性特征,易于使国家权力获得形式上共同认同的正统性和正当性。
	法的运行离不开国家权力。国家义务的实现、个体权利的保护、社会的整合、法的创设和实施都离不开国家权力的运作。
有时也存在紧张和冲突	国家权力具有易扩张性,存在权力凌驾于法乃至摆脱法的倾向。
	近现代法治的实质和精义在于控权,即对权力在形式和实质上的合法性的强调,包括权力制约权力、权利制约权力和法律的制约。法律的制约是一种权限、程序和责任的制约。

【真题示例】

"近现代法治的实质和精义在于控权,即对权力在形式和实质上的合法性的强调,包括权力制约权力、权利制约权力和法律的制约。法律的制约是一种权限、程序和责任的制约。"关于这段话的理解,下列哪些选项是正确的?(2013/1/51,多选)①

 A. 法律既可以强化权力,也可以弱化权力

 B. 近现代法治只控制公权,而不限制私权

 C. 在法治国家,权力若不加限制,将失去在形式和实质上的合法性

 D. 从法理学角度看,权力制约权力、权利制约权力实际上也应当是在法律范围内的制约和法律程序上的制约

【分析】 法表述和确认国家权力,以赋予国家权力合法性的形式强化和维护国家权力。同时法律也限制权利的肆意运行,此时法律弱化了权力。故 A 对。

法律既控制公权力也限制私权利,故 B 错。

法所具有的形式化和程序性特征,易于使国家权力获得形式上共同认同的正统性和正当性。在法治国家,权力若不加限制,将失去在形式和实质上的合法性。故 C 对。

---

① 【答案】A、C、D

权力制约权力、权利制约权力实际上也应当是在法律范围内的制约和法律程序上的制约，故 D 对。

第四节 法与道德

一、法与道德的联系

本质上的联系	肯定说	自然法学派认为法与道德在本质上存在必然的联系，他们认为道德的原则可以上升为法律原则；违反人道的法律不具有法的品质；"**恶法非法**"。
	否定说	法与道德没有本质上的必然联系，强调法的安全性优先的原则，强调只有实在法才是有效的法律；"**恶法亦法**"。
内容上的联系		近代以前的法律在内容上与道德的重合程度极高，有时甚至浑然一体。
		近现代法在确认和体现道德时，大多注意二者重合的限度，"**法律是最低限度的道德**"，几成共识。但是最低限度如何确定仍然存在分歧。分歧在于一个不道德的行为是否只有在伤害自己或伤害公众情感或损害社会的公共德性的情况下才可以引出法律干预的理由。曾经提出的原则有：**伤害原则、法律家长主义原则、冒犯原则和容忍与社会完整性统一相协调的最大限度的个人自由、容忍限度的改变、尽可能充分地尊重个人隐私、法涉及最低限度的而不是最高限度的行为标准**等原则。
功能上的联系		传统社会重道德的社会调整。
		近现代以来，强调法律调整的突出作用，成为普遍的政治主张，其原因如下： (1) 分工和交换的普遍、常态化使人们之间的交往成为必然且逐渐增多，法因其肯定性、普遍性和严格的程序和较强的操作性，能胜任这种复杂利益关系的调整； (2) 与市场经济相伴的是利益分化的加剧和价值冲突的普遍化和常态化，道德难以胜任； (3) 民主政治是程序性的政治，因此法律调整尤占重要地位。

二、法与道德的区别

	法律	道德
生成方式	**建构性**。法在生成方式上往往与有组织的国家活动相关，由权威主体经程序主动制定认可，具有形式上的建构性。	**非建构性**。道德在社会生产生活中自然演进而成，不是自觉制定和程序选择的产物，自发而非建构是其本质属性。
行为标准	**确定性**。法有特定的表现形式和渊源，有肯定明确的行为模式和法律后果，因而具体确切，可操作性强；同时，其被任意解释和滥用的余地小，容易排斥恣意擅断。	**模糊性**。道德无特定具体的表现形式，往往体现在一定的学说、舆论和典型的行为及后果中，其对行为的要求笼统、原则，标准模糊，只具一般倾向性，理解和评价易生歧义。

（续表）

	法律	道德
存在形态	**一元性**。法在特定的国家体系结构中基本是一元的,法律的一元化存在形态也使其具有统一性和普适性。	**多元性**。由于信仰和良心是道德的存在方式,因而道德在本质上是多元、多层次的。
调整方式	**外在侧重**。法律一般只规范和关注外在行为,一般不离开行为过问动机。	**内在关注**。道德首先关注和过问内在动机,不仅侧重通过内在信念影响外在行为,且评价和谴责主要针对动机。
运作机制	**程序性**。法是程序性的,程序是法的核心。法的实体内容通过程序选择和决定,其生成和实现也与程序相关。法以权利义务为实质内容,所调整的关系往往具有交涉性,因而就特别需要程序提供交涉的方式和途径,提供制度性协商和对话的机制,以使选择和决定能被交涉中的各方认同和接受。	**非程序性**。道德的中心在于义务和责任,在道德领域,义务不对应权利,也不以权利为前提,因而,不存在以交涉为本质的程序;再者,道德以主体内省和自觉的方式生成和实现,也使道德与程序无关。
强制方式	**外在强制**。法与有组织的国家强制有关,通过程序进行,针对外在行为,表现为一定的物质结果。	**内在约束**。道德主要凭借内在的良知认同和责难。
解决方式	**可诉性**。可诉性是法区别于一切行为规则的显著特征。	**不可诉性**。道德不具有可诉性,主要表现为无形的舆论压力和良心谴责,且舆论的评价和谴责往往是多元的。

【真题示例】

王某参加战友金某婚礼期间,自愿帮忙接待客人。婚礼后王某返程途中遭遇车祸,住院治疗花去费用1万元。王某认为,参加婚礼并帮忙接待客人属帮工行为,遂将金某诉至法院要求赔偿损失。法院认为,王某行为属由道德规范的情谊行为,不在法律调整范围内。关于该案,下列哪一说法是正确的?(2016/1/14,单选)①

A. 在法治社会中,法律可以调整所有社会关系
B. 法官审案应区分法与道德问题,但可进行价值判断
C. 道德规范在任何情况下均不能作为司法裁判的理由
D. 一般而言,道德规范具有国家强制性

【分析】 法律调整的对象是人与人之间的交互行为,即社会关系,但是并非所有的社会关系应当由法律来调整,法律只调整应当由法律来调整的社会关系。至于哪些社会关系应当由法律来调整,由立法者来判断。故A项的说法是错误的。

法官裁判案件时只应该关注法律问题,就法律问题根据事实和法律作出裁判,把道德问题交给社会。但是法官在裁判案件时,如果法律有空白、出现僵硬性的情况,可以进行价值判断,作

---

① 【答案】B

出自由裁量,但是自由裁量应该以实现个案正义为目标。故 B 项的说法正确。

道德规范属于法律的非正式渊源,在法律有空白、僵硬等情况下可以成为裁判民事案件的依据。故 C 项的说法错误。

法律规范和道德规范的区别之一就在于法律规范具有国家强制性。道德规范虽然具有强制性,但是这种强制并非由国家来实施的。故 D 项的说法错误。

第五节 法与宗教

一、宗教对法的影响

推动立法	许多宗教教义实际上都表达了人类的一般价值追求。部分教义被法律吸收,成为立法的基本精神。
影响司法程序	在宗教作为国教与政教合一的地方,宗教法庭直接掌握部分司法权。
	从诉讼审判方式来看,**宗教宣誓有助于简化审判程序**。
	宗教宣扬的公正观念、诚实观念、容忍、爱心等对司法也有影响;宗教容忍观有利于减少诉讼。
提高守法的自觉性	宗教提倡与人为善、容忍精神等,使公民习惯于循规蹈矩,不为损害他人和社会的行为。宗教对超自然的崇拜、各种精神祭祀等,均使法律蒙上神秘的、超自然的色彩,增加了法律的威慑力。当然,宗教对法律也有消极的影响。由于宗教信仰产生的激情,会导致过分的狂热,某些宗教甚至妨碍司法公正的实现。

二、法对宗教的影响

政教合一国家	法是国教的工具和卫护者。
	法是异教的破坏力量。
现代国家	主要表现为法对本国宗教政策的规定。宗教自由问题最早出现在宪法性文件上,是 1776 年美国弗吉尼亚州的权利宣言。

【真题示例】
关于法与宗教的关系,下列哪种说法是错误的?(2006/1/2,单选)①
A. 法与宗教在一定意义上都属于文化现象
B. 法与宗教都在一定程度上反映了特定人群的世界观和人生观
C. 法与宗教在历史上曾经是浑然一体的,但现代国家的法与宗教都是分离的
D. 法与宗教都是社会规范,都对人的行为进行约束,但宗教同时也控制人的精神
【分析】 法与宗教都是社会存在的反映,都是社会意识,属于上层建筑的范畴,并在一定程度上反映了特定人群的世界观和人生观,属于广义的文化现象的组成部分。在社会发展早

---

① 【答案】C

期,法与宗教是浑然一体的,没有严格分离。但随着社会的发展和进步,法与宗教逐渐分离,二者的调整范围也分离开来。法只规范人的行为,退出了对人的精神领域的调整。而宗教却在规范人们行为的同时,还控制着人的精神。在当今社会,除了政教合一的国家以外,其他国家的法与宗教都严格分离,只有政教合一的国家还把某些宗教教义作为本国法的渊源。根据上述关于法与宗教的关系的一般知识可知,选项A、B、D正确,C项错误。故本题的答案为C。

第六节 法 与 人 权

一、人权的概念

人权的概念	所谓人权,是指每个人作为人应该享有或者享有的权利。包括以下含义:
	(1) 人权是一种权利。
	(2) 人权来自于"人自身",也就是说,人权是人凭自己是人所享有的权利。
	(3) 人之作为人应该享有哪些权利即人权的具体内容包括什么。**人权既可以作为道德权利而存在,也可以作为法律权利而存在**。但是,在根本上,人权是一种道德权利。为了保障人权的实现,必须被法律化,但是,并不是所有的人权在实际上都被法律化。

人权存在和发展的原因	内因	人权存在和发展的内因是**人的自然属性**。
	外因	人权存在和发展的外因是**社会的经济、文化状况**。"权利永远不能超出社会的经济结构以及由经济结构所制约的文化发展。"人权不是天赋的,也不是理性的产物,而是历史地产生的,最终是由一定的物质生活条件所决定的。**人权在本源上具有历史性**。

二、法与人权的一般关系

人权可以作为判断法律善恶的标准	指出了立法和执法所应坚持的最低的人道主义标准和要求。
	可以诊断现实社会生活中法律侵权的症结,从而提出相应的法律救济的标准和途径。
	有利于实现法律的有效性,促进法律的自我完善。
法是人权的体现和保障	人权通过法律权利的形式具体化。
	人权的基本内容是法律权利的基础,只有争得了最基本的人权,才能将一般人权转化为法律权利。
	法律权利是人权的体现和保障,人权只有以法律权利的形式存在才有其实际意义,基本人权必须法律化。但是**哪些人权可以转化为法律权利**,取决于以下因素:经济和文化状况;民族传统和基本国情。

【真题示例】

关于法与人权的关系,下列哪一说法是错误的?(2014/1/15,单选)①

A. 人权不能同时作为道德权利和法律权利而存在

B. 按照马克思主义法学的观点,人权不是天赋的,也不是理性的产物

C. 人权指出了立法和执法所应坚持的最低的人道主义标准和要求

D. 人权被法律化的程度会受到一国民族传统、经济和文化发展水平等因素的影响

【分析】 人权既可以作为道德权利存在也可以作为法律权利存在。故 A 错。其他选项均正确,具体解析见上文。

---

① 【答案】A

憲　法

第一章　宪法的基本理论

第一节　宪法的概念

一、宪法的词源

中国		古代的典籍中出现"宪""宪法""宪令"等词语，但含义与近代宪法不同。将"宪法"一词作为根本法使用始于**19 世纪 80 年代**。郑观应在**《盛世危言》**中使用"宪法"一词，要求清朝政府制定宪法、开设议院、实行君主立宪政治。
西方	古代	有关规定城邦组织与权限方面的法律。
		皇帝的诏书、谕旨，以区别于市民会议制定的普通法规则。
		确认教会、封建主以及城市行会势力的特权及他们与国王等关系的法律。如 1215 年英王约翰颁布的规定英王与贵族、诸侯与僧侣关系的《自由大宪章》等。《自由大宪章》以明文的方式对贵族和自由民的财产权利和人身权利作出了规定，深刻影响了欧洲大陆的法治思想与欧洲文艺复兴时期人文主义思潮，**使宪法词义逐渐发生了变化**。
	近代	宪法指根本法。

二、宪法与法律的关系

（一）我国宪法文本中的法律

法律的含义	以"**以法律的形式**""**法律效力**"的形式出现时，**通常指法的一般特征**，即具有一般性、规范性、抽象性、强制性等。如《宪法》序言规定："本宪法以法律的形式确认了中国各族人民奋斗的成果，规定了国家的根本制度和根本任务，是国家的根本法，具有最高的法律效力。"
	宪法和法律、法律与行政法规连在一起使用时，"法律"通常指由全国人大及其常委会制定的法律。如《宪法》第 5 条第 3 款规定："一切法律、行政法规和地方性法规都不得同宪法相抵触。"
	宪法文本有时采用"依照法律规定""依照法律""依照……法律的规定"等表述，此时的"法律"指全国人大及其常委会制定的法律。如《宪法》第 2 条第 3 款规定，人民依照法律规定，通过各种途径和形式，管理国家事务，管理经济和文化事业，管理社会事务。
法律的适用主体	**以私人为主体，且是义务性的情况**。如《宪法》第 55 条第 2 款规定，依照法律服兵役和参加民兵组织是公民的光荣义务。第 56 条规定，公民有依照法律纳税的义务。
	以国家为主体。如《宪法》第 10 条第 3 款规定，国家为了公共利益的需要，可以依照法律规定对土地实行征收或者征用并给予补偿。

【帆哥提示】 "法律"有广和狭义之分,狭义的法律仅指全国人大及其常委会制定的规范性法律文件。

【真题示例】
坚持党的事业至上、人民利益至上、宪法法律至上是社会主义法治的必然要求。根据《宪法》规定,对于"宪法法律至上"中"法律"的理解,下列哪一选项是正确的?(2011/1/20,单选)①

A. 是指具有法的一般特征的规范性文件
B. 是指全国人大制定的基本法律
C. 是指全国人大常委会制定的法律
D. 是指全国人大及其常委会制定的法律

【分析】《宪法》第5条规定,一切法律、行政法规和地方性法规都不得同宪法相抵触。一切国家机关和武装力量、各政党和各社会团体、各企业事业组织都必须遵守宪法和法律。一切违反宪法和法律的行为,必须予以追究。任何组织或者个人都不得有超越宪法和法律的特权。这里的"法律"专指狭义的法律,不包括行政法规、地方性法规等具有法的一般特征的规范性文件,A选项错误。第62条规定,全国人民代表大会制定和修改刑事、民事、国家机构的和其他的基本法律。第67条规定,全国人民代表大会常务委员会制定除应当由全国人民代表大会制定的法律以外的其他法律。据此,"法律"是指全国人大及其常委会制定的法律,D选项正确。

(二)宪法与法律的关系

宪法是法	所以二者有共同特征	相同的经济基础	中国宪法无可诉性,宪法不能成为裁判案件的依据
		国家强制力保证实施	
		以权利和义务为内容	
		都具有制裁性	

【帆哥提示】 宪法是法,所以宪法应该和普通法律一样具有一些基本的属性。但是在中国要注意一点,即我国的宪法不具有可诉性,这意味着公民不能以宪法作为起诉和辩护的依据,法院不能以宪法作为裁判案件的根据。

【真题示例】
最高法院印发的《人民法院民事裁判文书制作规范》规定:"裁判文书不得引用宪法……作为裁判依据,但其体现的原则和精神可以在说理部分予以阐述。"关于该规定,下列哪一说法是正确的?(2017/1/22,单选)②

A. 裁判文书中不得出现宪法条文
B. 当事人不得援引宪法作为主张的依据

---

① 【答案】D
② 【答案】D

C. 宪法对裁判文书不具有约束力

D. 法院不得直接适用宪法对案件作出判决

【分析】 在我国，宪法不能成为法院裁判案件的直接依据，但是裁判文书中为了论证的需要可以援引宪法条文作为支撑，当事人也可以援引宪法为自己辩护，故 D 对，A、B 错。宪法为最高法，法院作出裁判文书的时候不能公然与宪法相抵触，因而宪法对法院的裁判文书具有间接的约束力，故 C 错。

三、宪法的基本特征

1. 宪法不是一般的法，宪法是最高法，是管法的法。作为最高法，宪法有其自身的特征，表现在三个方面：**宪法是根本法、是公民权利的保障书，是民主事实法律化的基本形式。**

2. 宪法的根本性表现在三个方面：

根本性	内容根本	宪法以法律的形式确认了中国各族人民奋斗的成果，规定了国家的根本制度和根本任务，是国家的根本法，具有最高的法律效力。
	效力最高	宪法是制定普通法律的依据，普通法律是宪法的具体化；
		任何普通法律都不得与宪法的内容、原则和精神相违背；
		宪法是一切国家机关、社会团体和全体公民的最高行为准则。
	制、修严格	制定和修改机关往往是依法特别成立的，非普通立法机关。如美国 1787 年《宪法》是由 55 名代表组成的制宪会议制定。
		通过或批准宪法或者修正案的程序往往严于普通法律，一般要求是制宪机关或立法机关全体成员的绝对多数。

【注意】 效力的最高性和制定修改的严格性是针对成文宪法而言的。不成文宪法在制定和修改的程序和效力上与普通法律相同。

3. 宪法最主要、最核心的价值在于，它是公民权利的保障书。规范国家权力的有效行使也是为了保障公民的基本权利和自由不受侵犯。1789 年法国《人权宣言》宣布，**凡权利无保障和分权未确立的社会就没有宪法。**

4. **民主主体的普遍化，是宪法得以产生的前提之一**；民主和宪法之间也会出现矛盾和冲突。民主的非理性部分(多数人的暴政)要有宪政来制衡和约束。

【帆哥提示】 宪法的基本特征：国家根本法、权利保障书、民主法律化。

四、宪法的本质与概念

本质	宪法集中体现各种政治力量的对比关系。
概念	规定国家的根本制度和根本任务、集中体现各种政治力量对比关系、保障公民基本权利的国家根本法。

(续表)

宪政	概念	宪政,就是宪法的实施过程。
	特征	**宪法实施是宪政建设的基本途径**。宪法的生命在于实施。在社会实践中,宪法得到严格的遵守和执行,不仅有助于实施宪法,同时推动了宪政建设。
		有限政府与保障人权是宪政的基本精神。一是公共权力是人们通过宪法授予的,不得行使宪法没有授予的和禁止行使的权力;二是公共权力不得侵犯宪法所规定的公民的基本权利,并赋有保障公民权利的义务。
		树立宪法权威是宪政的集中表现。宪法有权威,可以为公共权力的限制与公民权利的实现提供制度性保障,有助于实现法治国家的目的。
	宪法与宪政的关系	**宪法是宪政的前提**,即通过制宪产生的宪法是实现宪政的基础,而宪政是宪法的具体实现过程或状态。
		宪法规定了一系列的调整宪法关系的规则体系,侧重于**静态的调整**,而宪政提供了实现宪法的环境与过程,侧重于**动态的调整**。
		宪法是一种规范形态,而宪政往往是一种**现实形态**,是宪法内容与原则的**具体实施**。
		宪法提供了一种**行为规则**,而宪政提供社会共同体追求的**价值与目标**。

【帆哥提示】
1. 宪法是宪政的前提。这里的宪法既可以指成文宪法,也可以指不成文宪法。
2. 有宪法不一定有宪政。有宪政一定有宪法。

【真题示例】
下列有关宪法与宪政的表述,哪些是正确的?(2003/1/45,多选)①
A. 宪法是宪政的前提
B. 近代的宪法与宪政以限制国家权力、保障人权为目的
C. 树立宪法的最高权威是宪政的集中体现
D. 近代的宪法与宪政是商品经济发展的产物

【分析】 宪法与宪政存在非常密切的联系。可以说,宪法是宪政的前提,宪政则是宪法的生命。树立宪法的最高权威是宪政的集中表现。宪法与宪政都是商品经济发展的产物,都是民主政治建设和法治国家建设的重要表现,都以限制国家权力、保障人权为目的。故四选项皆正确。

---

① 【答案】A、B、C、D

五、宪法的分类

以有无宪法典为标准	成文宪法是指具有**统一法典**形式的宪法，有时也叫文书宪法或制定宪法。其最显著的特征在于法律文件上既明确表述为宪法，又**大多冠以国名**，如《日本国宪法》《法兰西第五共和国宪法》《中华人民共和国宪法》等。十七八世纪自然法学派提出的**社会契约论**可以说是成文宪法思想的重要渊源之一。1787年《美利坚合众国宪法》是世界历史上**第一部成文宪法**，1791年法国宪法则是**欧洲大陆第一部成文宪法**。当今世界绝大多数国家的宪法是成文宪法。
	不成文宪法则**不具有统一法典**的形式，而且散见于多种法律文书、宪法判例和宪法惯例。不成文宪法最显著的特征在于，虽然各种法律文件并未冠以宪法之名，但却发挥着宪法的作用。世界上不成文宪法国家主要有**英国、新西兰、以色列、沙特阿拉伯**等少数国家。其中，英国是典型的不成文宪法国家。英国宪法除包括大量宪法惯例和宪法判例外，还包括各个不同历史时期颁布的宪法性文件。
以有无严格的制定、修改机关和程序为标准	刚性宪法是指制定、修改的机关和程序不同于一般法律的宪法。制定或修改宪法的机关不是普通立法机关，而往往是特别成立的机关。制定或者修改宪法的程序通常也严于一般的立法程序。**实行成文宪法的国家往往也是刚性宪法的国家。**
	柔性宪法是指制定、修改的机关和程序与一般法律相同的宪法。英国即其典型。
以制定机关为标准	钦定宪法是指由君主或以君主的名义制定和颁布的宪法，如**1889年日本明治宪法，1908年的《钦定宪法大纲》。**
	民定宪法是指由民意机关或者由全民公决制定的宪法。民定宪法奉行人民主权原则，至少在形式上强调以民意为依归，以民主政体为价值追求。当今世界上多数国家的宪法都属于这一类。
	协定宪法则指由君主与国民或者国民的代表机关协商制定的宪法。协定宪法往往是阶级妥协的产物。1215年英国《**自由大宪章**》就是英王约翰在贵族、教士、骑士和城市市民的强大压力下签署的；**1830年法国宪法**就是在1830年革命中，国会同国王路易·菲利浦共同颁布的。

【真题示例】

成文宪法和不成文宪法是英国宪法学家提出的一种宪法分类。关于成文宪法和不成文宪法的理解，下列哪一选项是正确的？（2017/1/21，单选）①

A. 不成文宪法的特点是其内容不见于制定法

B. 宪法典的名称中必然含有"宪法"字样

C. 美国作为典型的成文宪法国家，不存在宪法惯例

---

① 【答案】D

D. 在程序上,英国不成文宪法的内容可像普通法律一样被修改或者废除

【分析】 成文法与不成文的区别在于是否具有统一的宪法典,而不在于是否具有制定法,事实上不成文宪法的内容主要体现在宪法性文件中,宪法性文件就是制定法。故 A 错。

宪法典的名称中一般带有"宪法"字样,但是有些国家的宪法典中就不含"宪法"二字,比如德国的宪法就叫《德意志联邦共和国基本法》,故 B 错。

成文宪法国家也存在宪法惯例,美国也不例外,故 C 错。

不成文宪法无论在效力、还是在制定和修改的程序上和普通法律相同。故 D 对。

六、宪法的制定

制宪权与修宪权	人民作为制宪主体是现代宪法发展的基本特点。
	最早系统提出制宪权概念并建立理论体系的是法国学者西耶斯。
	人民作为制宪主体并不意味着人民直接参与制宪的过程。为了制定宪法,各国通常根据制宪的需要,成立各种形式的制宪机构。
	修宪权是依据制宪权而产生的权力形态。**制宪权与修宪权是两种不同性质的权力**。修宪权受制宪权的约束,不得违背制宪权的基本精神和原则。而与立法权、行政权、司法权相比较,制宪权、修宪权属于根源性的国家权力,即能够创造其他具体组织性国家权力的权力。
制宪的程序	设立制宪机关。制宪机关通常有宪法的起草机关和宪法的通过机关。
	提出宪法草案。
	通过宪法草案。通常需要机关的 2/3 或 3/4 以上多数通过。
	公布宪法。由国家元首或代表机关公布。我国 1954 年《宪法》由第一届全国人民代表大会第一次会议**以全国人民代表大会公告的形式公布**,自通过之日起生效。

【真题示例】
宪法的制定是指制宪主体按照一定程序创制宪法的活动。关于宪法的制定,下列哪一选项是正确的?(2015/1/20)①

A. 制宪权和修宪权是具有相同性质的根源性的国家权力
B. 人民可以通过对宪法草案发表意见来参与制宪的过程
C. 宪法的制定由全国人民代表大会以全体代表的三分之二以上的多数通过
D. 1954 年《宪法》通过后,由中华人民共和国主席根据全国人民代表大会的决定公布

【分析】 修宪权是依据制宪权而产生的权力形态。制宪权与修宪权是两种不同性质的权力。修宪权受制宪权的约束,不得违背制宪权的基本精神和原则。而与立法权、行政权、司法权相比较,制宪权、修宪权属于根源性的国家权力,即能够创造其他具体组织性国家权力的权力。二者性质不同,但都是根源性的国家权力,基于此 A 项的表述错误。

人民作为制宪主体是现代宪法发展的基本特点。最早系统提出制宪权概念并建立理论体系的是法国学者西耶斯。人民作为制宪主体并不意味着人民直接参与制宪的过程。为了制定

---

① 【答案】B

宪法,各国通常根据制宪的需要,成立各种形式的制宪机构,如制宪会议、国民会议、立宪会议等。人民可以通过对宪法草案发表意见来参与制宪的过程。故 B 项的说法正确。

我国宪法并没有对宪法草案的通过程序进行规定,只是规定了宪法修正案的通过程序。故 C 项的说法错误。

1954 年召开的第一届全国人大第一次会议是我国的制宪机关。《宪法》通过后,以全国人民代表大会公告的形式予以公布,自通过之日起生效。故 D 项的说法错误。

第二节 宪法的历史

一、近代意义上宪法产生的条件

经济条件	**商品经济的普遍发展**。当商品经济普遍发展成为资本主义社会的基本经济结构时,自由竞争与平等交换的经济要求必然要通过国家的基本政治制度反映出来。因此,当资产阶级建立国家政权后,便通过宪法的形式,确立资产阶级民主制度,以适应资本主义政治和经济的发展。
政治条件	**资产阶级革命的胜利、资产阶级国家政权的建立**和以普选制、议会制为核心的民主制度的形成,为近代宪法的产生提供了政治条件。
思想条件	资产阶级启蒙思想家提出的**民主、自由、平等、人权和法治**等理论,为近代宪法的产生奠定了思想基础。

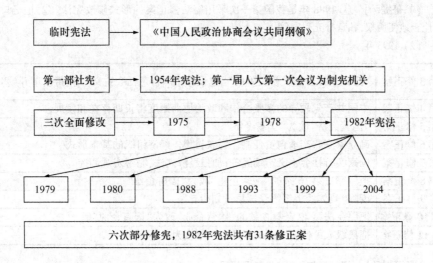

二、新中国宪法的产生及修改

1. 1982 年《宪法》是我国的现行宪法,由序言和正文两部分构成,正文为:总纲,公民的基本权利和义务,国家机构,国旗、国徽、国歌、首都,共 138 条。

【帆哥提示】 1982 年宪法结构记忆口诀:序言加总纲,公基国机唱国歌。

2. 1982年《宪法》的主要进步有：以四项基本原则为指导思想；进一步完善国家机构体系，扩大全国人大常委会的职权；扩大公民权利和自由的范围，恢复"公民在法律面前人人平等"原则；废除了国家机关领导职务的终身制；确认经济改革的成果，如发展多种经济形式，扩大企业的自主权等；完善民族区域自治制度；规定特别行政区制度。

3. 1978年宪法的2次修改

1979年	县级及县级以上各级人大设常委会
	县级人大代表由选民直接选举产生
	改地方各级革命委员会为地方各级人民政府
	检察院上下级由监督关系改为领导关系
1980年	取消了原第45条公民有运用"大鸣、大放、大辩论、大字报"的权利

4. 现行宪法的4次修改
（1）1988年

第1修正案	国家允许私营经济在法律规定的范围内存在和发展。私营经济是社会主义公有制经济的**补充**。国家保护私营经济的合法权利和利益，对私营经济实行**引导**、**监督**和**管理**。
第2修正案	土地的**使用权**可以依照**法律**的规定转让。

【帆哥提示】 ① **1988年是我国第一次**采用宪法修正案的形式修改宪法。② 记忆口诀：转让土地使用权，私营补充引监管。

（2）1993年

第3修正案	"**正处于社会主义初级阶段**""**建设有中国特色社会主义**""**坚持改革开放**"。
第4修正案	中国**共产党**领导的多党合作和政治协商制度将长期存在和发展。
第5修正案	"**国营经济**"改为"**国有经济**"。
第6修正案	确立家庭联产承**包**责任制作为农村集体经济组织的基本形式。
第7修正案	国家实行社会主义**市场经济**，加强经济立法，完善宏观调控。
第8修正案	把原宪法第16条的"**国营企业**"改为"**国有企业**"。
第9修正案	废除"集体经济组织受国家计划指导"
第10修正案	把原宪法第42条第3款的"**国营企业**"改为"**国有企业**"。
第11修正案	把**县**级人民代表大会的任期由3年改为**5**年。

【帆哥提示】 记忆口诀：共有五包正经县上。

（3）1999年

第12修正案	**长期处**在社会主义初级阶段，**邓小平理论**指引下发展社会主义市场经济。
第13修正案	中华人民共和国实行**依法治国**，建设社会主义法治国家。

(续表)

第14修正案	国家在社会主义初级阶段,坚持**公有制为主体**、多种所有制经济共同发展的基本经济制度,坚持**按劳分配为主体**、多种分配方式并存的分配制度。
第15修正案	农村集体经济组织实行家庭承包经营为基础、**统分结合**的双层经营体制。
第16修正案	非公有制经济是社会主义市场经济的**重要组成部分**。国家保护个体经济、私营经济的合法的权利和利益,对其实行引导、监督和管理。
第17修正案	将镇压"反革命活动"修改为镇压"**危害国家安全**的犯罪活动"。

【帆哥提示】 记忆口诀:劳公非礼,引监管了,危险啊,治等分手。

(4) 2004年

第18修正案	在"**三个代表**"重要思想指引下,推动物质文明、政治文明、精神文明协调发展。
第19修正案	在序言关于爱国统一战线组成结构的表述中增加"**社会主义事业的建设者**"。
第20修正案	为了**公共利益**的需要,可以依照**法律**规定对土地实行**征收**或者征用并给予补偿。
第21修正案	**鼓励**、**支持和引导**非公有制经济的发展,并依法实行**监督和管理**。
第22修正案	**合法私有财产不受侵犯**,可基于公共利益的需要依照法律规定**征收征用并给予补偿**。
第23修正案	建立健全同**经济发展水平相适应**的社会保障制度。
第24修正案	国家尊重和保障**人权**。
第25修正案	全国人大中增加**港澳**特别行政区选出的人大代表。
第26修正案	原宪法第67条的"戒严"改为"**紧急状态**"。
第27修正案	原宪法第80条的"戒严"改为"**紧急状态**"。
第28修正案	第81条国家主席职权中,增加"进行**国事活动**"的规定。
第29修正案	原宪法第89条的"戒严"改为"**紧急状态**"。
第30修正案	乡级人大的任期由3年改为**5**年。
第31修正案	在宪法中增加关于**国歌**的规定。

【帆哥提示】 记忆口诀:国事紧急,三建客特地要征土私,歌要鼓励支持保障社会人权五年。

【真题示例】
我国宪法明确规定:"国家为了公共利益的需要,可以依照法律规定对公民的私有财产实行征收或者征用并给予补偿。"关于公民财产权限制的界限,下列选项正确的是:(2016/1/92,不定项)①
  A. 对公民私有财产的征收或征用构成对公民财产权的外部限制
  B. 对公民私有财产的征收或征用必须具有明确的法律依据

---

① 【答案】A、B、D

C. 只要满足合目的性原则即可对公民的财产权进行限制
D. 对公民财产权的限制应具有宪法上的正当性

【分析】 对公民财产权的限制不但要符合公共利益的需要,而且要有法律依据,符合法定程序,基于此,C项的说法错误。其余三项正确。

第三节 宪法的基本原则

一、人民主权原则

概念与历史发展	主权是指国家的**最高权力**。人民主权是指国家中绝大多数人拥有国家的最高权力。
	从1776年美国《**独立宣言**》宣布政府的正当权力须得自被统治者的同意、1789年法国《**人权宣言**》宣布整个主权的本原主要是寄托于国民以来,西方国家宪法在形式上一般都承认人民主权,并将其作为资产阶级民主的一项首要原则。
	社会主义国家宪法普遍规定了"**一切权力属于人民**"的原则,实质上也就是人民主权。
在宪法中的体现	《宪法》第1条第1款规定:"中华人民共和国是工人阶级领导的、以工农联盟为基础的人民民主专政的社会主义国家。"第2条第1款规定:"中华人民共和国的一切权力属于人民。"
	宪法规定了人民主权的具体实现形式与途径。如第2条第2、3款规定:"人民行使国家权力的机关是全国人民代表大会和地方各级人民代表大会。""人民依照法律规定,通过各种途径和形式,管理国家事务,管理经济和文化事业,管理社会事务。"
	宪法对公民基本权利和义务的规定也是人民主权原则的具体体现。
	为了体现人民主权原则,宪法规定了选举的基本原则和主要程序。

【真题示例】
我国宪法规定了"一切权力属于人民"的原则。关于这一规定的理解,下列选项正确的是:(2016/1/91,不定项)①

A. 国家的一切权力来自并且属于人民
B. "一切权力属于人民"仅体现在直接选举制度之中
C. 我国的人民代表大会制度以"一切权力属于人民"为前提
D. "一切权力属于人民"贯穿于我国国家和社会生活的各领域

【分析】 国家的一切权力属于人民。人民行使权力的机构是各级人大。人大代表由人民直接或间接选举产生,对人民负责,接受人民的监督。其他国家机构都是由人大产生并要对人大负责。选举人大代表无论是直接还是间接选举都体现了人民主权原则,故B错。其余三项的说法完全正确。

---

① 【答案】A、C、D

二、基本人权原则

概念与发展	人权是指作为一个人所应该享有的权利。人权的主体是"人",首先是指自然意义上的人。就人权最原始的意义而言,它在本质上首先属于**应有权利**、**道德权利**。
	十七八世纪,西方的资产阶级启蒙思想家提出了"天赋人权"学说,强调人人生而平等,享有**生命权**、**自由权**、**追求幸福和财产**的权利。资产阶级革命胜利后,人权逐渐被政治宣言和宪法确认为基本原则。
在宪法中的体现	从《共同纲领》开始,我国历部宪法都规定公民的基本权利与义务,特别是 2004 年将"**国家尊重和保障人权**"写入宪法后,基本人权原则成为国家的基本价值观。
	我国宪法还规定了公民参与国家政治生活的权利和自由、人身自由和宗教信仰自由、社会经济文化方面的权利等基本权利。

三、法治原则

概念和历史发展	法治是指统治阶级按照民主原则把国家事务法律化、制度化,并严格依法进行管理的一种方式。其基本价值是**限制国家权力、保障人权**。法治思想的核心在于**依法治理国家,法律面前人人平等,反对任何组织和个人享有法律之外的特权**。
	十七八世纪的资产阶级启蒙思想家十分重视法治的意义。如洛克认为,政府应该以正式公布的既定法律来进行统治,这些法律不论贫富、不论权贵和庄稼人都一视同仁,并不因特殊情况而有出入。潘恩认为,在专制政府中国王便是法律,同样的,在自由国家中法律便应该成为国王。
	资产阶级革命胜利后,资本主义国家普遍在其宪法规定和政治实践中贯彻了法治精神。《人权宣言》宣布:"法律是公共意志的体现,全国人民都有权亲身或经由其代表去参与法律的制定。法律对于所有的人,无论是施行保护或处罚都是一样的。在法律面前所有的公民都是平等的,故他们都能平等地按其能力担任一切官职,除德行和才能的差别外不应有其他差别。"
	以自由、平等与正义的实现为基本内容的**法治国家理念可追溯到古罗马时代**。到了 18 世纪,法治国家作为与自由主义宪法国家相同的概念,形成了自身的理论体系,其内容包括:国家的活动必须依照法律进行;为了保护基本权利,需要在宪法上建立独立的法院体系;国家权力的活动应限于人的自由保护领域等。
	自 19 世纪以后,法治国家进入到市民的法治国家阶段,即以市民社会为基础建立法治国家基础,如成文宪法的制定、权力的分立、基本人权的保障、国家赔偿制度的建立、行政的合法性、宪法裁判制度的建立等都是市民社会中法治发挥的功能。
	第二次世界大战后,随着宪政理念的变化,以正义、平等与自由价值为基础的法治概念成为法治国家的实质内容,成为区分一般法律国家概念的价值体系。

(续表)

在我国宪法中的体现	我国《宪法》第5条第1款规定:"中华人民共和国实行依法治国,建设社会主义法治国家。"其中的"法治国家"**既包括实质意义的法治内涵,也包括形式意义的法治要素**。
	在我国《宪法》文本中,"法治国家"是政治共同体依照法律治理国家生活的原则、规则与未来指向性的价值体系,其实质要素包括**人的尊严、自由和平等**,形式要素**包括法律至上、人权保障与权力制约**。
	从宪法文本的规范体系来看,"法治国家"包含法治社会。

四、权力制约原则

概念与历史发展	权力制约原则是指国家权力的各部分之间相互监督、彼此牵制,从而保障公民权利。它既包括**公民权利对国家权力的制约**,也包括**国家权力相互之间的制约**。
	在资本主义国家的宪法中,权力制约原则主要表现为**分权原则**;而在社会主义国家的宪法中,权力制约原则主要表现为**监督原则**。
	分权原则亦称权力分立原则、分权制衡原则。分权是指把国家权力分为若干部分,分别由不同的国家机关独立行使;制衡则是指这些国家机关在行使权力的过程中,保持一种互相牵制和互相平衡的关系。1787年《美国宪法》就按照典型的分权制衡原则确立了国家的政权体制。法国《人权宣言》则称"**凡权利无保障和分权未确立的社会,就没有宪法**"。受美、法等国的影响,各资本主义国家的宪法均以不同形式确认了分权原则。
	社会主义国家的监督原则是由第一个无产阶级专政政权**巴黎公社**首创的。后来被社会主义国家普遍确定为一项民主原则,并在各国宪法中作出了明确规定。
在我国宪法中的体现	《宪法》规定了人民对国家权力活动进行监督的制度,如规定"全国人民代表大会和地方各级人民代表大会都由民主选举产生,对人民负责,受人民监督","国家行政机关、审判机关、检察机关都由人民代表大会产生,对它负责,受它监督"等。
	《宪法》规定了公民对国家机关及其公务员的监督权,规定"中华人民共和国公民对于任何国家机关和国家工作人员,有提出批评和建议的权利"。
	《宪法》规定了不同国家机关之间、国家机关内部不同的监督形式。如第135条规定"人民法院、人民检察院和公安机关办理刑事案件,应当分工负责,互相配合,互相制约,以保证准确有效地执行法律"。

【真题示例】

权力制约是依法治国的关键环节。下列哪些选项体现了我国宪法规定的权力制约原则?

(2011/1/59,多选)①
A. 全国人大和地方各级人大由民主选举产生,对人民负责,受人民监督
B. 法院、检察院和公安机关办理刑事案件,应当分工负责,互相配合,互相制约
C. 地方各级人大及其常委会依法对"一府两院"监督
D. 法院对法律合宪性审查

【分析】 我国《宪法》第3条第2款:"全国人民代表大会和地方各级人民代表大会都由民主选举产生,对人民负责,受人民监督。"选项A正确。

我国《宪法》第135条规定:"人民法院、人民检察院和公安机关办理刑事案件,应当分工负责,互相配合,互相制约,以保证准确有效地执行法律。"选项B正确。

我国《宪法》第3条第3款:"国家行政机关、审判机关、检察机关都由人民代表大会产生,对它负责,受它监督。"选项C正确。

我国属于由立法机关来保障宪法实施的模式,由全国人大及其常委会监督宪法的实施,审查各种法律文件的合宪性,法院无权对法律合宪性进行审查。选项D错误。

第四节 宪法的基本功能

一、宪法的一般功能

宪法的功能	确认	确认宪法赖以存在的**经济基础**,宪法的性质和内容取决于经济基础的性质。
		确认国家**权力的归属**,使统治阶级的统治地位得到合法化。
		确认国家**法制统一**的原则,为法律体系的协调发展提供统一的基础。
		确认社会共同体的**基本价值目标与原则**,为社会共同体的发展提供统一的价值体系。
	保障	宪法对**民主制度**和**人权的发展**提供有效的保障。其中人权保障是最核心的内容与原则。
	限制	宪法一方面是**授权法**,确立合理地授予国家权力的原则与程序,使国家权力的运行具有合宪性。而另一方面又是**限权法**,规定限制国家权力行使的原则与程序,确立所有公权力活动的界限。
	协调	在制定和实施宪法的过程中,由于利益分配的不平衡和主体的利益的多元化,人们可能产生不同的利益需求。宪法能够以合理的机制平衡利益,寻求多数社会成员普遍认可的规则,以此作为社会成员普遍遵循的原则。对少数人利益的保护,宪法也规定了相应的救济制度。

---

① 【答案】A、B、C

二、宪法在建设社会主义法治国家中的作用

（一）宪法在立法中的作用

确立了社会主义法律体系的基本目标。	
确立了立法统一的基础	立法要体现社会主义初级阶段的基本要求，不能超越社会发展所提供的条件与背景。
	立法要体现宪法的指导思想，为社会生活提供基本的价值体系与规则。
	立法要遵循社会发展平衡原则，确立统一协调、平衡发展的立法发展目标。
	立法要体现民主原则，扩大立法的民主基础，使民意通过立法过程得到充分体现。
科学的法律体系的建立是实现宪法原则的基本形式之一。	
宪法确立了解决法律内部冲突的基本机制。	
宪法是立法体制发展与完善的基础与依据。	

（二）宪法在执法中的作用

宪法是执法的基础与原则。一切执法活动不能违反宪法的原则与具体规定。宪法在执法过程中的功能首先表现在对特定法律人宪法意识的培养。为了培养宪法意识，我国确立了宪法宣誓制度。		
宪法宣誓	宣誓的主体	各级人大及县级以上各级人大常委会选举或者决定任命的国家工作人员，以及各级人民政府、人民法院、人民检察院任命的国家工作人员，在就职时应当公开进行宪法宣誓。
	组织机构	全国人大选举或者决定任命的国家工作人员的宣誓由**主席团**组织。
		全国人大常委会决定任命的国家工作人员的宣誓由**委员长会议**主持，但是全国人大常委会任命的司法机关副职及以下的人员的宣誓由"两高"主持，驻外全权代表由外交部主持。
		国务院及其各部门、最高人民法院、最高人民检察院任命的国家工作人员，进行宪法宣誓的仪式由**任命机关**组织。
	宣誓方式	可以采取**单独宣誓或者集体宣誓**的形式。宣誓场所应当庄重、严肃，悬挂中华人民共和国**国旗或者国徽**。
	地方宣誓	地方各级人大及县级以上人大常委会选举或者决定任命的国家工作人员，以及地方各级人民政府、人民法院、人民检察院任命的国家工作人员，在依照法定程序产生后，进行宪法宣誓。宣誓的具体组织办法**由省级人大常委会**参照《全国人民代表大会常务委员会关于实行宪法宣誓制度的决定》制定，报全国人民代表大会常务委员会备案。

（三）宪法在司法、守法中的作用

司法	宪法是审判权和检察权的来源，是人民法院和人民检察院活动的基本准则。 宪法和法律规定了司法机关进行活动的基本原则。 法官和检察官的宪法意识对法治的发展产生重要影响。
守法	认真遵守宪法、树立宪法权威是提高守法意识的重要途径。

【帆哥提示】 宪法不能成为法官裁判案件的直接依据，但是宪法仍然对司法活动产生间接的约束作用。

【真题示例】 关于宪法在立法中的作用，下列哪一说法是不正确的？（2010/1/19，单选）①

A. 宪法确立了法律体系的基本目标
B. 宪法确立了立法的统一基础
C. 宪法规定了完善的立法体制与具体规划
D. 宪法规定了解决法律体系内部冲突的基本机制

【分析】 宪法在对国家机构职权的规定中确立了基本的立法体制，但并未确立具体的立法规划，具体事项由部门法来规制。选项C错误。其余选项正确。

第五节　宪法的渊源与结构

一、宪法的渊源

宪法典	**成文法国家宪法**的主要渊源。
宪法性法律	无论是成文宪法国家还是不成文宪法国家，都存在宪法性法律。但是功能不一样：(1) 在成文宪法国家，宪法性法律是指普通立法机关为**执行宪法典**而制定的规范性法律文件。(2) 在不成文宪法国家，宪法性法律是其**宪法的主体**。
宪法惯例	宪法惯例特征有三：(1) 没有具体、明确的法律形式；(2) 内容涉及一个国家的根本制度、公民的基本权利和义务等宪法问题；(3) 依靠**社会舆论**保证实施。
宪法判例	主要存在于**英美法系**。有两种情况：(1) 在不成文宪法国家，法院在宪法性法律没有明确规定的情况下，就有关宪法问题所作的判决是宪法的表现形式之一。(2) 在成文宪法国家，法院没有创制宪法规范的权力，但是有宪法解释权的法院基于具体案件对宪法的解释对下级法院有拘束力。
国际条约	国际条约能否成为一国宪法的渊源，**取决于一国的认可**。《美国宪法》第6条规定，美国缔结和即将缔结的条约是美国的最高法律，每个州的法官都应该受其约束。

---

① 【答案】C

【真题示例】

宪法的渊源即宪法的表现形式。关于宪法渊源,下列哪一表述是错误的?(2015/1/21,单选)①

A. 一国宪法究竟采取哪些表现形式,取决于历史传统和现实状况等多种因素
B. 宪法惯例实质上是一种宪法和法律条文无明确规定、但被普遍遵循的政治行为规范
C. 宪法性法律是指国家立法机关为实施宪法典而制定的调整宪法关系的法律
D. 有些成文宪法国家的法院基于对宪法的解释而形成的判例也构成该国的宪法渊源

【分析】 宪法的渊源就是宪法的表现形式。综观世界各国,宪法的渊源主要有宪法典、宪法性法律、宪法惯例、宪法判例、国际条约和国际习惯等。一国或一国不同历史时期的宪法究竟采取哪些渊源形式,则取决于本国的历史传统和现实政治状况等综合因素。故A项的说法正确。

根据上文,B、D项的说法正确。C选项的表述忽视了不成文宪法的存在,因而失之偏颇。

二、宪法典的结构

序言	大多数宪法有序言。从形式上看,各国宪法序言的**长短不尽相同**。宪法序言规定的内容是多种多样的,其基本特点是体现了宪法基本理念和精神,有助于人们从整体上把握宪法的内容和基本精神。宪法序言的内容通常涉及制宪权的来源、宪法性质、国家独立、正义与和平价值的阐述、社会和公共利益的维护、民族主义价值等不同的理念。
	我国《宪法》的序言主要包括如下内容:① **历史发展**的叙述;② 规定了国家的**根本任务**;③ 规定了国家的**基本国策**;④ 规定了宪法的**根本法地位**和**最高效力**。
正文	我国现行《宪法》正文的排列顺序是:总纲,公民的基本权利与义务、国家机构、国旗、国徽、国歌和首都。新中国成立后的前三部宪法均将国家机构置于公民的**基本权利和义务之前**,1982年《宪法》调整了这种结构,将公民的基本权利和义务一章提到国家机构之前。这一调整充分表明,对公民权利的保护居于宪法的核心地位,合理定位了公民与国家之间的关系;符合人民主权原则。
附则	附则是宪法的一部分,其法律效力与一般条文相同,并具有**特定性和临时性**的特点。**我国宪法无附则**。

【真题示例】

综观世界各国成文宪法,结构上一般包括序言、正文和附则三大部分。对此,下列哪一表述是正确的?(2016/1/21,单选)②

A. 世界各国宪法序言的长短大致相当
B. 我国宪法附则的效力具有特定性和临时性两大特点
C. 国家和社会生活诸方面的基本原则一般规定在序言之中
D. 新中国前三部宪法的正文中均将国家机构置于公民的基本权利和义务之前

【分析】 宪法典一般由三部分构成:序言、正文、附则。大多数国家的宪法都有序言,有

---

① 【答案】C
② 【答案】D

的国家宪法序言短,比如说美国,有的国家宪法序言长,比如中国、朝鲜。故 A 错。

我国现行《宪法》由序言和正文两部分构成,没有附则。序言由四个部分构成:历史发展的叙述、我国的根本任务、国家的基本政策、宪法的根本法地位和最高效力。正文有四章构成:总纲;公民的基本权利和义务;国家机构;国旗、国歌、国徽、首都。国家和社会生活诸方面的基本原则规定在总纲之中。故 BC 项的表述都错。

1954 年、1975 年、1978 年三部宪法均将国家机构置于公民的基本权利和义务之前,故 D 的说法正确。

第六节 宪法规范

概念		由国家制定或认可的、宪法主体参与国家和社会生活最基本社会关系的行为规范。
特点	**根本性**	规定国家生活中的根本性问题。
	最高性	效力最高,是最根本的行为规范。
	原则性	只规定有关问题的基本原则。
	纲领性	表达了对未来目标的追求。
	稳定性	具有相对的稳定性。
分类	确认性规范	确立具体的宪法制度和权力关系,以**肯定性的规范**存在为其主要特征。确认性规范依其作用的特点,又可分为**宣言性规范、组织性规范、授权性规范**等形式。如调整性规范主要涉及国家基本政策的调整,组织性规范主要涉及国家政权机构的建立与具体的职权范围等。宪法中有关国家机构部分主要体现组织性规范的要求。
	禁止性规范	禁止性规范是指对特定的主体或行为的一种限制,也称其为强行性规范。这类规范对于宪法的实现起着十分重要的作用,集中表现了宪法的法属性。在我国宪法中,禁止性规范主要以"**禁止**""**不得**"等形式加以表现,这类规范虽数量不多,但产生的影响较大。如我国《宪法》第 65 条规定,"全国人大常委会的组成人员不得担任国家行政机关、审判机关和检察机关的职务";第 12 条规定,"国家保护社会主义的公共财产。禁止任何组织或者个人用任何手段侵占或者破坏国家的和集体的财产"。
	权利性规范与义务性规范	这类规范主要是在调整公民基本权利与义务过程中形成的,同时为行使权利与履行义务提供了依据。我国宪法中的权利性规范与义务性规范可分为:(1) 权利性规范。宪法赋予特定主体以权利,使之具有权利主体资格。(2) 义务性规范,集中表现在公民应该履行的基本义务。(3) 宪法中的权利性规范和义务性规范相结合为一体。如宪法规定,我国公民有劳动的权利和义务、有受教育的权利和义务。
	程序性规范	程序性规范具体规定宪法制度运行过程的程序,主要涉及国家机关活动程序方面的内容。

【真题示例】
关于宪法规范,下列哪一说法是不正确的?(2013/1/22,单选)①
A. 具有最高法律效力
B. 在我国的表现形式主要有宪法典、宪法性法律、宪法惯例和宪法判例
C. 是国家制定或认可的、宪法主体参与国家和社会生活最基本社会关系的行为规范
D. 权利性规范与义务性规范相互结合为一体,是我国宪法规范的鲜明特色
【分析】 宪法判例不是我国宪法的表现形式,故 B 错误。其他选项正确。

第七节 宪法的效力

一、宪法效力的概念

概念	宪法的效力是指宪法作为法律规范所发挥的约束力与强制性。宪法主要调整国家与公民的关系,其效力范围**直接涉及国家权力的活动领域**。
最高效力的基础	**宪法制定权的正当性**。指产生宪法的国家权力是否获得正当性基础,具体表现为国家权力的获得与组织的合法性。**宪法正当性决定于国家权力的合法性**。
	宪法内容的合理性。宪法正当性取决于内容的合理性,即宪法上规定的内容要正确地反映一国的实际情况,包括历史传统、现实要求与权力平衡状况。通常宪法中表现的基本价值具有一定的客观性,并反映民众、时代与历史经验的要求。
	宪法程序的正当性。合理地确定宪法内容固然重要,但程序是否完备对宪法内容的实现也产生不可忽视的影响。

二、宪法效力的表现

效力的特点	宪法效力具有**最高性与直接性**。在整个法律体系中,宪法效力是最高的,不仅成为立法的基础,同时对立法行为与依据宪法进行的各种行为产生直接的约束力。**我国宪法序言规定了宪法效力的最高性**。
对人的适用	中华人民共和国宪法适用于所有中国公民。**华侨属于中国公民**。公民指的是具有一个国家国籍的人。**我国不承认双重国籍**。
	关于国籍我国采取**出生地主义和血统主义相结合**的原则: (1) 父母双方或一方为中国公民,本人出生在中国,具有中国国籍,但父母双方或一方为中国公民并定居在国外,本人出生时即具有外国国籍的,不具有中国国籍; (2) 父母无国籍或国籍不明,定居在中国,本人出生在中国,具有中国国籍。 (3) 外国人或无国籍人,愿意遵守中国宪法和法律,并具有下列条件之一的,可申请批准加入中国国籍:中国人的近亲属;定居在中国的;有其他正当理由。 (4) 经批准加入中国国籍的公民,不再保留外国国籍,中国公民如果自愿加入或取得外国国籍的,则自动丧失中国国籍。
	外国人和法人在一定的条件下也能成为某些基本权利的主体,在其享有基本权利的范围内,宪法效力适用于外国人和法人的活动。

---

① 【答案】B

(续表)

对领土的效力	领土包括一个国家的陆地、河流、湖泊、内海、领海以及它们的底床、底土和上空（领空），是主权国管辖的国家全部疆域。领土是国家的构成要素之一，是国家行使主权的空间，也是国家行使主权的对象。
	任何一个主权国家的宪法的空间效力都及于国土的所有领域，这是由**主权的唯一性和不可分割性**所决定的，也是由宪法的根本法地位所决定的。
	由于宪法本身的综合性和价值多元性，宪法在不同领域的适用上是有所差异的。例如，在不同的经济形态之间、在普通行政区和民族自治地方之间自然有所区别，但这种区别绝不是说宪法在某些区域有效力而在有些区域没有效力。根据宪法效力理论，任何组成部分上的特殊性并不意味着对这个整体的否定，**宪法作为整体的效力及于中华人民共和国的所有领域**。

【帆哥提示】 外国人和法人也可以成为某些基本权利的主体，比如财产权。我国现行《宪法》也明确规定保护外国人的合法权益。

三、宪法与条约的关系

在宪法与条约的关系上，**各国的规定不尽相同**，如有的国家规定"条约高于宪法"，认为宪法是一个国家的国内法，与作为国际法的条约有不同的性质。

我国现行《宪法》文本没有规定宪法与条约的关系，但宪法序言表明了基本的原则，即我国以和平共处五项基本原则为基础，发展同各国的外交关系和经济、文化的交流。

【真题示例】
关于宪法效力的说法，下列选项正确的是：(2014/1/94，不定项)①
　A. 宪法修正案与宪法具有同等效力
　B. 宪法不适用于定居国外的公民
　C. 在一定条件下，外国人和法人也能成为某些基本权利的主体
　D. 宪法作为整体的效力及于该国所有领域
【分析】 宪法修正案具有和宪法正文同等效力，故 A 正确。
　定居在国外的中国公民是华侨。我国《宪法》第50条规定："中华人民共和国保护华侨的正当的权利和利益，保护归侨和侨眷的合法的权利和利益。"故 B 错误。
　《宪法》第32条规定："中华人民共和国保护在中国境内的外国人的合法权利和利益，在中国境内的外国人必须遵守中华人民共和国的法律。中华人民共和国对于因为政治原因要求避难的外国人，可以给予受庇护的权利。"故 C 正确。
　任何一个主权国家的宪法的空间效力都及于国土的所有领域，这是由主权的唯一性和不可分割性所决定的，也是由宪法的根本法地位所决定的。故 D 正确。

---

① 【答案】A、C、D

第二章 国家基本制度

第一节 人民民主制度

一、人民民主专政的内涵和性质

内涵	工人阶级成为国家政权的领导力量是人民民主专政的根本标志。
	人民民主专政的国家政权以工农联盟为阶级基础。
	人民民主专政是对人民实行民主与对敌人实行专政的统一。
性质	根据现行《宪法》序言的规定,工人阶级领导的、以工农联盟为基础的人民民主专政,性质上即无产阶级专政。

二、我国人民民主专政的主要特色

政党制度	**1993年《宪法修正案》**规定:"中国共产党领导的多党合作和政治协商制度将长期存在和发展。"
	中国共产党是社会主义事业的领导核心,是执政党;各民主党派是接受中国共产党领导的、同中国共产党通力合作、共同致力于社会主义事业的亲密友党,是参政党。
	坚持中国共产党的领导,坚持四项基本原则,是合作的政治基础;"长期共存、互相监督、肝胆相照、荣辱与共"是合作的基本方针。中国共产党对各民主党派的领导是政治领导,即政治原则、政治方向和重大方针政策的领导。同时,各民主党派有在宪法规定范围内的政治自由,组织独立和法律地位平等的权利。
爱国统一战线	爱国统一战线是由中国共产党领导的,有各民主党派和各人民团体参加的,包括**全体社会主义劳动者、社会主义事业的建设者、拥护社会主义的爱国者和拥护祖国统一的爱国者**的广泛的政治联盟。
	爱国统一战线的组织形式是**中国人民政治协商会议**。
	政协不是国家机关,但是它同我国国家权力机关的活动有着极为密切的联系。全国人民代表大会召开会议的时候,中国人民政治协商会议全国委员会的委员列席,听取政府工作报告或参加对某项问题的讨论;在必要的时候,全国人大常委会和政协全国常委会可以举行联席会议商讨有关事项等。
	政协也不同于一般的人民团体,它是在我国政治体制中具有重要地位和影响的政治性组织,是在我国政治生活中发展社会主义民主和实现各党派之间互相监督的重要形式。
	政协由**党派团体**和**界别代表**组成,代表由各党派团体协商产生。

【帆哥提示】 爱国统一战线的组成:劳、建、爱,爱国者分两部:拥统和拥社。

【真题示例】

我国宪法序言规定:"中国共产党领导的多党合作和政治协商制度将长期存在和发展。"关于中国人民政治协商会议,下列选项正确的是:(2017/1/91,不定项)①

---

① 【答案】C

A. 由党派团体和界别代表组成,政协委员由选举产生
B. 全国政协委员列席全国人大的各种会议
C. 是中国共产党领导的多党合作和政治协商制度的重要机构
D. 中国人民政治协商会议全国委员会和各地方委员会是国家权力机关

【分析】 人民政协不是国家机关,它由党派团体和界别代表组成,政协委员会不是由选举产生,而是由各党派团体协商产生,故A、D错。

全国政协委员可被邀请列席全国人大的全体会议,而不是各种会议,故B错。

政协是中国人民爱国统一战线组织,是多党合作和政治协商的重要机构,是社会主义民主的重要形式。故C对。

第二节　国家的基本经济制度

经济制度概念			经济制度包括生产资料的所有制形式、各种经济成分的相互关系及其宪法地位、国家发展经济的基本方针、国家管理经济的基本原则等内容。宪法对经济关系特别是对生产关系的确认与调整构成一个国家的基本经济制度。
			自德国《魏玛宪法》以来,经济制度便成为现代宪法的重要内容之一。资本主义宪法通常只规定对作为私有制基础的私有财产权的保护,而社会主义宪法则较为全面、系统地规定了社会主义经济制度。
			1993年宪法修正案:国家实行社会主义市场经济;1999年宪法修正案:发展社会主义市场经济。
中国特色社会主义市场经济构成	公有制	全民所有制	即国有经济,是国民经济的**主导**力量。国家保障国有经济的巩固和发展。 **矿藏、水流、城市的土地**专属国家所有。国有企业和国有自然资源是国家财产的主要部分。此外,国家机关、事业单位、部队等全民单位的财产也是国有财产的重要组成部分。 【帆哥提示】　矿、水、城。
		集体所有制	国民经济的**基础**力量。国家保护城乡集体经济组织合法的权利和利益,鼓励、指导和帮助集体经济的发展。
			农村集体所有制经济是现阶段我国农村的主要经济形式。宪法规定:农村集体经济组织实行**家庭承包经营为基础、统分结合的双层经营体制**。农村中的生产、供销、信用、消费等各种形式的合作经济,是社会主义劳动群众集体所有制经济。参加农村集体经济组织的劳动者,有权在法律规定的范围内经营自留地、自留山、家庭副业和饲养自留畜。
			城镇的集体所有制经济主要表现为各种形式的**合作经济**。宪法规定:城镇中的手工业、工业、建筑业、运输业,商业、服务业等行业的各种形式的合作经济,都是社会主义劳动群众集体所有制经济。
			宅基地、自留地、自留山专属集体所有。 【帆哥提示】　宅二自。

中国特色社会主义市场经济构成	非公有制经济	在法律规定范围内的个体经济、私营经济等非公有制经济，是社会主义市场经济的**重要组成部分**。
		国家保护个体经济、私营经济等非公有制经济的合法的权利和利益。国家**鼓励、支持和引导**非公有制经济的发展，并对非公有制经济**依法实行监督和管理**。
		非公有制经济包括劳动者个体经济和私营经济、"三资企业"。
社会主义的公共财产神圣不可侵犯。公民的合法的私有财产不受侵犯		

【真题示例】

社会主义公有制是我国经济制度的基础。根据现行《宪法》的规定，关于基本经济制度的表述，下列哪一选项是正确的？(2016/1/23，单选)①

A. 国家财产主要由国有企业组成

B. 城市的土地属于国家所有

C. 农村和城市郊区的土地都属于集体所有

D. 国营经济是社会主义全民所有制经济，是国民经济中的主导力量

【分析】 在我国，国有企业和国有自然资源是国家财产的主要部分。此外，国有机关、事业单位、部队等全民单位的财产也是国有财产的重要组成部分。故 A 项的说法错误。

矿藏、水流、城市的土地专属于国家所有，简称"矿水城"。宅基地、自留地、自留山专属于集体所有，简称"宅二自"。故 B 项的说法正确。农村和城市郊区的土地既可以属于国家所有，也可以属于集体所有，故 C 项的说法错误。

1993年《宪法修正案》中，已经把国营经济改为国有经济。故 D 项的说法错误。

第三节 国家基本文化制度

一、文化制度的概念、特点、在各国宪法中的表现

概念	文化制度是指一国通过宪法和法律调整**以社会意识形态为核心**的各种基本关系的规则、原则和政策的综合。文化制度主要包括教育事业、科技事业、文学艺术事业、广播电影电视事业、新闻出版事业、文物事业、图书馆事业以及社会意识形态等方面的制度。
特点	阶级性；历史性；民族性。

---

① 【答案】B

(续表)

在各国宪法中的表现	近代意义的宪法产生以来,文化制度便成为宪法不可缺少的重要内容。
	早期资产阶级宪法或宪法性文件对文化制度的规定具有以下特点:一是内容狭窄,仅限于著作权、教育等几个方面;二是大多从公民权利的角度间接反映文化制度的某些内容,对国家发展文化的政策规定比较少;三是社会意识形态的基本原则大多来自资产阶级启蒙思想家的自然法学说,因而强调人民主权、天赋人权、人生而平等,鼓吹资产阶级政治哲学和道德理想。
	1919 年《德国魏玛宪法》不仅详尽地规定公民的文化权利,而且还明确地规定了国家的基本文化政策。这部宪法**第一次比较全面系统地规定了文化制度**,为许多资本主义国家宪法所效仿。自由竞争资本主义向垄断资本主义过渡时期,宪法对文化制度的规定具有以下特点:一是内容广泛具体,涉及教育、艺术、科学、学术、文化、语言、意识形态等各个方面;二是**明确规定国家的基本文化政策**;三是社会意识形态的基本原则反映了时代特点,因而强调**福利国家、全民国家**的思想。
	早期社会主义宪法一般都宣布**社会主义文化是大众文化**,并重视对公民受教育权和国家教育制度的规定。

二、我国宪法对文化制度的规定

教育事业	《宪法》第 19 条规定:"国家发展社会主义的教育事业,提高全国人民的科学文化水平。国家举办各种学校,**普及初等义务教育**,发展中等教育、职业教育和高等教育,并且发展学前教育。国家发展各种教育设施,扫除文盲,对工人、农民、国家工作人员和其他劳动者进行政治、文化、科学、技术、业务的教育,**鼓励自学成才**。国家鼓励集体经济组织、国家企业事业组织和其他社会力量依照法律规定举办各种教育事业。国家推广全国通用的普通话。"据此,国家先后制定了教育法、义务教育法、高等教育法、教师法等,系统地规定了教育领域的基本规则,保障了社会主义教育事业的发展。
科学事业	《宪法》第 20 条规定:"国家发展自然科学和社会科学事业,普及科学和技术知识,奖励科学研究成果和技术发明创造。"据此,国家颁布了专利法、著作权法等一系列单行法律、法规,以保护科学技术成果、加速科学技术发展、促进社会主义经济建设。
文学艺术及其他	《宪法》第 22 条明确规定:"国家发展为人民服务、为社会主义服务的文学艺术事业、新闻广播电视事业、出版发行事业、图书馆博物馆文化馆和其他文化事业,开展群众性的文化活动。国家保护名胜古迹、珍贵文物和其他重要历史文化遗产。" 《宪法》第 21 条第 2 款规定:"国家发展体育事业,开展群众性的体育活动,增强人民体质。"
道德教育	《宪法》第 24 条第 1 款规定:"国家通过普及**理想教育、道德教育、文化教育、纪律和法制教育**,通过在城乡不同范围的群众中制定和执行各种守则、公约,加强社会主义精神文明建设。" 《宪法》第 24 条第 2 款规定:"国家提倡**爱祖国、爱人民、爱劳动、爱科学、爱社会主义**的公德……"

【帆哥提示】 我国宪法规定的文化制度包括四个方面:教科文德。
【真题示例】
关于国家文化制度,下列哪些表述是正确的?(2015/1/62,多选)①
A. 我国宪法所规定的文化制度包含了爱国统一战线的内容
B. 国家鼓励自学成才,鼓励社会力量依照法律规定举办各种教育事业
C. 是否较为系统地规定文化制度,是社会主义宪法区别于资本主义宪法的重要标志之一
D. 公民道德教育的目的在于培养有理想、有道德、有文化、有纪律的社会主义公民

【分析】 我国宪法确立的文化制度包括:国家发展教育事业;国家发展科学事业;国家发展文学艺术及其他文化事业;国家开展公民道德教育等四个方面。爱国统一战线组织并非文化制度的内容,故 A 项的说法错误。

《宪法》第 19 条第 3 款规定:"国家发展各种教育设施,扫除文盲,对工人、农民、国家工作人员和其他劳动者进行政治、文化、科学、技术、业务的教育,鼓励自学成才。"故 B 项说法正确。

第一次全面系统规定文化制度的宪法为德国的《魏玛宪法》,故是无论是资本主义宪法还是社会主义宪法都有可能规定文化制度,他们并非二者的本质区别。按照我国教科书观点,二者的本质区别在于建立的经济基础和体现的阶级意志。故 C 项的说法错误。

《宪法》第 24 条第 1 款规定:"国家通过普及理想教育、道德教育、文化教育、纪律和法制教育,通过在城乡不同范围的群众中制定和执行各种守则、公约,加强社会主义精神文明的建设。"故 D 项的说法成立。

第四节 国家的基本社会制度

概念	广义	指回应人们基本的社会需求,反映社会形态,在一定时期具有稳定性的整体社会规范体系,包含政治、经济、文化、生态等基本制度。
	中义	基于我国政治、经济、文化、社会、生态五位一体的社会建设的需要,在社会领域所构建的制度体系。
	狭义	特指社会保障制度。
特征		社会制度以维护**平等**为基础。
		社会制度以保障**公平**为核心。
		社会制度以捍卫和谐稳定的**法治**秩序为关键。

---

① 【答案】B、D

(续表)

宪法规定	社会保障制度	国家建立健全同**经济发展水平相适应**的社会保障制度；对弱势和特殊群体保障。
	医疗卫生事业	国家发展医疗卫生事业，发展现代医药和我国传统医药，鼓励和支持农村集体经济组织、国家企业事业组织和街道组织举办各种医疗卫生设施，开展群众性的卫生活动，保护人民健康。国家发展体育事业，开展群众性的体育活动，增强人民体质。
	劳动保障制度	国家通过各种途径，创造劳动就业条件，加强劳动保护，改善劳动条件，并在发展生产的基础上，提高劳动报酬和福利待遇。**劳动是一切有劳动能力的公民的光荣职责**。国有企业和城乡集体经济组织的劳动者都应当以国家主人翁的态度对待自己的劳动。**国家提倡社会主义劳动竞赛**，奖励劳动模范和先进工作者。国家提倡公民从事义务劳动。国家对就业前的公民进行必要的劳动就业训练。
	社会人才培养制度	国家培养为社会主义服务的各种专业人才，扩大知识分子的队伍，创造条件，充分发挥他们在社会主义现代化建设中的作用。
	计划生育制度	国家推行计划生育，**使人口的增长同经济和社会发展计划相适应**。
	社会秩序及安全维护	1. 国家维护社会秩序，镇压叛国和其他危害国家安全的犯罪活动，制裁危害社会治安、破坏社会主义经济和其他犯罪的活动，惩办和改造犯罪分子。 2. **中华人民共和国的武装力量属于人民**。它的任务是巩固国防，抵抗侵略，保卫祖国，保卫人民的和平劳动，参加国家建设事业，努力为人民服务。国家加强武装力量的革命化、现代化、正规化的建设，增强国防力量。

【真题示例】

我国的基本社会制度是基于经济、政治、文化、社会、生态文明五位一体的社会主义建设的需要，在社会领域所建构的制度体系。关于国家的基本社会制度，下列哪些选项是正确的？(2016/1/62，多选)①

A. 我国的基本社会制度是国家的根本制度
B. 社会保障制度是我国基本社会制度的核心内容
C. 职工的工作时间和休假制度是我国基本社会制度的重要内容
D. 加强社会法的实施是发展与完善我国基本社会制度的重要途径

【分析】《宪法》第一条第二款规定：社会主义制度是中华人民共和国的根本制度。故A项错误。其余三项的说法正确。

---

① **【答案】**B、C、D

第五节 人民代表大会制度

一、政权组织形式的概念与种类

	定义、特征	举例
二元制君主立宪制	以君主为核心,由君主在国家体系中发挥主导作用的政权组织形式。其主要特征是虽然君主的权力受到宪法和议会的限制,但这种限制的力量非常弱小,君主仍然掌握极大的权力。	约旦、沙特阿拉伯
议会制君主立宪制	君主的权力受到宪法和议会的严格限制,以致于君主行使的只是一些形式上的或者礼仪性的职权,君主对议会、内阁、法院都没有实际控制的能力。	英国、西班牙、荷兰、比利时、日本
总统制	国家设有总统,总统既是国家元首,又是政府首脑;总统由民选举产生,不对议会负责,议会不能通过不信任案迫使总统辞职,总统也无权解散议会。	美国
议会共和制	议员由选民选举产生,政府由获得议会下院多数席位的政党或构成多数席位的几个政党联合组成;议会与政府相互渗透,政府成员一般由议员兼任,议会可通过不信任案迫使政府辞职,政府也可解散议会。	意大利
委员会制	最高国家行政机关为委员会,委员会成员由众议院选举产生,总统由委员会成员轮流担任,任期一年,不得连任;众议院不能对委员会提出不信任案,委员会也无权解散议会。	瑞士
半总统制半议会制	总统既是国家元首,拥有任免总理、主持内阁会议、颁布法律、统帅武装部队等大权;总理是政府首脑,对议会就政府的施政纲领或政府的总政策承担责任,议会可通过不信任案,或不同意政府的施政纲领和总政策,迫使总理向总统提出辞职。	1958年后的法国

二、人民代表大会制度是我国的政权组织形式

基本内容	人民主权原则。
	人民代表大会是人民掌握和行使国家权力的组织形式与制度。
	人民代表由人民选举,受人民监督。
	其他国家机关由人大产生,对人大负责,受人大监督。
性质	人民代表大会制度是我国**根本的政治制度**。
	人民代表大会制度是我国实现社会主义民主的基本形式。

【真题示例】
人民代表大会制度是我国的根本政治制度。关于人民代表大会制度,下列表述正确的是:

(2017/1/92,不定项)①
A. 国家的一切权力属于人民,这是人民代表大会制度的核心内容和根本准则
B. 各级人大都由民主选举产生,对人民负责,受人民监督
C. "一府两院"都由人大产生,对它负责,受它监督
D. 人民代表大会制度是实现社会主义民主的唯一形式

【分析】 根据宪法常识可知 A、B、C 三项正确。D 项错在"唯一"二字,人民代表大会制度是社会主义民主的主要方式而不是唯一方式,政治协商制度也是实现社会主义民主的方式。

第六节 选举制度

选举制度是天赋人权、人民主权学说付诸实践的产物。近代选举制度有三个特点:被选举者往往是代议机关的代表或议员;形式上往往采用普选制;有一套比较完整的法律规范。

一、我国选举制度的基本原则

普遍性	享有选举权的条件:中国国籍;年满18周岁;享有政治权利。
	精神病患者不能行使选举权利的,经选举委员会确认而不列入选民名单。
	因犯违反国家安全罪或其他严重刑事犯罪案件被羁押、正在受侦查、起诉、审判的人,经人民法院或者人民检察院决定,在被羁押期间停止行使选举权利。
平等性	一人一票,每票价值相同,代表人口数**大体**相同。
	我国现行《选举法》制定于 1979 年,经过 1982 年、1986 年、1995 年、2004 年、2010 年、2015 年 6 次修改。其中 1982 年、1995 年、2010 年三次修改都涉及对城乡代表名额的修改。
直、间并用	县乡人大代表直接选举;其余各级间接选举。
秘密投票	各级人大代表选举**一律**采用无记名投票。

【真题示例】
某省人大选举实施办法中规定:"本行政区域各选区每一代表所代表的人口数应当大体相等。各选区每一代表所代表的人口数与本行政区域内每一代表所代表的平均人口数之间相差的幅度一般不超过百分之三十。"关于这一规定,下列哪些说法是正确的?(2017/1/62,多选)②
A. 是选举权的平等原则在选区划分中的具体体现
B. "大体相等"允许每一代表所代表的人口数之间存在差别
C. "百分之三十"的规定是对前述"大体相等"的进一步限定
D. 不保证各地区、各民族、各方面都有适当数量的代表

【分析】 本题考查的是选举的平等性原则。我国《选举法》规定的平等原则既要求形式平等,也要求实质平等。每一代表所代表的人口数大体相等是关于形式平等的规定。既然是

---

① 【答案】A、B、C
② 【答案】D

大体相等,那就意味着基于实质平等的要求,可以允许某些特殊代表所代表的人口可以有差异,但是各选区每一代表所代表的人口数与本行政区域内每一代表所代表的平均人口数之间相差的幅度一般不超过30%,是对这种差异的进一步限定。基于此 A、B、C 正确。

根据《选举法》第14条、第17条的规定,应当保证各地区,各民族,各方面都有适当数量的代表。故 D 错。

二、选举主持机构

直选	选举委员会	选举委员会**由县级人大常委会任命,受其领导**;其余地方人大常委会**指导**县乡人大代表选举。
		选举委员会一般设立主任1人,副主任若干人,委员若干人。
		选举委员会履行下列职责:划分选区,分配代表的名额;进行选民登记,审查选民资格,公布选民名单;受理选民名单争议申诉,并作出决定;确定选举日期;了解核实并组织介绍代表候选人的情况;根据较多数选民的意见,确定和公布正式代表候选人名单;主持投票选举;确定选举结果是否有效,公布当选代表名单;法律规定的其他职责。
间选	人大常委会	**人大常委会主持**本级人大代表的选举工作;
		下级人大选举上级人大代表时,由该**人大主席团**主持。

【帆哥提示】 间接选举的主持机构:上级常委会,下级主席团。

【真题示例】
根据《选举法》和相关法律的规定,关于选举的主持机构,下列哪一选项是正确的?(2016/1/24,单选)①
    A. 乡镇选举委员会的组成人员由不设区的市、市辖区、县、自治县的人大常委会任命
    B. 县级人大常委会主持本级人大代表的选举
    C. 省人大在选举全国人大代表时,由省人大常委会主持
    D. 选举委员会的组成人员为代表候选人的,应当向选民说明情况

【分析】 县乡两级人大代表的选举实行直接选举,直接选举由选举委员会主持,选举委员会由县级人大常委会任命,并接受其领导。基于此,A 项的说法正确,B 项的说法错误。

全国人大代表、省级人大代表、地级(设区的市、自治州)人大代表实行间接选举,即由下一级人大选举产生。间接选举涉及本级人大和下一级人大,间接选举的主持机关有两个,考试答题时遵循"上问常委会,下问主席团"的规律答题。从上级看,本级人大代表的选举由本级人大常委会主持,但是下一级人大在选举上一级人大代表时由该级人大主席团主持。比方说全国人大代表的选举由全国人大常委会主持,北京市人大在选举应该由北京选出的全国人大代表时,由北京市人大主席团主持。故 C 项的说法错误。正确的说法是:省人大在选举全国人大代表时,由省人大主席团主持。

为了保证选举的公正性,《选举法》规定:选举委员会的组成人员为代表候选人的,应当辞

---

① 【答案】A

去选举委员会的职务。因为在一个人既当运动员又当裁判员的情况下,很难保证该赛事的公正性,即使该裁判员能公正地对待自己和其他运动员,也不能排除公众对该赛事是否公正的合理怀疑。故 D 项的说法错误。

三、地方各级人大代表名额

确定规则	省级	350 + X;X = 总人口数/15 万(省、自治区);X = 总人口数/2.5 万(直辖市);不超过 **1000**;
	地级	240 + X;X = 总人口数/2.5 万,总数不得超过 **650** 名;
	县级	120 + X;X = 总人口数/5 千,总数不得超过 **450** 名。人口不足 5 万的,可以少于 **120** 名。
	乡级	40 + X;X = 总人口数/1.5 千,总数不得超过 160 名,人口不足 2 千的,可以少于 40 名。
	\multicolumn{2}{l}{1. 自治区、聚居少数民族多的省,**经全国人大常委会决定**,代表名额可以另加 5%。 2. 聚居的少数民族多或者人口居住分散的县、自治县、乡、民族乡,**经省级人大常委会决定**,代表名额可以另加 5%。}
确定机关	省级	全国人大常委会
	地县级	省级人大常委会,报全国人大常委会备案。
	乡级	县级人大常委会,报上一级人大常委会备案。
	\multicolumn{2}{l}{【帆哥提示】 1. 地级指设区的市、自治州;县级指不设区的市、市辖区、县、自治县。 2. 代表总名额经确定后,**不再变动**。因重大原因需要变动的,重新确定。}
分配的原则	\multicolumn{2}{l}{1. 根据本行政区域所辖的下一级各行政区域或者各选区的人口数,按照每一代表所代表的城乡人口数相同的原则,以及保证各地区、各民族、各方面都有适当数量代表的要求进行分配。 2. 在县、自治县的人民代表大会中,人口特少的乡、民族乡、镇,至少应有代表一人。}

【真题示例】
关于地方人大代表名额,下列说法正确的是:(2010/1/94,不定项)①
A. 省、自治区、直辖市的代表总名额不超过一千名
B. 设区的市、自治州的代表总名额不得超过六百五十名
C. 不设区的市、县、自治县人口不足五万的,代表总名额可以少于一百二十名
D. 乡、镇、民族乡人口不足二千的,代表总名额可以少于四十名

【分析】 (见上文。)

---

① 【答案】A、B、C、D

四、全国人大代表名额

来源	省、自治区、直辖市,特别行政区、军队	
总数	不超过 3 000 人	省、自治区、直辖市应选全国人民代表大会代表名额,由根据人口数计算确定的名额数、相同的地区基本名额数和其他应选名额数构成
分配原则	根据各省、自治区、直辖市的人口数,按照每一代表所代表的城乡人口数相同的原则,以及保证各地区、各民族、各方面都有适当数量代表的要求进行分配	
分配机关	全国人大常委会	

五、各少数民族的选举

少数民族聚居区		每一聚居的少数民族都应有代表参加当地的人民代表大会。
	同一少数民族人口数占总人口数	
	大于 30%	每一代表所代表的人口数应**相当于**当地人民代表大会每一代表所代表的人口数。
	不足 15%	每一代表所代表的人口数**可以适当少于**当地人民代表大会每一代表所代表的人口数,但不得少于 1/2;实行区域自治的民族人口特少的自治县,**经省级人大常委会决定**,可以少于 1/2。人口特少的其他聚居民族,至少应有代表一人。
	15%以上,不足 30%	每一代表所代表的人口数,**可以适当少于**当地人民代表大会每一代表所代表的人口数,但分配给该少数民族的应选代表名额不得超过代表总名额的 30%。
散居的少数民族		应当有当地人民代表大会的代表,其每一代表所代表的人口数**可以少于**当地人民代表大会每一代表所代表的人口数。

【真题示例】

关于各少数民族人大代表的选举,下列哪一选项是不正确的?(2012/1/24,单选)①

A. 有少数民族聚居的地方,每一聚居的少数民族都应有代表参加当地的人民代表大会

B. 散居少数民族应选代表,每一代表所代表的人口数可少于当地人民代表大会每一代表所代表的人口数

C. 聚居境内同一少数民族的总人口占境内总人口 30%以上的,每一代表所代表的人口数应相当于当地人民代表大会每一代表所代表的人口数

D. 实行区域自治人口特少的自治县,每一代表所代表的人口数可以少于当地人民代表大会每一代表所代表的人口数的 1/2

【分析】 D 选项错在少了"经省级人大常委会决定"的表述。

---

① 【答案】D

六、选区划分

1. 选区划分发生在直接选举过程中。选区又划分为若干选民小组。
2. 选区可以按**居住状况**划分,也可以按**生产单位**、**事业单位**、**工作单位**划分。
3. 选区的大小,按照每一选区选**一名至三名**代表划分。
4. 本行政区域内各选区每一代表所代表的人口数应当**大体**相等。

七、选民登记

一次登记,长期有效	
20; **5、3、5**	选举日 **20** 日前公布选民名单,有异议,自公布之日起 **5** 日内向选举委员会申诉
	选委会 **3** 日内作出决定,有意见,选举日 **5** 日前起诉;法院**选举日**前作出判决

【真题示例】

根据《宪法》和《选举法》规定,下列哪一选项是正确的?(2009/1/21,单选)①

A. 选民登记按选区进行,每次选举前选民资格都要进行重新登记

B. 选民名单应在选举日的十五日以前公布

C. 对于公布的选民名单有不同意见的,可以向选举委员会申诉或者直接向法院起诉

D. 法院对于选民名单意见的起诉应在选举日以前作出判决

【分析】 (见上文。)

八、代表候选人的提出

推荐主体	各政党、各人民团体单独或联合;选民或代表 10 人以上联合。
推荐人数	直选:多于应选代表名额的 1/3 至 1 倍;间选:多于应选代表名额的 1/5 至 1/2。
候选人 名单公布	直选中,选委会汇总提名的候选人,于选举日的 **15** 日以前公布。
	经过酝酿、协商、甚至预选,确定正式代表候选人名单,于选举 **7** 日前公布。
介绍候选人	代表候选人的介绍必须于选举日前停止。
	选举委员会根据选民的要求**应当组织候选人**与选民见面,回答选民问题。
其他要求	间接选举中,下级人大选举上级人大代表时候选人**不限于**各该级人大代表。

【真题示例】

我国选举法规定,由选民直接选举的人大代表候选人,由下列哪些方式提名推荐?(2003/1/44,多选)②

A. 选民 10 人以上联名推荐

---

① 【答案】D

② 【答案】A、B、D

B. 各政党、各人民团体单独提名推荐
C. 人民代表5人以上联名推荐
D. 各政党、各人民团体联合提名推荐

【分析】 （见上文。）

九、选举程序

1. 投票

种类	赞成、反对、弃权、另选其他选民。
委托	选举委员会同意；书面委托其他选民，接受委托不超过**3**人；按照委托人意愿投票。
领票	凭身份证或选民证领取选票。
华侨	可以参加**原籍地**或者**出国前居住地**的选举。

【真题示例】
选民王某，35岁，外出打工期间本村进行乡人民代表的选举。王因路途遥远和工作繁忙不能回村参加选举，于是打电话嘱咐14岁的儿子帮他投本村李叔1票。根据上述情形，下列哪些说法是正确的？（2005/1/61，多选）①
A. 王某仅以电话通知受托人的方式，尚不能发生有效的委托投票授权
B. 王某必须同时以电话通知受托人和村民委员会，才能发生有效的委托投票授权
C. 王某以电话委托他人投票，必须征得选举委员会的同意
D. 王某不能电话委托儿子投票，因为儿子还没有选举权

【分析】 （见上文。）

2. 选举结果的确定

选举有效	每次选举所投的票数多于投票人数的无效。		
	直选；选区**全体选民的过半数**参加投票选举有效。		
选票有效	每一选票所选的人数多于规定应选人数的作废。		
获得一定数额选票	直：参加投票的选民的过半数；间：全体的过半数。		**不得同时担任两个以上无行政隶属关系的区域的人大代表。**
过半数多于应选	得票多的当选，票数相等时再次投票。		
过半数少于应选	另行选举	直：得票多的当选，票数不少于选票的1/3。	
		间：全体的过半数。	
结果公布	直：选举委员会；间：主席团。		

---

① 【答案】A、D

【真题示例】

某选区共有选民 13 679 人,高先生是数位候选人之一。请问根据现行宪法和选举法律,在下列何种情况下,高先生可以当选?(2002/1/86,不定项)①

A. 参加投票的人数为 13 663,高获得选票 6 831 张。
B. 参加投票的人数为 6 841 人,高获得选票 3 421 张。
C. 参加投票的人数为 13 643 人,高获得选票 6 749 张。
D. 参加投票的人数为 13 685 人,高获得选票 13 073 张。

【分析】 A 项中参加投票人数未过半数,选举无效。B 项中参加投票人数过半,选举有效,高获得选票最低当选票数为 3 421 票,依法得当选。C 项中选举有效,但最低当选票数应为 6 822 票,高未达到此数,依法不得当选。D 项中参加投票人数甚至多于选民人数,选举当然无效。

十、对代表的监督、罢免、辞职和补选

监督	各级人大代表受选民或原选举单位的监督				
罢免	直选	县	原选区选民 50 人以上	向县级人常提出	原选区过半数选民通过。罢免表决由县人常主持。罢免理由及申辩意见须印发选民。
		乡	原选区选民 30 人以上		
	间选	会议期间	主席团或 1/10 以上代表	提出由本级人大选出的上级人大代表罢免案	**全体代表过半数通过**
					全体组成人员过半数通过
		闭会时	常委会主任会议或 1/5 以上组成人员		被罢免的代表可口头或书面提出申辩意见。由主席团或主任会议印发。
辞职	直选	县	向县级人常提出辞职		县人常过半数通过
		乡	向乡人大提出辞职		乡人大过半数通过
	间选		向选举他的人大常委会提出辞职		组成人员过半数通过
补选	代表在任期内,因故出缺,由原选区或选举单位补选;补选可以差额,也可以等额。				
【注意】	1. 代表被罢免、辞职的,基于代表身份担任的一切职务归于消灭。 2. 罢免代表采用无记名表决方式。 3. 间接选举产生的代表的罢免决议、接受辞职的决定应报上级人常备案、公告。				

【真题示例】

《选举法》以专章规定了对代表的监督、罢免和补选的措施。关于代表的罢免,下列哪些选项符合《选举法》的规定?(2008 延缓/1/64,多选)②

A. 罢免直接选举产生的代表须经原选区过半数的选民通过

---

① 【答案】B
② 【答案】A、C

B. 罢免直接选举产生的代表,须将决议报送上一级人大常委会备案
C. 罢免间接选举产生的代表须经原选举单位过半数的代表通过
D. 罢免间接选举产生的代表,在代表大会闭会期间,须经常委会成员 2/3 多数通过

【分析】 (见上文。)

十一、特别行政区和台湾省人大代表的选举

特别行政区	在特别行政区成立全国人大代表选举会议,选举会议名单由全国人大常委会公布。
	选举会议第一次会议由**全国人大常委会议**主持,会议选举会议成员组成主席团。
	选举由主席团主持,代表候选人由选举会议成员 10 人以上联名提出,联名提名不得超过应选人数。候选人应多于应选名额,进行差额选举。
	香港应选第十二届人大代表 36 名,澳门 12 名。
	选举结果由主席团依法宣布,报全国人大代表资格审查委员会进行资格确认后,公布代表名额。
台湾	台湾省应选第十二届全国人大代表 13 人,由各省、自治区、直辖市和中国人民解放军的台湾省籍同胞选出。

十二、选举的物质保障和法律保障

物质保障	全国人民代表大会和地方各级人民代表大会的选举经费,列入财政预算,由国库开支。
法律保障	为保障选民和代表自由行使选举权和被选举权,对有下列行为之一,破坏选举,违反治安管理规定的,依法给予治安管理处罚;构成犯罪的,依法追究刑事责任:(一) 以金钱或者其他财物贿赂选民或者代表,妨害选民和代表自由行使选举权和被选举权的;(二) 以暴力、威胁、欺骗或者其他非法手段妨害选民和代表自由行使选举权和被选举权的;(三) 伪造选举文件、虚报选举票数或者有其他违法行为的;(四) 对于控告、检举选举中违法行为的人,或者对于提出要求罢免代表的人进行压制、报复的。 国家工作人员有上述行为的,还应当依法给予行政处分。 **以贿选当选的,其当选无效。**
	主持选举的机构发现有破坏选举的行为或者收到对破坏选举行为的举报,应当及时依法调查处理;需要追究法律责任的,及时移送有关机关予以处理。

【真题示例】

甲市乙县人民代表大会在选举本县的市人大代表时,乙县多名人大代表接受甲市人大代表候选人的贿赂。对此,下列哪些说法是正确的? (2015/1/63,多选)①

A. 乙县选民有权罢免受贿的该县人大代表

---

① 【答案】A、C、D

B. 乙县受贿的人大代表应向其所在选区的选民提出辞职
C. 甲市人大代表候选人行贿行为属于破坏选举的行为,应承担法律责任
D. 在选举过程中,如乙县人大主席团发现有贿选行为应及时依法调查处理

【分析】 县级人大代表为直接选举产生。直接选举产生的代表由原选区的选民进行罢免。故 A 项的说法正确。

直接产生的代表若需辞职,须向县级人大常委会提出,故 B 项的说法错误。

按照《选举法》的规定,贿选属于破坏选举的行为,需要承担责任,故 C 对。

《选举法》第 56 条规定:"主持选举的机构发现有破坏选举的行为或者收到对破坏选举的行为的举报,应当及时依法调查处理;需要追究法律责任的,及时移送有关机关予以处理。"据此,D 项说法正确。

第七节 国家结构形式

一、国家结构形式的种类

	单一制	联邦制
法律体系	只有一部宪法	联邦和成员国都有宪法
政权组织形式	只有一套政府体制(个别地方除外)	有多套政府体制
权力配置	地方政府的权力由中央授予	联邦的权力来源于成员国的让与
国际关系	只有一个国际法主体	有些国家允许其成员国有一定的外交权
公民的国籍	公民具有统一国籍	公民有双重国籍

二、我国的行政区域划分

(一)设立、变更的决定机关

	权限
全国人大	批准省、自治区、直辖市的建置,包含设立、**撤销**、**更名**。
	决定特别行政区的**设立及其制度**。
国务院	批准省、自治区、直辖市行政区域界线的变更。
	批准自治州、县、自治县、市、市辖区的设立、撤销、更名或者隶属关系的变更;批准自治州、自治县的行政区域界线的变更,县、市的行政区域线的重大变更。
省级人民政府	审批乡、民族乡、镇的设立、撤销、更名或者变更行政区域的界线。
	根据国务院的授权审批县、市、市辖区的部分行政区域界限的变更。

(二) 行政区划争议处理的主管部门:县级以上的地方各级人民政府的民政部门。

【帆哥提示】 关于行政区划的决定机关可以按如下口诀记忆:省批乡,院批县,全国人大特省建。"省批乡",指乡的建置和区划都找省级人民政府。"院批县",指县级、自治州级的建置和区划都找国务院,但是要注意根据国务院的授权审批县、市、市辖区的部分行政区域界限的变更。"全国人大特省建"指的是全国人大批准特别行政区的设立及其制度,批准省级的建置。省级的区划由国务院审批。

【真题示例】
根据《宪法》和法律法规的规定,关于我国行政区划变更的法律程序,下列哪一选项是正确的? (2015/1/23,单选)①

A. 甲县欲更名,须报该县所属的省级政府审批
B. 乙省行政区域界线的变更,应由全国人大审议决定
C. 丙镇与邻近的一个镇合并,须报两镇所属的县级政府审批
D. 丁市部分行政区域界线的变更,由国务院授权丁市所属的省级政府审批

【分析】 在A选项中,甲县的更名应当由国务院批准,而非省级政府,故A项表述错误。
在B选项中,乙省行政区域界线的变更,应由国务院审议决定,故B项说法错误。
在C选项中,丙镇与邻近的一个镇合并,须报两镇所属的省级政府审批,故C项的说法错误。
在D选项中,丁市部分行政区域界线的变更,由国务院授权丁市所属的省级政府审批的说法是符合法律的规定的,属于正确选项。但是考生要注意的是,县、市、市辖区的部分行政区域界限的变更的决定本来属于国务院,省级人民政府只是基于国务院的授权决定部分行政区域界限的变更,关键词在"部分"二字。

第八节 民族区域自治制度

一、民族自治制度的概念、特点

概念	民族区域自治制度是指在国家的统一领导下,以少数民族聚居区为基础,建立相应的**自治地方**;设立自治机关,行使**自治权**,使实行区域自治的民族的人民自主地管理本民族地方性事务的制度。
特点	各民族自治地方都是中华人民共和国不可分离的一部分,各民族自治地方的自治机关都是中央统一领导下的地方政权机关。
	民族区域自治必须以少数民族聚居区为基础,是民族自治与区域自治的结合。
	在民族自治地方设立自治机关,民族自治机关除行使宪法规定的地方国家政权机关的职权外,还可以依法行使广泛的自治权。

---

① 【答案】D

二、民族自治地方的自治机关

自治地方	民族自治地方包括自治区、自治州和自治县。**民族乡则不是民族自治地方。**
自治机关	自治机关仅包括民族自治地方的**人大和人民政府**。其他国家机关不是自治机关。
自治地方国家机关组成人员的特殊规定	自治区主席、自治州州长、自治县县长由实行区域自治的民族的公民担任。
	民族自治地方的人民代表大会常务委员会中应当有实行区域自治的民族的公民担任主任或者副主任。
	政府其他组成人员应当合理配备少数民族的人员。民族自治地方的自治机关所属工作部门的干部中,应当合理配备实行区域自治的民族和其他少数民族的人员。
	民族自治地方法院和检察院的领导成员和工作人员中,也应当有实行区域自治的民族的人员。

【帆哥提示】
1. 民族乡虽然不是民族自治地方,但是其乡长应当由设立该民族乡的少数民族公民担任。
2. 民族自治地方国家机关组成人员的民族身份问题可以总结如下口诀:行政正职必须是,人常法检应当有,其他部门合理配。

三、民族自治地方的自治权

制定自治条例和单行条例	只能由民族自治地方的人大制定。
	自治区的自治条例和单行条例由全国人大常委会批准;自治州、自治县的自治条例和单行条例由省级人大常委会批准。
	自治条例和单行条例可以对法律和行政法规作出变通规定,但是**不得违背法律或者行政法规的基本原则,不得对宪法和民族区域自治法的规定以及其他有关法律、行政法规专门就民族自治地方所作的规定作出变通规定**。
根据当地实际情况,贯彻执行国家的法律和政策	如果上级国家机关的决议、决定、命令和指示,有不适合民族自治地方实际情况的,自治机关可以报经该上级国家机关批准,变通执行或者停止执行;该上级国家机关应当在收到报告之日起**60**日内给予答复。
自主地管理地方财政	凡是依照国家财政体制属于民族地方的财政收入,都应当由民族自治地方的自治机关自主地安排使用。在执行国家税法的时候,除应由国家统一审批的减免税收项目以外,对属于地方财政收入的某些需要从税收上加以照顾和鼓励的,可以实行减税或者免税。**自治州、自治县决定减税或者免税,须报省或者自治区人民政府批准。** 【帆哥提示】 自治区的无需报批,是报国务院备案。

（续表）

自主地管理地方性经济建设	民族自治地方的自治机关可以根据国家宪法、法律和方针政策，根据本地方的特点和需要，制定经济建设的方针、政策和计划，自主地安排和管理地方性的经济建设事业。
	依照国家法律的规定，可以开展对外经济贸易活动，**经国务院批准**可以开辟对外贸易口岸。与外国接壤的民族自治地方**经国务院批准**，可以开展边境贸易。
自主地管理教育、科学、文化、卫生、体育事业	民族自治地方的自治机关自主地管理本地方的教育、科学、文化、卫生、体育事业，保护和整理民族的文化遗产，发展和繁荣民族文化。
	民族自治地方的自治机关积极开展和其他地方的教育、科学技术、文化艺术、卫生、体育等方面的交流和协作。**自治区、自治州**的自治机关依照国家规定，可以和国外进行教育、科学技术、文化艺术、卫生、体育等方面的交流。 【帆哥提示】 自治县的自治机关没有对文化的对外交流权。
组织公安部队	民族自治地方的自治机关依照国家军事制度和当地的实际需要，经**国务院批准**，可以组织维护社会治安的公安部队。
使用本民族的语言文字	民族自治地方的自治机关在执行职务的时候，使用当地通用的一种或者几种语言文字，必要时，可以以实行区域自治的民族的语言文字为主。

【真题示例】

根据我国民族区域自治制度，关于民族自治县，下列哪一选项是错误的？（2017/1/23，单选）①

A. 自治机关保障本地方各民族都有保持或改革自己风俗习惯的自由

B. 经国务院批准，可开辟对外贸易口岸

C. 县人大常委会中应有实行区域自治的民族的公民担任主任或者副主任

D. 县人大可自行变通或者停止执行上级国家机关的决议、决定、命令和指示

【分析】 根据《宪法》和《民族区域自治法》民族自治地方的自治机关有保障本地方各民族都有保持或改革自己风俗习惯的自由，故A对。

经国务院批准，民族自治地方可以开展边境贸易、开辟对外贸易口岸、组建维护社会治安的公安部队，故B对。

关于民族自治地方自治机关及其他国家机关组成人员的民族身份问题，我总结的口诀是："行政正职必须是,人常法检应当有,其他部门合理配"，意思是民族自治地方的行政一把手，如自治区的主席、自治州的州长、自治县的县长必须由实行区域自治的少数民族公民担任，人大常委会中必须由实行区域自治的民族公民担任主任或者副主任，法院和检察院的领导职务

---

① 【答案】D

和工作人员中应该有少数民族人员,政府的其他组成人员和政府所属部门的干部中应该合理配备少数民族人员。故 C 对。

自治机关要对上级国家机关的决定、决议、命令或者指示变通执行或者停止执行,必须经该上级国家机关批准,该上级国家机关在 60 日内给予答复。故 D 错。

第九节 特别行政区制度

一、特别行政区的概念和特点

概念	特别行政区是指在我国版图内,根据宪法和基本法的规定而设立的,具有特殊的法律地位,实行特别的政治、经济制度的行政区域。特别行政区与一般行政区一样,都是中华人民共和国不可分离的一部分,都是中华人民共和国的地方行政区域单位。		
特点	高度的自治权	立法权	特别行政区享有立法权,特区立法机关制定的法律须报全国人大常委会备案,**备案不影响该法律的生效**。
		行政管理权	除国防、外交以及其他根据基本法应当由中央人民政府处理的行政事务外,特别行政区有权依照基本法的规定,自行处理有关经济、财政、金融、贸易、工商业、土地、教育、文化等方面的行政事务。
		司法权和终审权	特别行政区法院独立进行审判,**不受任何干涉**;终审权属于特别行政区的终审法院,该终审法院的判决为最终判决。香港特别行政区法院对**国防、外交等国家行为**无管辖权。香港特别行政区法院在审理案件中遇有涉及国防、外交等国家行为的事实问题,应取得行政长官就该等问题发出的**证明文件**,上述文件对法院有约束力。行政长官在发出证明文件前,须取得中央人民政府的**证明书**。
		对外事务	中央人民政府可**授权**特别行政区依照基本法自行处理有关对外事务。
	特别行政区保持原有资本主义制度和生活方式 50 年不变。		
	特别行政区的行政机关和立法机关由该地区永久性居民依照基本法的有关规定组成。		
	特别行政区原有的法律基本不变。原有法律基本不变是指除属于殖民统治性质或带有殖民色彩,以及除同基本法相抵触或经特别行政区立法机关作出修改者外,原有法律予以保留。		

【帆哥提示】 永久性居民是非常重要的概念,但在以往的考试中没有涉及,考生应该注意:

永久性居民	（一）在香港**出生**的中国公民。
	（二）在香港通常居住连续 **7 年以上**的中国公民。
	（三）第（一）（二）项所列居民在**香港以外**所生的中国籍子女。
	（四）持有效旅行证件进入香港、在香港通常居住连续 **7 年**以上并以香港为永久居住地的非中国籍的人。
	（五）在香港特别行政区成立以前或以后第（四）项所列居民在香港所生的**未满 21 周岁**的子女。
	（六）第（一）至（五）项所列居民以外在香港特别行政区成立以前只在**香港有居留权的人。**
	以上居民在香港特别行政区享有居留权和有资格依照香港特别行政区法律取得载明其居留权的永久性居民身份证。
非永久性居民	有资格依照香港特别行政区法律取得香港居民身份证,但**没有居留权**的人。

二、中央与特别行政区的关系

国务院	外交	国务院负责管理特区外交事务。外交部在特区设立机构。
	防务	驻特区部队不得干预地方事务,可协助维护社会治安和救助灾害,驻军费用由中央政府承担。
	人事	任免行政长官、政府的主要官员、澳门的检察长。
全国人大常委会	决定紧急状态	全国人大常委会决定特别行政区进入紧急状态。
	解释基本法	**基本法解释权属于全人常**。特区法院基于全国人大常委会的授权,审案时也可对基本法所有条款进行解释。 【帆哥提示】 特别行政区法院解释基本法时应注意:（1）对所有条款都可以解释。对自治范围内的条款自行解释。（2）解释中央人民政府管理的事务或中央和特别行政区关系的条款时,如该条款的解释影响到案件的判决,在对该案件作出终局判决前,应由终审法院请全国人民代表大会常务委员会对有关条款作出解释。该解释无溯及力。
全国人大	修改基本法	特别行政区的修改议案,须经香港特别行政区的全国人民代表大会代表 **2/3 多数**、香港特别行政区立法会全体议员 **2/3 多数**和香港特别行政区行政长官同意后,交由香港特别行政区出席全国人民代表大会的代表团向全国人民代表大会提出。对基本法的解释和修改都得征询基本法委员会的意见。

三、特别行政区的政治体制

(一) 特别行政区行政长官

任职条件	年满 40 周岁。
	在特别行政区居住连续满 20 年。
	在外国无居留权。【帆哥提示】 根据《澳门基本法》第 46 条的规定,澳门行政长官不要求在外国无居留权。但该法第 49 条规定:"澳门行政长官在任职期内不得具有外国居留权,不得从事私人赢利活动。行政长官就任时应向澳门终审法院院长申报财产,记录在案。"
	永久性居民中的中国公民。
负责对象	对中央人民政府和特别行政区负责。【帆哥提示】 注意这里是对特别行政区负责不是对特别行政区立法会负责。
产生方式	选举或协商产生,由中央人民政府任命。
辞职事由	因严重疾病或其他原因无力履行职务。
	因两次拒绝签署立法会通过的法案而解散立法会,重选的立法会仍以全体议员 2/3 多数通过所争议的原案,而行政长官仍拒绝签署。
	因立法会拒绝通过财政预算案或其他重要法案而解散立法会,重选的立法会继续拒绝通过所争议的原案。
行政会议	香港特别行政区行政会议是协助行政长官决策的机构。
	香港特别行政区行政会议的成员由行政长官从**行政机关的主要官员、立法会议员和社会人士**中委任,其任免由行政长官决定。行政会议成员的任期应不超过委任他的行政长官的任期。
	香港特别行政区行政会议成员由在外国无居留权的香港特别行政区永久性居民中的中国公民担任。行政长官认为必要时可邀请有关人士列席会议。香港特别行政区行政会议由行政长官主持。
	行政长官在作出重要决策、向立法会提交法案、制定附属法规和解散立法会前,须征询行政会议的意见,但人事任免、纪律制裁和紧急情况下采取的措施除外。行政长官如不采纳行政会议多数成员的意见,应将具体理由记录在案。

(二) 特别行政区行政机关

概念	特别行政区行政机关即特别行政区的政府。特别行政区行政长官为特别行政区政府首长。特别行政区政府下设政务司、财政司、律政司和各局、厅、处、署等。
	香港特别行政区设立廉政公署和审计署,独立工作,**对行政长官负责**。澳门设立廉政公署和审计署,独立工作,**廉政专员、审计长**对行政长官负责。

组成人员产生及任职条件	香港和澳门特别行政区政府的主要官员均由行政长官提名并报请中央人民政府任命,其免职也由行政长官向中央人民政府提出建议。
	在特别行政区居住连续满15年;在外国无居留权(澳门不要求);永久性居民中的中国公民。

(三) 立法机关

议员的任职条件		立法会议员一般由永久性居民担任。香港特别行政区基本法规定,非中国籍的和在外国有居留权的永久性居民在立法会的比例**不得超过20%**。澳门特别行政区基本法无此规定。
议员的产生		香港的议员由**选举**产生。澳门**多数议员由选举产生**。
任期		立法会任期**四年**。香港第一届立法会任期**2年**,澳门第一届立法会的任期**另有规定**。
职权	立法权	立法会制定的法律须由行政长官签署、公布方有法律效力,并须报全国人大常委会**备案**,备案不影响该法律的生效。如果全国人大常委会认为特别行政区制定的法律不符合基本法关于中央管理的事务及中央和特别行政区的关系的条款时,在征询基本法委员会的意见后,可将法律**发回**。法律一经发回,**立即失效**。
	财政权	香港特别行政区立法会有权根据政府的提案,审核、通过财政预算;有权批准税收和公共开支。澳门特别行政区立法会有权审核、通过政府提出的财政预算案;审议政府提出的预算执行情况报告;有权根据政府提案决定税收,批准由政府承担的债务。但**立法会通过的财政预算案须由行政长官签署并由行政长官报送中央人民政府备案**。
		立法会有权听取行政长官的施政报告并进行辩论;对政府工作提出质询;就公共利益问题进行辩论。
	监督权	香港立法会全体议员的**1/4**联合动议(**澳门1/3**),指控行政长官有严重违法或渎职行为而不辞职,经立法会通过进行调查。立法会可委托终审法院首席法官负责组成独立的调查委员会,并担任主席。调查委员调查后向立法会提出报告。如认为有足够证据构成上述指控,立法会以全体议员**2/3**多数通过,可提出弹劾案,报请中央人民政府决定。
	其他职权	立法会有权接受当地居民的申诉并进行处理,**香港立法会还有权同意终审法院法官和高等法院首席法官的任免**。

【帆哥提示】 关于香港议员资格的丧失,应当注意其条件:

有右列情况之一，由立法会主席宣告其丧失立法会议员的资格	因严重疾病或其他情况无力履行职务；
	未得到立法会主席的同意，**连续三个月不出席会议**而无合理解释者；
	丧失或放弃香港特别行政区永久性居民的身份；
	接受政府的委任而出任公务人员；
	破产或经法庭裁定偿还债务而不履行；
	在香港特别行政区区内或区外被判犯有刑事罪行，判处**监禁一个月以上**，并经立法会出席会议的议员 **2/3** 通过解除其职务；
	行为不检或违反誓言而经立法会出席会议的议员 **2/3** 通过谴责。

（四）司法机关

设置	香港	香港特别行政区设立终审法院、高等法院、区域法院、裁判署法庭和其他专门法庭。高等法院设上诉法庭和原讼法庭。
	澳门	澳门设立初级法院、中级法院和终审法院。初级法院可根据需要设立若干专门法庭。原刑事起诉法庭的制度继续保留。澳门还设立行政法院。**行政法院是管辖行政诉讼和税务诉讼的法院。不服行政法院裁决者，可向中级法院上诉。**
法官的任免		法官由**独立委员会**推荐，**行政长官**任命。香港、澳门独立委员会的组成有差异：香港是由当地法官和法律界及其他方面知名人士组成；澳门是由当地法官、律师和知名人士组成。
		香港终审法院和高等法院的**首席法官**，应由在外国无居留权的永中担任。香港**终审法院的(所有)法官和高等法院首席法官**的任免，还须由行政长官征得立法会同意，并报全国人大常委会备案。澳门各级法院的院长由行政长官从法官中选任。终审法院院长由澳门永久性居民中的中国公民担任。终审法院法官的任命和免职须报全国人民代表大会常务委员会备案。
		法官的免职条件港澳基本相同，即**无力履行职责和行为不检**（澳门表述为：所为与职务不相称）

（五）公职人员宣誓制度

宣誓的人员和内容	香港	香港特别行政区行政长官、主要官员、行政会议成员、立法会议员、各级法院法官和其他司法人员在就职时必须依法宣誓**拥护中华人民共和国香港特别行政区基本法，效忠中华人民共和国香港特别行政区**。
	澳门	澳门特别行政区行政长官、主要官员、行政会委员、立法会议员、法官和检察官，必须**拥护中华人民共和国澳门特别行政区基本法**，尽忠职守，廉洁奉公，效忠中华人民共和国澳门特别行政区，并依法宣誓。澳门特别行政区行政长官、主要官员、立法会主席、终审法院院长、检察长在就职时，除按前面的规定宣誓外，还必须宣誓效忠中华人民共和国。

(续表)

其他规定	特别行政区公职人员就职宣誓是公职人员就职的法定条件和必经程序,未进行合法有效宣誓或者拒绝宣誓,不得就任相应公职,不得行使相应职权和享受相应待遇。
	宣誓人拒绝宣誓,即丧失就任相应公职的资格;宣誓人故意宣读与法定誓言不一致的誓言或以任何不真诚、不庄重的方式宣誓,也属于拒绝宣誓,所作宣誓无效,宣誓人即丧失就任相应公职的资格。
	宣誓必须在法律规定的监誓人面前进行,监誓人负有确保宣誓合法进行的责任,对符合法律规定的宣誓,应确定为有效宣誓;对不符合法律规定的宣誓,应确定为无效宣誓,并不得重新安排宣誓。

四、特别行政区的法律制度

特别行政区基本法	特别行政区基本法反映了包括**香港同胞和澳门同胞在内的全国人民的意志和利益**,基本法既是我国社会主义法律体系的组成部分,同时又是特别行政区法律体系的组成部分。在我国社会主义法律体系中,其地位仅低于宪法,但在特别行政区法律体系中,基本法又处于最高的法律地位。
予以保留的原有法律	《香港特别行政区基本法》第8条规定:"香港原有法律,即普通法、衡平法、条例、附属立法和习惯法,除同本法相抵触或经香港特别行政区的立法机关作出修改者外,予以保留。"《澳门特别行政区基本法》也作了类似规定。但原有法律予以保留必须具备一定条件,即不与基本法相抵触或者未经特别行政区的立法机关作出修改。
特别行政区立法机关制定的法律	特别行政区享有立法权,除有关国防、外交和其他根据基本法的有关规定不属于特别行政区自治范围的法律之外,立法会可以制定任何它有权制定的法律,包括民法、刑法、诉讼法、商法等法律。只要制定的法律符合基本法,符合法定程序,就可以在特别行政区生效适用。
适用于特别行政区的全国性法律	全国人大常委会在征询其所属的香港特别行政区基本法委员会和香港特别行政区的意见后,可对本法附件三的法律作出增减,任何列入附件三的法律,限于国防、外交和其他按本法规定不属于香港特别行政区自治范围的法律。
	全国人民代表大会常务委员会决定宣布**战争状态**或因香港特别行政区内发生香港特别行政区政府不能控制的危及国家统一或安全的动乱而决定香港特别行政区进入**紧急状态**,**中央人民政府**可发布命令将有关全国性法律在香港特别行政区实施。

【真题示例】

1. 澳门特别行政区依照《澳门基本法》的规定实行高度自治,享有行政管理权、立法权、独立的司法权和终审权。关于中央和澳门特别行政区的关系,下列哪一选项是正确的?(2016/1/25)①

---

① 【答案】B

A. 全国性法律一般情况下是澳门特别行政区的法律渊源

B. 澳门特别行政区终审法院法官的任命和免职须报全国人大常委会备案

C. 澳门特别行政区立法机关制定的法律须报全国人大常委会批准后生效

D. 《澳门基本法》在澳门特别行政区的法律体系中处于最高地位，反映的是澳门特别行政区同胞的意志

【分析】 为了保证"一国两制"及特别行政区的高度自治权，在一般情况下，全国性法律不得在特别行政区直接实施，除非全国人大常委会决定宣布战争状态或者决定特别行政区进入紧急状态时，国务院可以发布命令，将全国性法律在特别行政区实施。故 A 项的说法错误。

澳门特别行政区终审法院法官的任命和免职须报全国人大常委会备案。故 B 项的说法正确。这里要注意和香港区别，香港是终审法院的法官和高等法院的首席法官在任命时要经立法会同意，并报全国人大常委会备案。

两个特别行政区的立法会制定的法律都是报全国人大常委会备案而不是批准。故 C 项的说法错误。

《澳门基本法》由全国人大制定，体现的是包括特别行政区同胞在内的全体中华人民共和国人民的意志。故 D 项的说法错误。

2. 根据《宪法》和《香港特别行政区基本法》规定，下列哪一选项是正确的？（2017/1/24，单选）①

A. 行政长官就法院在审理案件中涉及的国防、外交等国家行为的事实问题发出的证明文件，对法院无约束力

B. 行政长官对立法会以不少于全体议员 2/3 多数再次通过的原法案，必须在 1 个月内签署公布

C. 香港特别行政区可与全国其他地区的司法机关通过协商依法进行司法方面的联系和相互提供协助

D. 行政长官仅从行政机关的主要官员和社会人士中委任行政会议的成员

【分析】 香港特别行政区法院对国防、外交等国家行为无管辖权。香港特别行政区法院在审理案件中遇有涉及国防、外交等国家行为的事实问题，应取得行政长官就该等问题发出的证明文件，上述文件对法院有约束力。行政长官在发出证明文件前，须取得中央人民政府的证明书。故 A 错。

根据《香港基本法》，香港特别行政区行政长官如认为立法会通过的法案不符合香港特别行政区的整体利益，可在 3 个月内将法案发回立法会重议，立法会如以不少于全体议员 2/3 多数再次通过原案，行政长官要么在一个月内签署公布，要么通过一定的程序解散立法会。故 B 错。

《香港基本法》第 95 条规定："香港特别行政区可与全国其他地区的司法机关通过协商依法进行司法方面的联系和相互提供协助。"基于此，C 对。

《香港基本法》第 55 条规定："香港特别行政区行政会议的成员由行政长官从行政机关的主要官员、立法会议员和社会人士中委任，其任免由行政长官决定。"基于此 D 错。

---

① 【答案】C

第十节 基层群众自治性组织

一、村民委员会

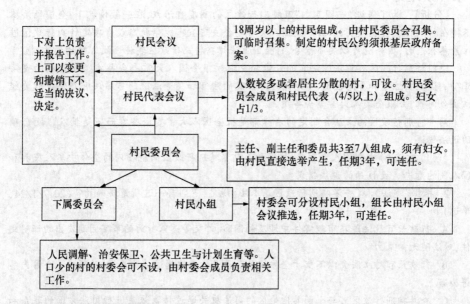

(一) 关于村委会的问题

1. 村委会的设立、撤销、范围调整,由乡、民族乡、镇的人民政府提出,经**村民会议**讨论同意后,报**县级人民政府**批准。

【帆哥提示】 乡提县批村委会。

2. 村民委员会的选举、罢免、补选

选举	由**村民选举委员会**主持选举。村民选举委员会由主任和委员组成,由村民会议、村民代表会议或者各村民小组会议**推选**产生。
	村民委员会选举前,应当对下列人员进行登记,列入参加选举的村民名单: ① 户籍在本村并且在本村居住的村民; ② 户籍在本村,不在本村居住,本人表示参加选举的村民; ③ 户籍不在本村,在本村居住1年以上,本人申请参加选举,并且经村民会议或者村民代表会议同意参加选举的公民。 已在户籍所在村或者居住村登记参加选举的村民,不得再参加其他地方村民委员会的选举。
	参加选举的村民名单问题和《选举法》相似,只是没有规定起诉程序。
	当选的计算方法和《选举法》相同,最核心的地方在于"双过半"。
	登记参加选举的村民,选举期间外出可以委托**有选举权的近亲属**代为投票。

（续表）

罢免	本村 **1/5** 以上有选举权的村民或者 **1/3** 以上的村民代表**联名**，可以提出罢免村民委员会成员的要求，并说明要求罢免的理由。被提出罢免的村民委员会成员有权提出申辩意见。
	罢免村民委员会成员，**须有登记参加选举的村民过半数投票，并须经投票的村民过半数通过**。
补选	村民委员会成员**丧失行为能力**或者**被判处刑罚**的，其职务自行终止。
	村民委员会成员出缺，可以**由村民会议或者村民代表会议进行补选**。
工作移交	村民委员会应当自新一届村民委员会产生之日起 10 日内完成工作移交。工作移交由村民选举委员会主持，由乡、民族乡、镇的人民政府监督。

（二）关于村民会议的问题

1. 有 1/10 以上的村民或者 1/3 以上的村民代表提议，应当召集村民会议。召集村民会议，应当提前 10 天通知村民。
2. 召开村民会议，应当有本村 18 周岁以上村民的过半数，或者本村 2/3 以上的户的代表参加，村民会议所作决定应当经到会人员的过半数通过。
3. 召开村民会议，根据需要可以邀请驻本村的企业、事业单位和群众组织派代表列席。

（三）关于村民代表会议

1. 村民代表由村民按每 **5 户至 15 户**推选一人，或者由各村民小组推选若干人。村民代表的任期与村民委员会的任期相同。村民代表可以连选连任。
2. 村民代表会议每季度召开一次。有 1/5 以上的村民代表提议，应当召集村民代表会议。
3. 村民代表会议有 **2/3** 以上的组成人员参加方可召开，所作决定应当经到会人员的过半数同意。

（四）民主管理和民主监督

1. 村委会实行**村务公开**制度。法律规定的一般事项至少**每季度**公布一次；集体财务往来较多的，财务收支情况应当**每月公布一次**；涉及村民利益的重大事项应当**随时**公布。
2. 村应当建立**村务监督委员会**或者其他形式的村务监督机构。其成员由村民会议或者村民代表会议在村民中推选产生，其中应有具备财会、管理知识的人员。村民委员会成员及其近亲属不得担任村务监督机构成员。村务监督机构成员向村民会议和村民代表会议负责，可以列席村民委员会会议。
3. **村民委员会成员以及由村民或者村集体承担误工补贴的聘用人员**，应当接受村民会议或者村民代表会议对其履行职责情况的**民主评议**。民主评议每年至少进行一次，由村务监督机构主持。村民委员会成员连续两次被评议不称职的，其职务终止。
4. 村民委员会和村务监督机构应当建立**村务档案**。
5. **村民委员会成员实行任期和离任经济责任审计**。由县级人民政府农业部门、财政部门或者乡、民族乡、镇的人民政府负责组织，审计结果应当公布，其中离任经济责任审计结果应当在下一届村民委员会选举之前公布。

【真题示例】

杨某与户籍在甲村的村民王某登记结婚后,与甲村村委会签订了"不享受本村村民待遇"的"入户协议"。此后,杨某将户籍迁入甲村,但与王某长期在外务工。甲村村委会任期届满进行换届选举,杨某和王某要求参加选举。对此,下列说法正确的是:(2017/1/93,不定项)①

A. 王某因未在甲村居住,故不得被列入参加选举的村民名单
B. 杨某因与甲村村委会签订了"入户协议",故不享有村委会选举的被选举权
C. 杨某经甲村村民会议或村民代表会议同意之后方可参加选举
D. 选举前应当对杨某进行登记,将其列入参加选举的村民名单

【分析】 根据《村委会组织法》的规定,村民委员会选举前,应当对下列人员进行登记,列入参加选举的村民名单:(1) 户籍在本村并且在本村居住的村民;(2) 户籍在本村,不在本村居住,本人表示参加选举的村民;(3) 户籍不在本村,在本村居住一年以上,本人申请参加选举,并且经村民会议或者村民代表会议同意参加选举的公民。

王某和杨某虽然未在甲村居住,但户籍在本村,且要求要参加选举,都应该列入名单,故 A 错,D 对。杨某户籍在本村,其参加选举无需任何组织同意,故 C 错。选举权属于政治权利,村委会无权剥夺,故 B 错。

二、居民委员会

设置		居委会的设立、撤销、规模调整,由**不设区的市、市辖区的人民政府决定**。
组织	居委会	居委会由主任、副主任和委员共 **5 至 9 人**组成。
		居委会的成员可以由本居住地区范围内全体年满 18 周岁且没有被剥夺政治权利的居民选举产生,也可以由每户派出代表选举产生,还可以由每个居民小组选举代表 2 至 3 人选举产生。
		居民委员会每届任期 **3 年**,其成员可以连选连任。
		居民委员会可以分设若干居民小组,小组长由居民小组**推选**。
		居委会根据需要可以设立人民调解、治安保卫、公共卫生等委员会,也可不设下属委员会,由居委会成员分工负责有关工作。
	居民会议	居民会议由 18 周岁以上的居民组成。
		居民会议可以由全体 18 周岁以上的居民或者每户派代表参加,也可以由每个居民小组选举代表 2 至 3 人参加。
		居民会议必须有全体 18 周岁以上的居民、户的代表或者居民小组选举的代表的过半数出席,才能举行。会议的决定,由出席人的过半数通过。
		居民委员会向居民会议负责并报告工作。
		居民会议由居民委员会召集和主持。有 1/5 以上的 18 周岁以上的居民、1/5 以上的户或者 1/3 以上的居民小组提议,应当召集居民会议。涉及全体居民利益的重要问题,居民委员会必须提请居民会议讨论决定。
		居民会议有权撤换和补选居民委员会成员。
		居民委员会决定问题,采取少数服从多数的民主决策原则。
		居民公约由居民会议讨论制定,报不设区的市、市辖区的人民政府或者它的派出机关备案,由居民委员会监督执行。居民应当遵守居民会议的决议和居民公约。

---

① 【答案】D

第三章 公民的基本权利和义务

第一节 公民基本权利义务概述

一、基本权利和基本义务的概念

基本权利	公民的基本权利是指由宪法规定的公民享有的主要的、必不可少的权利。
基本义务	基本义务指宪法规定的公民必须遵守和应尽的根本责任。
基本权利的主体	基本权利的主体主要是**公民**。有些国家的宪法规定，法人和外国人也可以成为基本权利的主体。

二、基本权利的效力

概念		基本权利的效力，是指基本权利对社会生活领域产生的拘束力，其目的在于有效地保障人权。基本权利的效力源于宪法本身的效力，通过主体的权利活动体现基本权利的价值。
特点	广泛性	基本权利约束一切国家权力活动与社会生活领域。
	具体性	基本权利的效力通常在具体的事件中得到实现；特定主体在具体活动中感受到权利的价值，并通过具体的事件解决围绕效力而发生的宪法争议。
	现实性	基本权利是调整现实社会中主体活动的具体权利形态，一旦规定在宪法上便具有直接的规范效力。部门法对基本权利的具体化只是基本权利实现的一种形式，并不是唯一的形式。
体现	对立法权的制约	直接约束立法者与立法过程，以防止立法者制定侵害人权的法律，立法者在立法过程中应遵循过剩禁止原则和比例原则，控制其立法裁量权。
	对行政权的制约	基本权利对行政活动产生直接的约束力，行政活动应当体现基本权利的价值，以保障行政权的合宪性。
	对司法权的制约	基本权利直接约束一切司法权的活动，司法活动应当保护基本权利。

【真题示例】

基本权利的效力是指基本权利规范所产生的拘束力。关于基本权利效力，下列选项正确

的是：(2017/1/94,不定项)①
  A. 基本权利规范对立法机关产生直接的拘束力
  B. 基本权利规范对行政机关的活动和公务员的行为产生拘束力
  C. 基本权利规范只有通过司法机关的司法活动才产生拘束力
  D. 一些国家的宪法一定程度上承认基本权利规范对私人产生拘束力

【分析】 保障与尊重人权是现代法治国家进行立法活动的基本要求,基本权利的效力直接约束立法者与立法过程,以防止立法者制定侵害人权的法律。立法者在立法过程中应遵循比例原则,严格规范立法裁量权,以保证立法的民主性。故 A 对。

基本权利对行政权的活动产生直接的约束力,有关行政的一切活动都要体现基本权利的价值,以保障行政权运行的合法性与合宪性。受到基本权利效力拘束的行政活动主要包括行政机关的活动、公务员的活动、公法上的法人及其各种管理行为。故 B 对。

基本权利规范本身就具有法律效力,对国家立法权和行政权产生直接的约束力,并不是需要通过司法活动才产生,故 C 错。

从近代宪法产生的历史背景以及立宪主义的精神来看,基本权利的效力主要及于国家公共权力,而不及于私人或者私法领域。进入现代社会许多西方国家的宪法在一定程度上承认某些基本权利规范对私人的约束力,如德国、日本。故 D 正确。

三、基本权利限制的界限

(一) 限制基本权利的概念、目的

概念		限制基本权利,是指确定基本权利的范围,使之不得超过一定的限度。
目的	维护社会秩序	维护社会秩序的基本要求是：合理地确定社会成员的权利与义务；明确社会主体的宪法地位；对侵犯基本权利的现象规定预防和解决的程序；保护社会成员的创造性与积极性。
	保障国家安全	在一个法治社会里,国家应履行保障基本权利的义务,首先需要保障国家安全和领土完整。当发生国际、国内危机时,正常的宪法秩序有可能遭到破坏,基本权利的保障也会失去基础。从某种意义上说,国家安全是基本权利保障的前提之一。
	维护公共利益	行使权利和自由不得违背社会的公共利益。

(二) 限制基本权利的基本形式

内在限制	基本权利本身具有的限制,即宪法中规定的基本权利概念本身对其范围与界限作了必要的限定。
	通过具体附加的文句对其范围进行了限定,如行使集会游行示威权利时要求不得侵犯他人的权利与自由,行使言论自由权利时要求遵循社会公德等。

---

① 【答案】A、B、D

(续表)

宪法和法律限制	宪法界限	中华人民共和国公民在行使自由和权利的时候,不得损害国家的、社会的、集体的利益和其他公民的合法的自由和权利。
	法律限制	具体的限制方式有两种形式:(1) 法律的一般保留,即法律规定的保留适用于所有基本权利,所有权利受法律限制。(2) 法律的个别保留,即根据法律的具体条文而对基本权利进行限制。在具体限制基本权利时一般保留和个别保留有时会出现重复的现象,**有些国家只规定个别保留而没有规定一般保留,如韩国、日本**。法律保留主要以行政活动为对象,必要时也可约束立法活动,以保障基本权利不受立法侵害。

四、我国公民基本权利和义务的主要特点

广泛性	享有基本权利和自由的**主体**非常广泛。
	享有基本权利和自由的**范围**非常广泛。
平等性	公民在**享有权利和履行义务**方面一律平等。
	司法机关在**适用法律**上一律平等。
现实性	公民基本权利和义务的内容具有**现实性**。我国宪法关于公民基本权利和义务的规定是从我国政治、经济、文化发展的实际状况出发的。
	宪法对公民基本权利和义务的规定,既有**物质保障**又有**法律保障**,因而是可以实现的。
一致性	享有权利和承担义务的**主体**是一致的。《宪法》第 33 条第 4 款规定:"任何公民享有宪法和法律规定的权利,同时必须履行宪法和法律规定的义务。"
	公民的某些权利和义务是**相互结合**的,如劳动、受教育既是公民的基本权利,又是公民的基本义务。
	公民的基本权利和义务**相互促进,相辅相成**。公民基本权利的有效保障将促使公民自觉地履行义务,公民义务的自觉履行将为公民基本权利和自由的扩大创造条件。

第二节 我国公民的基本权利

一、平等权

(一) 平等权的概念与要求

概念	平等权是指公民依法平等地享有权利,不受任何差别对待,要求国家给予同等保护的权利。
要求	中华人民共和国公民在法律面前一律平等。
	允许合理的差别对待。禁止不合理的差别对待。

(二) 宪法对特定群体的保护

妇女	中华人民共和国妇女在政治的、经济的、文化的、社会的和家庭的生活等方面享有同男子平等的权利。
退休人员和军烈属	国家依照法律规定实行企业事业组织的职工和国家机关工作人员的退休制度。退休人员的生活受到国家和社会的保障。
	国家和社会保障残废军人的生活,抚恤烈士家属,优待军人家属。
	国家和社会帮助安排盲、聋、哑和其他有残疾的公民的劳动、生活和教育。
婚姻、家庭、母亲、儿童和老人	婚姻、家庭、母亲和儿童受国家的保护。禁止破坏婚姻自由,禁止虐待老人、妇女和儿童。
青少年和儿童	国家培养青年、少年、儿童在品德、智力、体质等方面全面发展。
华侨、归侨和侨眷	华侨是居住在外国的中国公民。归侨是已经回国定居的华侨。
	中华人民共和国保护华侨的正当权利和利益,保护归侨和侨眷的合法权利和利益。

【真题示例】

中华人民共和国公民在法律面前一律平等。关于平等权,下列哪一表述是错误的? (2015/1/25,单选)①

A. 我国宪法中存在一个关于平等权规定的完整规范系统
B. 犯罪嫌疑人的合法权利应该一律平等地受到法律保护
C. 在选举权领域,性别和年龄属于宪法所列举的禁止差别理由
D. 妇女享有同男子平等的权利,但对其特殊情况可予以特殊保护

【分析】 在选举权领域,性别是禁止差别对待的理由,男女平等地享有选举权和被选举权。但是年龄是是否享有选举权和被选举权的因素之一,按照我国《选举法》,年满18周岁才有可能享有选举权和被选举权,故 C 表述错误,A、B、D 正确。

二、政治权利和自由

选举权和被选举权	中华人民共和国年满18周岁的公民,不分民族、种族、性别、职业、家庭出身、宗教信仰、教育程度、财产状况、居住期限,都有选举权和被选举权;但是依照法律被剥夺政治权利的人除外。
政治自由	公民有言论、出版、集会、结社、游行、示威的自由。

---

① 【答案】C

三、宗教信仰自由

中华人民共和国公民有宗教信仰自由。
任何国家机关、社会团体和个人不得强制公民信仰宗教或者不信仰宗教,不得歧视信仰宗教的公民和不信仰宗教的公民。
国家保护**正常**的宗教活动。任何人不得利用宗教进行破坏社会秩序、损害公民身体健康、妨碍国家教育制度的活动。
宗教团体和宗教事务不受外国势力支配。

【帆哥提示】 国家保护正常的宗教活动。注意这里用词是"正常",不是合法、合理、正当。

四、人身自由(广义)

生命权	生命权主体只能是自然人,包括本国人、外国人和无国籍人。
	生命权是享有其他权利的基础。但未明文规定,属于**隐含**的权利。
人身自由 不受侵犯	中华人民共和国公民的人身自由不受侵犯。
	任何公民,非经人民检察院批准或者决定或者人民法院决定,并由公安机关执行,不受逮捕。
	禁止非法拘禁和以其他方法非法剥夺或者限制公民的人身自由,禁止非法搜查公民的身体。
人格尊严 不受侵犯	中华人民共和国公民的人格尊严不受侵犯。禁止用任何方法对公民进行**侮辱、诽谤和诬告陷害**。
	人格权包括:姓名权、肖像权、名誉权、荣誉权、隐私权。
住宅不受 侵犯	中华人民共和国公民的住宅不受侵犯。禁止**非法搜查**或者**非法侵入**公民的住宅。
通信自由和 通信秘密	中华人民共和国公民的通信自由和通信秘密受法律的保护。除因**国家安全**或者**追查刑事犯罪**的需要,由公安机关或者检察机关依照法律规定的程序对通信进行检查外,任何组织或者个人不得以任何理由侵犯公民的通信自由和通信秘密。 【帆哥提示】 对公民通信进行检查的条件:**两原因+两机关**。

【真题示例】

某县人民法院审理一民事案件过程中,要求县移动通信营业部提供某通信用户的电话详单。根据我国宪法的规定,下列说法何者为正确?(2004/1/22,不定项)①

---

① 【答案】A、C

A. 用户电话详单属于宪法保护的公民通信秘密的范围
B. 县人民法院有权要求县移动通信营业部提供任何移动通信用户的电话详单
C. 县移动通信营业部有义务保护通信用户的通信自由和通信秘密
D. 县人民法院有权检查任何移动通信用户的电话详单

【分析】 为社会提供通信服务的单位和个人有义务保护客户的通信纪录等通信信息；县人民法院无权因一民事案件要求县移动通信营业部提供或者直接检查通信用户的电话清单。因而，A、C项正确。

五、社会经济权利

财产权	公民的**合法**的私有财产不受侵犯。国家依照法律规定保护公民的私有财产权和继承权。
	国家为了**公共利益**的需要，可以依照法律规定对公民的私有财产权实行征收或征用并给予补偿。
劳动权	中华人民共和国**公民**有劳动的权利和义务。
休息权	中华人民共和国**劳动者**有休息的权利。
获得物质帮助的权利	中华人民共和国公民在**年老、疾病或者丧失劳动能力**的情况下，有从国家和社会获得物质帮助的权利。

六、文化教育权利

受教育的权利	中华人民共和国**公民**有受教育的权利和义务。
进行科学研究、文学艺术创作和其他文化活动的自由	国家对于从事教育、科学、技术、文学、艺术和其他文化事业的公民的有益于人民的创造性工作，给予鼓励和帮助。

【真题示例】
关于文化教育权利是公民在教育和文化领域享有的权利和自由的说法，下列哪一选项是错误的？(2009/1/23,单选)①

A. 受教育既是公民的权利，又是公民的义务
B. 宪法规定的文化教育权利是公民的基本权利
C. 我国公民有进行科学研究、文学艺术创作和其他文化活动的自由
D. 同社会经济权利一样，文化教育权利属于公民的积极受益权

【分析】 此题的关键在于如何理解积极的受益权。积极收益权是指公民可以积极主动地向国家提出请求、国家也应积极予以保障的权利。公民的社会经济权利（财产权和继承权除外）、文化教育权利都属于公民的积极受益权。故D错。

---

① 【答案】D

七、监督权和获得赔偿权

监督权	批评、建议权	公民对于**任何国家机关和国家工作人员**,有提出批评和建议的权利。
	控告、检举权、申诉权	对于**任何国家机关和国家工作人员的违法失职行为**,有向有关国家机关提出申诉、控告或者检举的权利,但是不得捏造或者歪曲事实进行诬告陷害。对于公民的申诉、控告或者检举,有关国家机关必须查清事实,负责处理。任何人不得压制和打击报复。
获得赔偿权		由于国家机关和国家工作人员侵犯公民权利而受到损失的人,有依照法律规定取得赔偿的权利。

【真题示例】

张某对当地镇政府干部王某的工作提出激烈批评,引起群众热议,被公安机关以诽谤他人为由行政拘留5日。张某的精神因此受到严重打击,事后相继申请行政复议和提起行政诉讼,法院依法撤销了公安机关《行政处罚决定书》。随后,张某申请国家赔偿。根据《宪法》和法律的规定,关于本案的分析,下列哪些选项是正确的?(2016/1/63,多选)①

A. 王某因工作受到批评,人格尊严受到侵犯
B. 张某的人身自由受到侵犯
C. 张某的监督权受到侵犯
D. 张某有权获得精神损害抚慰金

【分析】 基于我国宪法,公民可以对任何国家机关及其工作人员提出批评和建议,所以,张某对当地镇政府干部王某的工作提出激烈批评是行使其宪法权利的行为,并无不妥,故A错。其余三项的说法正确。

第三节 我国公民的基本义务

1	中华人民共和国公民有维护国家统一和全国各民族团结的义务。
2	中华人民共和国公民必须遵守宪法和法律,保守国家秘密,爱护公共财产,遵守劳动纪律,遵守公共秩序,尊重社会公德。
3	中华人民共和国公民有维护祖国的安全、荣誉和利益的义务,不得有危害祖国的安全、荣誉和利益的行为。
4	保卫祖国、抵抗侵略是中华人民共和国每一个公民的神圣职责。依照法律服兵役和参加民兵组织是中华人民共和国公民的光荣义务。
5	中华人民共和国公民有依照法律纳税的义务。

---

① 【答案】B、C、D

【帆哥提示】 服兵役的义务还没有考查过,应当注意以下问题:

1. 依法服兵役义务的主体是中华人民共和国公民,**外国人不能成为服兵役义务的主体**。

2. 我国实行义务兵与志愿兵相结合、民兵与预备役相结合的兵役制度。

3. 不得服兵役。**依法被剥夺政治权利的人没有服兵役的资格。**

4. 不征集服兵役。应征公民被羁押,正在受侦查、起诉、审判的,或者被判处徒刑、拘役、管制在服刑的,不征集。

5. 缓征。应征公民是维持家庭生活的唯一劳动力或者是正在全日制学校就学的学生,可以缓征。

6. 根据《兵役法》第12条的规定,每年12月31日以前年满18周岁的男性公民,应当被征集服现役。当年未被征集的,在22周岁以前仍可以被征集服现役,普通高等学校毕业生的征集年龄可以放宽至**24周岁**。根据军队需要,可以按照前面规定征集女性公民服现役。

7. 根据军队需要和本人自愿,**可以征集当年12月31日以前年满17周岁未满18周岁的公民服现役。**

8. 《兵役法》规定,有服兵役义务的公民拒绝、逃避兵役登记的,应征公民拒绝、逃避征集的,预备役人员拒绝、逃避军事训练的,经教育不改,基层人民政府应当强制其履行兵役义务。

【真题示例】

王某为某普通高校应届毕业生,23岁,尚未就业。根据《宪法》和法律的规定,关于王某的权利义务,下列哪一选项是正确的?(2014/1/24,单选)①

A. 无需承担纳税义务　　　　　　B. 不得被征集服现役

C. 有选举权和被选举权　　　　　D. 有休息的权利

【分析】《宪法》第56条规定:"中华人民共和国公民有依照法律纳税的义务。"纳税的主体是公民,故王某有纳税的义务。

《宪法》第55条规定:"……依照法律服兵役和参加民兵组织是中华人民共和国公民的光荣义务。"根据《兵役法》第12条的规定,每年12月31日以前年满18周岁的男性公民,应当被征集服现役。当年未被征集的,在22周岁以前仍可以被征集服现役,普通高等学校毕业生的征集年龄可以放宽至24周岁。故王某有服兵役的义务。

《宪法》第34条规定:"中华人民共和国年满十八周岁的公民,不分民族、种族、性别、职业、家庭出身、宗教信仰、教育程度、财产状况、居住期限,都有选举权和被选举权;但是依照法律被剥夺政治权利的人除外。"故王某有选举权和被选举权。

《宪法》第43条规定:"中华人民共和国劳动者有休息的权利。"王某尚未就业不属于劳动者,没有休息的权利。

---

① 【答案】C

第四章 国家机构

一、国家机关概览

(一) 中央国家机关

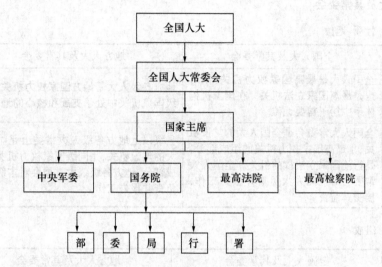

(二) 地方国家机关

1. 县级以上地方国家机关

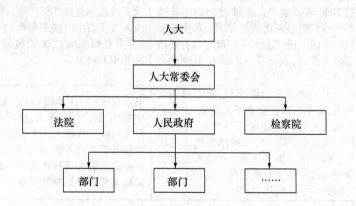

2. 乡级地方国家机关

二、人大及其常委会

(一) 性质、地位

	全国人大及其常委会	地方人大及其常委会
性质、地位	全国人大是**最高国家权力机关**,同时也是**最高国家立法机关**。在国家机构体系中居于**首要**地位。	地方各级人大是**地方国家权力机关**,在同级国家机关中处于**支配**和**核心**的地位。
	全国人大常委会是全国人大的**常设机关**,是最高国家权力机关的组成部分,是行使国家立法权的机关。全国人大常委会对全国人大负责并报告工作,接受其监督。	县级以上地方各级人大常委会是本级人大的**常设机关**,是同级国家权力机关的**组成部分**,地方各级人大常委会对本级人大负责并报告工作。

(二) 组成

	全国人大及其常委会	地方人大及其常委会
组成	全国人大由省、自治区、直辖市、特别行政区和军队选出的代表组成。总数不超过 **3000 名**。全国人大常委会确定各选举单位代表名额比例的分配。各少数民族在全国人民代表大会中都应当有适当名额的代表,人口特少的民族至少应有代表 1 人。	地方各级人大由代表组成。县级人大代表由选民直接选举产生,其余地方各级人大代表由间接选举产生。(地方各级人大代表的数额参见选举法的相关规定。)
	全国人大常委会由**委员长**、**副委员长若干人**、**秘书长和委员若干人**组成,由每届全国人大第一次会议选举产生,不得担任行政机关、审判机关和检察机关的职务。自十届全国人大起,全国人大常委会还增设了若干专职委员。应当有适当名额的少数民族代表。	县级以上(不含县级)地方人大常委会由主任、副主任若干人、秘书长、委员若干人组成。县级人大常委会由主任、副主任若干人和委员若干人组成。常委会组成人员不得担任国家行政机关、审判机关和检察机关的职务。

【帆哥提示】

1. 乡级人大不设常委会,但乡人大设专职的主席、副主席,负责主席团的日常工作,由乡人大选举产生,不得担任行政机关的职务。

2. 县级人大常委会、县级人民政府不设秘书长。但是要注意县人大有秘书长。

（三）任期

	全国人大及其常委会	地方人大及其常委会
任期	全国人大行使职权的法定期限即每届任期为 **5 年**。在任期届满前的 **2 个月**以前，全国人大常委会必须完成下届全国人大代表的选举工作。如果遇到不能进行选举的非常情况，由全国人大常委会以全体委员 **2/3** 以上的多数通过，可以推迟选举，延长本届全国人大的任期；但在非常情况结束后 **1 年**以内，全国人大常委会必须完成下届全国人大代表的选举。	地方各级人大的每届任期均为 **5 年**。
	全国人大常委会每届任期 **5 年**，但是**委员长、副委员长连续任职不得超过 2 届**。	地方人大常委会每届任期 **5 年**。

【帆哥提示】
1. 1993 年宪法修正案把县级人大的任期由 3 年改为 5 年。
2. 2004 年宪法修正案把乡级人大的任期由 3 年改为 5 年。

（四）会议制度

	全国人大及其常委会	地方人大及其常委会
会议制度	1. 全国人大会议**每年举行一次**。 2. 如果**全国人大常委会认为有必要或者 1/5 以上的全国人大代表提议**，可以临时召集。 3. 全国人大会议均**由全国人大常委会召集**，每届全国人大第一次会议在本届全国人大代表选举完成的两个月内，由上届全国人大常委会召集，以后的历次会议均由本届常务委员会负责召集。 4. 全国人大的会议形式主要有预备会议、全体会议和小组会议等。 5. 由**全国人大常委会主持召集预备会议，选举产生本次大会主席团和秘书长**，讨论本次会议的议程以及其他准备事项。 6. 预备会议后，全国人大便由**主席团正式主持全体会议**。 7. 在全体会议期间，根据需要举行**小组会议**，审议和讨论有关事项。 8. 全体会议一般公开举行，在必要时经**主席团和各代表团团长会议**决定，可以举行秘密会议。 9. 国务院的组成人员，中央军委的组成人员，最高人民法院院长和最高人民检察院检察长列席会议。其他国家机关、团体的负责人，经主席团决定也可以列席会议。	1. 县级以上（含县级）地方人大举行会议的程序和全国人大的会议程序基本相同。只**是提议临时会议的主体只有 1/5 以上的本级人大代表**。 2. 乡级人大举行会议时，选举主席团。**由主席团主持会议，并负责召集下一次的本级人民代表大会会议**。乡级人大的主席、副主席为主席团的成员。主席团在闭会期间的工作，向本级人民代表大会报告。 3. 县级以上的地方各级人民政府组成人员和法院院长、检察院检察长，乡级的人民政府领导人员，列席本级人民代表大会会议；县级以上的其他有关机关、团体负责人，经本级人大常委会决定，**可以列席本级人民代表大会会议**。

(续表)

	全国人大及其常委会	地方人大及其常委会
会议制度	全国人大常委会： 1. 全体会议：由全体组成人员组成。一般每两个月举行一次。 2. 委员长会议：由委员长、副委员长、秘书长组成，处理全国人大常委会重要的日常工作，但委员长会议有其职权的界限，不能代替常务委员会行使职权。	地方人大常委会： 1. 常委会会议：全体组成人员组成，至少每两个月召集一次。 2. 主任会议：由常委会主任、副主任、秘书长(**县级由主任、副主任**)组成，处理常委会日常工作。

【帆哥提示】
1. 全国人大举行会议时提案的主体有：**"两团"**(主席团、一个代表团)、**"两委"**(常委会、专门委员会)、**"两央"**(中央军事委员会、国务院)、**"两高"**(最高法、最高检)、30 名以上代表。
2. 可以向全国人大常委会提案的主体有：**两央、两高、专门委员会、常委会组成人员 10 人以上、委员长会议**。
3. 地方各级人民代表大会举行会议的时候，**主席团、常务委员会、各专门委员会、本级人民政府、一定数额的人大代表(县级以上 10 人、乡级 5 人)**可以向本级人大提出议案。

(五) 职权
1. 立法权

	全国人大及其常委会	地方人大及其常委会
宪法	全国人大根据**主席团或者1/5以上的代表**提议修改宪法。 全国人大常委会解释宪法。 全国人大及其常委会监督宪法的实施。	无
立法	全国人大及其常委会行使国家立法权。全国人大制定和修改基本法律。全国人大常委会制定和修改基本法律以外的法律，在全国人大闭会期间可以对基本法律进行部分的补充和修改。	省级人大及其常委会、设区的市、自治州的人大及其常委会有权制定地方性法规。

2. 人事权
(1) 选举

	全国人大及其常委会	地方人大及其常委会
选举	1. 全国人大根据主席团的提名选举全国人大常委会的组成人员、国家主席、副主席、军委主席、最高法院院长、最高检检察长。 【帆哥提示】 人常三主席，法检选首席。	1. 县级以上地方人大有权选举本级人大常委会的组成人员、本级人民政府的正职、副职、本级法院院长、检察院检察长，但检察长需要由上一级检察长提请该级人大常委会批准。 2. 乡级人大有权选举人大主席、副主席，乡级政府的正副职。 【帆哥提示】 需要地方人大选举的职位有：人常选全体，行政政府职，法检一把手，检长还需上常批。

【帆哥提示】 地方人大选举其他国家机关组成人员的程序：

① 主席团或一定数额的人大代表联名可以提出以上职务的候选人人选。(一定数额的人大代表指的是：省级人大代表 30 人以上书面联名；地级 20 人以上；县级 10 人以上；乡级 10 人以上。)

② 候选人人数：选举正职可以差额也可以等额；选举副职(候选人数应比应选人数多 1 人至 3 人)和人大常委会的委员(候选人数应比应选人数多 1/10 至 1/5)必须差额。补选可以差额也可以等额。

(2) 决定

	全国人大及其常委会	地方人大及其常委会
决定	全国人大： 1. 根据国家主席的提名决定总理的人选； 2. 根据总理的提名决定国务院其他人员的人选； 3. 根据军委主席的提名决定军委副主席和委员的人选。 【帆哥提示】 席题总,总提其,军事委员副主席。	地方人大常委会： 1. 职务撤销 (1) 县级以上地方人大常委会在本级人大闭会期间,可以决定撤销**本级人民政府个别副职、由其任命的政府其他组成人员及法检职务**。 (2) 县级以上地方各级人民政府、法院和检察院、人大常委会主任会议、人大常委会 1/5 以上的组成人员可以提出撤职案。 (3) 撤职案的表决采用**无记名投票**的方式,由常委会全体组成人员**过半数**通过。
	全国人大常委会： 1. 在全国人大闭会期间,根据总理的提名决定国务院各部部长、委员会主任、审计长、秘书长的人选。 2. 在全国人大闭会期间,根据军委主席的提名,决定军委其他组成人员的人选； 3. 根据最高人民法院院长的提名,任免最高人民法院副院长、审判员、审判委员会委员和军事法院院长。 4. 根据最高人民检察院检察长的提名,任免最高人民检察院副检察长、检察员、检察委员会委员、军事检察院检察长,并且批准省、自治区、直辖市的人民检察院检察长的任免。 【帆哥提示】 国家正部级,军委副主席,法检去首席。	2. 在政府、法、检的正职因故不能担任职务时从副职中决定代理人选,但是决定代理检察长须报上一级检察院和人大常委会备案。 3. 根据政府正职的提名决定本级政府秘书长和工作部门正职的任免,报上一级人民政府备案。 4. 任免和撤销法院和检察院副职及以下的所有司法和检察职务。但是助理审判员和助理检察员除外。

(3) 罢免

	全国人大	地方人大
罢免	全国人大有权罢免其选举或者决定任命的人员。罢免案由全国人大主席团或者 **3 个以上的代表团**或者 **1/10 以上的代表**提出,由主席团提请大会审议,并经全体代表的过半数同意,才能通过。 【帆哥提示】 1. 人大常委会无罢免权。2. 罢免仅限于全国人大选举或者决定任命的人员,可总结为口诀:四团十分一,法检罢首席	1. 县级以上地方**各级人大主席团、常务委员会**或者 **1/10 以上代表联名**,可以提出对本级人大常委会组成人员、人民政府组成人员、人民法院院长、人民检察院检察长的罢免案,由主席团提请大会审议。 2. 乡人大主席团或 1/5 以上代表联名,可以提出对本级人大主席、副主席、(副)乡长、(副)镇长的罢免案。 【帆哥提示】 可以向各级人大提出罢免案的主体:一团和人常,代表十分一,乡是五分一,法检罢正职,人常政府罢全体。

(4) 接受辞职

	全国人大及其常委会	地方人大及其常委会
接受辞职	1. 全国人大会议期间,由全国人大选举或者决定的人员提出辞职的,由主席团将其辞职请求交各代表团审议后,提请大会全体会议决定;大会闭会期间提出辞职的,由委员长会议将其辞职请求提请全国人民代表大会常务委员会会议审议决定。 2. 全国人民代表大会常务委员会接受全国人大常务委员会组成人员、中华人民共和国主席、副主席、国务院总理、副总理、国务委员、中央军事委员会主席、最高人民法院院长和最高人民检察院检察长辞职的,应当报请全国人民代表大会下次会议确认。 (因为这些人员全国人大常委会无权决定)	县级以上的地方各级人民代表大会常务委员会组成人员和人民政府领导人员,人民法院院长,人民检察院检察长,可以向本级人民代表大会提出辞职,由大会决定是否接受辞职;大会闭会期间,可以向本级人民代表大会常务委员会提出辞职,由常务委员会决定是否接受辞职。常务委员会决定接受辞职后,报本级人民代表大会备案。人民检察院检察长的辞职,须报经上一级人民检察院检察长提请该级人民代表大会常务委员会批准。

【帆哥提示】 国家机关组成人员去职(包括罢免和辞职)遵循的原则是怎么来怎么去,谁任免谁决定。

【真题示例】
某县人大闭会期间,赵某和钱某因工作变动,分别辞去县法院院长和检察院检察长职务。法院副院长孙某任代理院长,检察院副检察长李某任代理检察长。对此,根据《宪法》和法律,下列哪一说法是正确的?(2017/1/27,单选)①
A. 赵某的辞职请求向县人大常委会提出,由县人大常委会决定接受辞职
B. 钱某的辞职请求由上一级检察院检察长向该级人大常委会提出
C. 孙某出任代理院长由县人大常委会决定,报县人大批准
D. 李某出任代理检察长由县人大常委会决定,报上一级检察院和人大常委会批准

【分析】《地方组织法》第27条规定:"县级以上的地方各级人民代表大会常务委员会组成人员和人民政府领导人员,人民法院院长,人民检察院检察长,可以向本级人民代表大会提出辞职,由大会决定是否接受辞职;大会闭会期间,可以向本级人民代表大会常务委员会提出辞职,由常务委员会决定是否接受辞职。常务委员会决定接受辞职后,报本级人民代表大会备案。人民检察院检察长的辞职,须报经上一级人民检察院检察长提请该级人民代表大会常务委员会批准。"据此,赵某和钱某在县人大闭会期间提出辞职由常委会受理,并决定是否决定接受辞职,但是钱某作为检察长,他的辞职还需要经上一级人民检察院检察长提请该级人民代表大会常务委员会批准。故A对,B错。

根据《地方组织法》第44条,地方人大常委会在本级人民代表大会闭会期间,在法院院长、检察院检察长因故不能担任职务的时候,从人民法院、人民检察院副职领导人员中决定代理的人选;决定代理检察长,须报上一级人民检察院和人民代表大会常务委员会备案。基于此,孙某出任代理院长由县人大常委会决定即可,无需报人大批准,故C错。李某代理检察长在县人大常委会决定后,报上一级检察院和人大常委会备案,而不是批准。故D错。

3. 重大事项决定权
(1) 预算、决算、国民经济和社会发展计划、审计工作报告

	人大	人大常委会
中央	全国人大有权: 1. 审查中央和地方预算草案及中央和地方预算执行情况的报告; 2. 审查和批准中央预算和中央预算执行情况的报告; 3. 改变或者撤销全国人大常委会关于预算、决算的不适当的决议;审查和批准国民经济和社会发展计划以及计划执行情况的报告。	全国人大常委会: 1. 监督中央和地方预算的执行。 2. 在全国人大闭会期间,全国人大常委会有权审查和批准中央决算,有权审查和批准国民经济和社会发展计划以及国家预算在执行过程中所必须作的**部分调整**方案。 3. 全国人大常委会有权审查和批准国家决算草案,在每年审查和批准决算的同时,还有权听取和审议国务院提出的审计机关关于上一年度国家预算执行和其他财政收支的审计工作报告。

---

① 【答案】A

人大	人大常委会
地方	县级以上地方各级人大审查和批准本行政区域内的国民经济和社会发展计划、预算以及它们的执行情况。	县级以上地方人大常委会： 1. 根据本级人民政府的建议，对本行政区域内的国民经济和社会发展计划、预算作**部分变更**。 2. **审查和批准**本行政区域内上一年度的本级**决算草案**。 3. 听取和审议本级人民政府提出的审计机关关于上一年度预算执行和其他财政收支的审计工作报告。

（2）战争与和平

全国人大	全国人大常委会
决定战争与和平。	**在全国人大闭会期间**，如果遇到国家遭受武装侵犯或者必须履行国家间共同防止侵略的条约的情况，有权决定宣布战争状态。

（3）衔级制度

全国人大常委会规定军人和外交人员的衔级制度和其他专门的衔级制度。
【帆哥提示】 衔级制度只能由全国人大常委会规定。

（4）勋章和荣誉称号

1. 国家勋章和国家荣誉称号为国家最高荣誉。
2. 勋章分为共和国勋章和友谊勋章。**共和国勋章**授予在中国特色社会主义建设和保卫国家中作出巨大贡献、建立卓越功勋的杰出人士。**友谊勋章**授予在我国社会主义现代化建设和促进中外交流合作、维护世界和平中作出杰出贡献的外国人。
3. 国家设立国家荣誉称号，授予在经济、社会、国防、外交、教育、科技、文化、卫生、体育等各领域各行业作出重大贡献、享有崇高声誉的杰出人士。国家荣誉称号的名称冠以"人民"，也可以使用其他名称。**国家荣誉称号的具体名称由全国人民代表大会常务委员会在决定授予时确定。**
4. **全国人大常委会委员长会议、中央军事委员会、国务院**可以提出授予国家勋章、国家荣誉称号的议案。
5. 全国人民代表大会常务委员会决定授予国家勋章和国家荣誉称号。
6. 中华人民共和国主席根据全国人民代表大会常务委员会的决定，向国家勋章和国家荣誉称号获得者授予国家勋章、国家荣誉称号奖章，签发证书。
7. 中华人民共和国主席进行国事活动，可以**直接授予**外国政要、国际友人等人士"友谊勋章"。（帆哥提示：此时不需要全国人大常委会决定。）

(续表)

> 8. 国家设立国家功勋簿,记载国家勋章和国家荣誉称号获得者及其功绩。
> 9. 国家勋章和国家荣誉称号为其获得者**终身享有**,但依照本法规定**被撤销的除外**。
> 10. 国家勋章和国家荣誉称号获得者去世的,其获得的勋章、奖章及证书**由其继承人或者指定的人保存;没有继承人或者被指定人的,可以由国家收存。**国家勋章、国家荣誉称号奖章及证书**不得出售、出租或者用于从事其他营利性活动**。
> 11. 生前作出突出贡献符合本法规定授予国家勋章、国家荣誉称号条件的人士,本法施行后去世的,可以向其追授国家勋章、国家荣誉称号。
> 12. 国家勋章和国家荣誉称号获得者因犯罪被依法判处刑罚或者有其他严重违法、违纪等行为,继续享有国家勋章、国家荣誉称号将会严重损害国家最高荣誉和声誉的,由全国人大常委会决定撤销其国家勋章、国家荣誉称号并予以公告。

【真题示例】

根据《国家勋章和国家荣誉称号法》规定,下列哪一选项是正确的?(2017/1/26,单选)①

A. 共和国勋章由全国人大常委会提出授予议案,由全国人大决定授予

B. 国家荣誉称号为其获得者终身享有

C. 国家主席进行国事活动,可直接授予外国政要、国际友人等人士"友谊勋章"

D. 国家功勋簿是记载国家勋章和国家荣誉称号获得者的名录

【分析】 勋章和荣誉称号的授予,由委员长会议、国务院、中央军事委员会提出议案,由全国人大常委会决定,中华人民共和国主席根据全国人民代表大会常务委员会的决定,向国家勋章和国家荣誉称号获得者授予国家勋章、国家荣誉称号奖章,签发证书。故 A 错。

国家勋章和国家荣誉称号为其获得者终身享有,但依法被撤销的除外。故 B 错。

中华人民共和国主席进行国事活动,可以直接授予外国政要、国际友人等人士"友谊勋章"。故 C 对。

国家设立国家功勋簿,不但要记载国家勋章和国家荣誉称号获得者名录,还要记载其功绩。故 D 错。

国家设立国家功勋簿,不但要记载国家勋章和国家荣誉称号获得者名录,还要记载其功绩。故 D 错。

(5) 特赦

> 1. 根据现行宪法,特赦的"决定权"**仅在全国人大常委会**,不是全国人大。
> 2. **中华人民共和国主席**根据全国人大常委会的决定**发布特赦令**。
> 3. 我国 1954 年《宪法》曾规定大赦与特赦两种赦免形式,但从未有过大赦的实践。1975 年《宪法》没有规定赦免,1978 年《宪法》和 1982 年《宪法》均只规定了特赦。

---

① 【答案】C

(6) 紧急状态

1. 对全国或者个别省、自治区、直辖市实施紧急状态,其决定机关和宣布机关是不同的,**决定机关是国家的全国人大常委会**,而宣布机关是国家主席。
2. 对省、自治区、直辖市范围内**部分地区**实施紧急状态,由国务院作出决定并宣布。

【帆哥提示】 人常全部紧,部分国务院

(7) 动员

1. 动员分为全国**总动员**和局部动员。
2. 动员由全国人大常委会决定。
3. 动员令由国家主席发布。

(8) 驻外全权代表

1. 全国人大常委会决定驻外全权代表的任免。
2. 国家主席根据全国人大常委会的决定,派遣和召回驻外全权代表。

(9) 条约和重要协定

1. 全国人大常委会决定同外国缔结条约和重要协定的批准和废除。
2. 国家主席根据全国人大常委会的决定,批准和废除同外国缔结的条约和重要协定。

【帆哥提示】 只能由全国人大常委会决定的重大事项:代、协、衔、勋、特、动。

4. 监督权

(1) 改变或者撤销规范性文件(参见《法理学》中"法的渊源"一节)

(2) 质询

	全国人大	地方人大	人大常委会
提出主体	一个代表团或者30名以上代表联名	地方各级人大代表10人以上	全人常组成人员10人以上、省级5人以上、县级3人以上
质询对象	国务院和国务院各部门	本级人民政府及其部门和法院、检察院	本级人民政府及其部门和法院、检察院
答复	1. 质询可以口头答复,也可以书面答复。口头答复时受质询机关负责人到会答复,书面答复的必须由受质询机关负责人签署。 2. 向人大常委会提出的质询案,**提质询案的常务委员会组成人员的过半数**(注意不是人大常委会全体组成人员的过半数)对受质询机关的答复不满意的,可以提出要求,经委员长会议或者主任会议决定,由受质询机关再作答复。		

(3) 规范性法律文件的备案。(见《法理学》中法的渊源一节)

(4) 特定问题的调查(见下文。)

(六) 专门委员会
1. 常设性专门委员会

	全国人大	地方人大
性质和地位	全国人大的辅助性的工作机构,其任务是在全国人大及其常委会的领导下,研究、审议、拟订有关议案。各专门委员会在讨论其所属的专门问题之后,虽然也作出决议,但**这种决议必须经过全国人大或者全国人大常委会审议通过之后,才具有国家权力机关所作的决定的效力**。	县级以上人大可以设专门委员会,受本级人民代表大会领导;在大会闭会期间,受本级人民代表大会常务委员会领导。
设置	全国人大设有民族委员会、法律委员会、财政经济委员会、教育科学文化卫生委员会、外事委员会、华侨委员会、内务司法委员会、环境与资源保护委员会和农业与农村委员会共9个专门委员会。	省级、市州级人大可以设法制委员会、财政经济委员会、教育科学文化卫生委员会等专门委员会;县级人大可以设法制委员会、财政经济委员会等专门委员会。
组成和任期	**由主任1人、副主任和委员若干人组成,由主席团在代表中提名,由大会表决决定**。在人大闭会期间,人大常委会可以补充任命专门委员会的**个别副主任委员和部分委员**。此外,全国人大常委会可根据需要为各委员会任命一定数量的非全国人大代表的专家作委员会的顾问,列席专门委员会会议。全国人大各专门委员会每届任期与全国人大的任期相同,即5年。	各专门委员会的主任委员、副主任委员和委员的人选,由主席团在代表中提名,大会通过。在大会闭会期间,常务委员会可以任免专门委员会的个别副主任委员和部分委员,由主任会议提名,常务委员会会议通过。
职权	专门委员会的职权就是提出议案、审议议案、调查研究、提出建议。应当重点注意的是:(1) 全国人大民族委员会还可以对加强民族团结问题进行调查研究,提出建议;审议自治区报请批准的自治区的自治条例和单行条例,向全国人大常委会提出报告。(2) 全国人大法律委员会统一审议向全国人大及其常委会提出的法律草案;其他专门委员会就有关的法律草案向法律委员会提出意见。	

【帆哥提示】 (1) 乡级人大不设专门委员会。
(2) 人大常委会无权任免专门委员会的主任委员。

2. 临时性委员会:特定问题的调查委员会

	全国人大	县级以上人大	人大常委会
提出主体	主席团、3个以上代表团或者1/10以上的代表	主席团或者1/10以上代表	委员长会议或者主任会议、1/5以上的常委会组成人员。
组成	由主任委员、副主任委员和委员组成,由主席团在代表中提名,提请全体会议通过。		其组成人员由委员长会议或者主任会议从本级常委会组成人员或者人大代表中提名。
其他	调查委员会在调查过程中,**可以不公布调查的情况和材料**。		

【帆哥提示】 乡级人大不设特定问题的调查委员会。

3. 代表资格审查委员会

设置	县级以上人大常委会和乡级人大设立代表资格审查委员会。
组成	(1) 县级以上代表资格审查委员会的主任委员、副主任委员和委员的人选,由常务委员会主任会议在**常务委员会组成人员中提名**(帆哥提示:**是常委会组成人员不是人大代表**),常务委员会会议通过。 (2) 乡级每届人大第一次会议通过的代表资格审查委员会,行使职权至本届人大任期届满为止。
职责	(1) 代表资格审查委员会依法对当选代表是否符合宪法、法律规定的代表的基本条件,选举是否符合法律规定的程序,以及是否存在破坏选举和其他当选无效的违法行为进行审查,提出代表当选是否有效的意见,向本级人大常委会或者乡级人大主席团报告。 (2) 县级以上的各级人大常委会或者乡级人大主席团根据代表资格审查委员会提出的报告,确认代表的资格或者确定代表的当选无效,在每届人民代表大会第一次会议前公布代表名单。

(七) 人大代表

会议期间的活动	(1) 出席人大会议,因健康等特殊原因不能出席的,应当请假。 (2) 参加人大的各种会议。参加本级人大表决。 (3) 有权提出属于本级人大职权范围内的议案,议案应当有案由、案据和方案。 (4) 参加本级人大的各项选举。可对应当由人大选举的人员的候选人提出意见。 (5) 全国人大代表参加决定国务院组成人员和中央军事委员会副主席、委员的人选。县级以上的人大代表参加表决通过本级专门委员会组成人员的人选。 (6) 代表在审议议案和报告时,可以向本级有关国家机关提出询问。有关国家机关应当派负责人或者负责人员回答询问。 (7) 提出质询案、罢免案、提议组织调查委员会。 (8) 代表有权向本级人民代表大会提出对各方面工作的建议、批评和意见。
闭会期间的活动	(1) **乡人大主席团、县级以上的常委会**组织本级人大代表开展闭会期间的活动。县级以上的地方各级人大常委会受上一级常委会的委托,组织本级人大选举产生的上级代表开展闭会期间的活动。 (2) 代表在闭会期间的活动以**集体**活动为主,以代表小组活动为基本形式。 (3) 县级以上的各级代表,在**本级或者下级常委会**协助下,可以按照便于组织和开展活动的原则组成代表小组。县级以上的各级代表,可以参加下级代表的代表小组活动。 (4) 县级以上的代表根据本级常委会的安排,对本级或者下级国家机关和有关单位的工作进行视察。乡级代表根据本级人大主席团的安排,对本级人民政府和有关单位的工作进行视察。代表视察时,可以提出约见本级或者下级有关国家机关负责人。被约见的有关国家机关负责人或者由他委托的负责人员应当听取代表的建议、批评和意见。代表视察时,可以向被视察单位提出建议、批评和意见,但**不直接处理问题**。

(续表)

闭会期间的活动	(5) 代表有权依照法律规定的程序提议临时召集本级人民代表大会会议。 (6) 县级以上的各级代表可以**应邀**列席本级常委会会议、本级专门委员会会议，参加本级常委会组织的执法检查和其他活动。乡级代表参加本级人大主席团组织的执法检查和其他活动。 (7) **全国人民代表大会代表，省级、设区的市的人民代表大会代表**可以列席原选举单位的人民代表大会会议，并可以应邀列席原选举单位的人大常委会会议。
执行职务的保障	在各项保障措施中，重点注意： 1. **言论免责**：代表在人大各种会议上的**发言和表决**不受法律追究。 2. **人身受特别保护：** (1) **县级以上的各级代表**，非经本级**主席团**许可，在本级人大闭会期间，非经本级**常委会**许可，不受**逮捕或者刑事审判**。如果因为是现行犯被拘留，执行拘留的机关应当立即向该级主席团或者常委会报告。对县级以上的各级代表，如果采取法律规定的其他限制人身自由的措施，应当经该级主席团或者常委会许可。 (2) 乡、民族乡、镇的人民代表大会代表，如果被逮捕、受刑事审判，或者被采取法律规定的其他限制人身自由的措施，执行机关应当立即报告乡、民族乡、镇的人民代表大会。

【真题示例】

根据《宪法》和法律的规定，关于全国人大代表的权利，下列哪些选项是正确的？(2016/1/64，多选)①

A. 享有绝对的言论自由
B. 有权参加决定国务院各部部长、各委员会主任的人选
C. 非经全国人大主席团或者全国人大常委会许可，一律不受逮捕或者行政拘留
D. 有五分之一以上的全国人大代表提议，可以临时召集全国人民代表大会会议

【分析】 《代表法》第31条规定："代表在人民代表大会各种会议上的发言和表决，不受法律追究。"可见，代表的言论自由仅限于人大的各种会议，故 A 错。

《代表法》第32条规定"县级以上的各级人民代表大会代表，非经本级人民代表大会主席团许可，在本级人民代表大会闭会期间，非经本级人民代表大会常务委员会许可，不受逮捕或者刑事审判。如果因为是现行犯被拘留，执行拘留的机关应当立即向该级人民代表大会主席团或者人民代表大会常务委员会报告。"基于此，C 错。

《代表法》第11条规定："全国人民代表大会代表有权对主席团提名的全国人民代表大会常务委员会组成人员的人选，中华人民共和国主席、副主席的人选，中央军事委员会主席的人选，最高人民法院院长和最高人民检察院检察长的人选，全国人民代表大会各专门委员会的人选，提出意见。"基于此，B 正确。

《宪法》第61条规定："全国人民代表大会会议每年举行一次，由全国人民代表大会常务委员会召集。如果全国人民代表大会常务委员会认为必要，或者有五分之一以上的全国人民代表大会代表提议，可以临时召集全国人民代表大会会议。"基于此 D 正确。

---

① 【答案】B、D

三、行政机关

(一) 性质和地位

	国务院	地方人民政府
性质地位	1. 国务院,即中央人民政府,是最高国家权力机关的执行机关,是最高国家行政机关。 2. 国务院对全国人大及常委会负责和报告工作。	1. 地方各级人民政府是地方各级国家权力机关的执行机关,是地方各级国家行政机关。 2. 地方各级人民政府从属于本级国家权力机关,由国家权力机关产生,向它负责,受它监督。 3. 地方各级人民政府还要服从上级人民政府的领导,向上**一级**人民政府负责和报告工作,执行上级行政机关的决定和命令。

(二) 组成和任期

	国务院	地方人民政府
组成	国务院由总理、副总理、国务委员、各部部长、各委员会主任、审计长、秘书长组成。	省、自治区、直辖市、自治州和设区的市的人民政府分别由行政正副职、秘书长、厅长、局长、委员会主任等组成。县级政府分别由行政正副职和局长、科长等组成。乡级人民政府由行政正副职组成。
任期	5年。**总理、副总理、国务委员连续任职不得超过两届。**	5年。
领导体制	总理负责制。	首长负责制。

(三) 会议制度

	国务院	地方人民政府
全体会议	国务院全体会议由国务院全体成员组成。每两个月召开一次。	县级以上政府全体会议由本级人民政府全体成员组成。
常务会议	国务院常务会议由**总理、副总理、国务委员、秘书长**组成。每周召开一次。	省级、自治州和设区的市的常务会议由政府正副职、秘书长组成。**县级政府常务会议由政府正副职组成。**

【帆哥提示】 县级人民政府不设秘书长。

(四)工作部门

	国务院	地方人民政府
设、撤、并程序	国务院各部、各委员会的设立、撤销或者合并,经总理提出,由全国人民代表大会决定;在全国人大闭会期间,由全国人大常委会决定。	1. 地方各级人民政府根据工作需要和精干的原则,设立必要的工作部门。 2. 地方人民政府工作部门的设、撤、并由本级人民政府报上一级人民政府批准,报本级人大常委会备案。
组成	各部设部长1人,副部长2至4人。各委员会设主任1人,副主任2至4人,委员5至10人。	各厅、局、委员会、科分别设厅长、局长、主任、科长,在必要的时候可以设副职。

【帆哥提示】《地方组织法》第64条规定:地方各级人民政府根据工作需要和精干的原则,设立必要的工作部门。但实际上,乡级人民政府不设工作部门。

(五)审计机关

	国务院	地方人民政府
审计机关	1. 国务院设立审计机关,对国务院各部门和地方各级政府的**财政收支**,对国家的财政金融机构和企业事业组织的**财务收支**,进行审计监督。 2. 审计机关在国务院总理领导下,依照法律规定独立行使审计监督权,不受**其他**行政机关、社会团体和个人的干涉。	县级以上的地方各级人民政府设立审计机关。地方各级审计机关依照法律规定独立行使审计监督权,对本级人民政府和**上一级审计机关**负责。

【帆哥提示】 1. 国务院审计机关监督的对象:财政收支+财务收支。
2. 国务院审计机关独立工作,不受其他行政机关、社会团体和个人干涉,一定要注意"其他"二字。

(六)派出机关

	区公所	行政公署	街道办事处
设立机关	县、自治县政府	省、自治区政府	不设区的市、市辖区政府
批准机关	省、自治区、直辖市政府	国务院	上一级政府

【帆哥提示】 省设国批是公署,县设省批区公所,区设上批街道办。

四、国家主席

(一) 性质、地位、组成、任期、任职条件

性质、地位	中华人民共和国主席是我国国家机构的重要组成部分,对内对外代表国家,依法行使宪法规定的国家主席职权。1954年《宪法》规定,国家主席与全国人大常委会共同行使国家元首的职权。1975年《宪法》、1978年《宪法》均未设置国家主席。1982年《宪法》恢复了国家主席的设置。
组成	由主席和副主席组成。国家副主席的职责主要是协助国家主席工作。副主席可以受国家主席的委托,**代替执行主席的一部分职权**,如代替主席接受外国使节等。副主席受托行使国家主席职权时,具有与国家主席同等的法律地位。
任期	与全国人大每届任期相同。
任职条件	1. 有选举权和被选举权的中华人民共和国公民。 2. 年满45周岁。

(二) 职权

公布法律、发布命令	1. 法律在全国人大或全国人大常委会正式通过后,由国家主席予以颁布施行。 2. 国家主席根据全国人大常委会的决定,发布特赦令、动员令、宣布进入紧急状态、宣布战争状态等。
人事权	1. 国务院总理、副总理、国务委员、各部部长、各委员会主任、审计长、秘书长,经全国人大或全国人大常委会正式确定人选后,由国家主席宣布其任职或免职。 2. 国家主席根据全国人大常委会的决定,派出或召回驻外大使。
外交权	1. 国家主席代表国家,进行国事活动,接受外国使节。接受外国使节的仪式也叫递交国书仪式。 2. 国家主席根据全国人大常委会的决定,宣布批准或废除条约和重要协定。
荣典权	1. 国家主席根据全国人大常委会的决定,向国家勋章和国家荣誉称号获得者授予国家勋章、国家荣誉称号奖章,签发证书。 2. 国家主席进行国事活动时可以**直接授予**外国政要、国际友人等人士"友谊勋章"。

【帆哥提示】 1. 国家主席只有一项职权可以自行作出:进行国事活动,接受外国使节,在进行国事活动时可以直接授予外国政要、国际友人等人士"友谊勋章"。
2. 国家主席的人事任免权仅限于国务院的组成人员和驻外全权代表。

（三）缺位补救

主席缺位	副主席**继任**。
副主席缺位	全国人大**补选**。
同时缺位	由全国人大进行**补选**；补选之前，由全国人大常委会委员长**暂时代理**国家主席的职位。

五、中央军事委员会

性质和地位	1. 1954年《宪法》规定，国家主席统率全国武装力量，担任国防委员会主席。 2. 1975年《宪法》和1978年《宪法》在取消国家主席设置的情况下，改由中共中央主席统率全国武装力量。 3. 现行《宪法》设立中央军事委员会作为一个独立的国家机关，领导全国武装力量。 4. **中央军事委员会主席对全国人大及其常委会负责。**
组成和任期	1. 由主席、副主席、委员构成。 2. 任期5年。
领导体制	中央军事委员会实行主席负责制。中央军事委员会主席有权对中央军事委员会职权范围内的事务作出最后决策。

【帆哥提示】 1. 军委主席没有连续任职不超过两届的限制。
2. 军事委员会的组成人员中不含秘书长。
3. 中央军事委员会主席对全国人大及其常委会负责，不报告工作。国务院和两高都是整个机关对全国人大及其常委会负责且要报告工作。

【真题示例】
中华人民共和国中央军事委员会领导全国武装力量。关于中央军事委员会，下列哪一表述是错误的？(2015/1/26,单选)①

　　A. 实行主席负责制　　　　　　　B. 每届任期与全国人大相同
　　C. 对全国人大及其常委会负责　　D. 副主席由全国人大选举产生

【分析】 我国宪法明确规定国家机关实行工作责任制原则。责任制分为集体负责制和个人负责制两种形式。各级人大及其常委会、法院、检察院实行集体负责制。中央军事委员会和行政机关实行个人负责制。故A项的说法正确。

我国的国家机关任期都为5年，中央军事委员会也不例外。不同之处在于，中央军事委员会主席只有任期5年的限制而无连任不得超过两届的限制，故B项的说法正确。

其他国家机关都是由人大产生的，应当对人大及其常委会负责并报告工作。我国宪法规定，中央军事委员会主席对全国人大及常委会负责。故C项的说法正确。严格说来，C项的表述也有问题，因为对全国人大及其常委会负责的是军委主席而非军事委员会，但司法部的答案

---

① 【答案】D

认为C项正确。

需要由全国人大选举产生的职位我曾经总结为:人常三主席,法检选首席。即全国人大根据主席团提名,选举产生:1. 人常三主席:"人常"指全国人大常委会的组成人员;"三主席"指国家主席、副主席、军委主席。2. 法检选首席:"首席"指一把手,即最高人民法院院长和最高人民检察院检察长。军委副主席不需要人大选举,是由军委主席提名,在人大会议期间由人大决定任命,在人大闭会期间由人大常委会决定任命。故D项的说法错误。

六、司法机关

关于法院、检察院的性质、地位、组织体系与领导制度,参见诉讼法和《司法制度与法律职业道德》部分,在这里重点掌握公、检、法三机关的关系。

分工负责	**分工负责是前提**。所谓的分工负责,是指三机关根据法律规定的责任,依照法定程序,各司其职、各尽其责,既不越权代办和干涉,也不互相推诿和不履行职责。具体在办理刑事案件时的分工体现为:公安机关负责对刑事案件的侦查、拘留、预审,执行逮捕,依法执行判决,除了由人民检察院依法自行侦查的案件外;人民检察院负责批准逮捕、审查起诉和出庭支持公诉、抗诉;人民法院负责审判。
互相配合	**互相配合基于三机关在工作目的上的一致性**。互相配合是指三机关在分工负责的基础上,通力合作,密切配合,依法办理刑事案件。在办理刑事案件的程序上,公安机关按照法律的规定完成自己的职责及时移交人民检察院,人民检察院在完成自己的职责后及时向人民法院提起公诉,人民法院对该案件进行审判,公安机关执行经人民法院审判需要执行的刑罚。三机关的具体配合还体现在,如逮捕犯罪嫌疑人必须经人民检察院批准或者人民法院决定,由公安机关负责执行。
互相制约	**互相制约是监督原则的体现**,也是国家权力依法行使的重要保障。所谓互相制约,是指三机关在分工配合的基础上,依照法律的规定,互相监督,防止错案的发生,保证准确有效地执行法律。

【真题示例】
我国宪法规定,法院、检察院和公安机关办理刑事案件,应当分工负责,互相配合,互相制约。对此,下列哪些选项是正确的?(2017/1/65,多选)①
A. 分工负责是指三机关各司其职、各尽其责
B. 互相配合是指三机关以惩罚犯罪分子为目标,通力合作,互相支持
C. 互相制约是指三机关按法定职权和程序互相监督
D. 公、检、法三机关之间的这种关系,是权力制约原则在我国宪法上的具体体现

【分析】 所谓互相配合,是指三机关在分工负责的基础上,通力合作,密切配合,依法办理刑事案件,并不是无条件的互相支持。故B错。其余三项正确。

---

① 【答案】A、C、D

第五章 宪法的实施及其保障

第一节 宪法实施概述

一、宪法实施的概念

宪法的遵守	宪法的执行,国家机关贯彻落实宪法内容的活动。要求这些机构在活动程序和活动方式上必须严格执行宪法的规定,也要求这些机构在组织其他国家机关、建立各种制度的过程中严格遵循宪法的规定。	
	狭义的宪法遵守,指社会组织和公民个人遵守宪法的禁止性规定、行使宪法规定的权利和履行宪法规定的义务。	
宪法的适用	通过宪法解释**消除宪法分歧**,**保证准确适用**。	
	通过宪法监督纠正违宪行为,维护宪法秩序。	
宪法实施的保障	政治保障	是宪法外在的保障方式之一,主要是指作为执政党的中国共产党对于宪法的遵守。
	社会保障	也属于宪法外在的保障,即宪法本身没有规定,但在其所处的社会中可以推动宪法实施的社会心理与制度环境,如公民良好的宪法意识、稳定的政治环境等。
	法律保障	即宪法自身的保障,是指由宪法本身所规定的维护宪法尊严、保护宪法实施的理念宣示与制度程序。

二、宪法实施的主要特点

广泛性和综合性	广泛性	包括宪法**实施范围的广泛性**和宪法**实施主体的广泛性**。
	综合性	宪法的实施不可能单纯是宪法本身或者社会生活某一方面的问题,而是整个国家具有高度综合性的社会问题。
最高性和原则性	最高性	宪法在国家法律体系中居于**最根本的地位**、**具有最高的法律效力**,它不仅直接约束国家法律和其他法律性文件的制定和实施,而且对一切国家机关、社会组织和公民的活动也具有最高的约束力。
	原则性	主要表现在两个方面:一是宪法确定的是社会关系主体的基本方向和原则标准,一般**不涉及人们行为**的**具体模式**,这些具体模式则通常由一般法律进行调整;二是宪法在实施过程中,对人们的行为后果往往只是从**总体**上作出肯定与否定的评价,从而为一般法律对人们的行为进行具体评价和追究法律责任提供基础和依据。

(续表)

直接性和间接性	实施方式	就实施方式而言,**虽然宪法在实施过程中也具有直接性,但宪法的实施方式的间接性更为突出**。宪法在实施过程中主要是通过具体法律规范来作用于具体的人和事,国家的其他法律和法律性文件是以宪法为基础并且不能与宪法相抵触。
	制裁	对违宪行为进行追究的方式包括**直接制裁和间接制裁**两个方面。直接制裁是指直接根据宪法来追究违宪行为的法律责任,主要适用于国家机关以及国家机关负责人的违宪行为。间接制裁则指宪法对违宪行为不直接规定制裁措施,而是通过具体法律来追究法律责任。

第二节 宪法修改

一、宪法修改的方式

全面修改	全面修改即对宪法全文进行修改,如 1958 年《法兰西第五共和国宪法》和我国 1975 年《宪法》、1978 年《宪法》、1982 年《宪法》等,都属于全面修改。全面修改主要是从形式上而言的,它一般是在原有宪法基础上的全面更新,因而在内容上**不排除保留原来的一些条款,甚至大部分条款,在结构上一般也维持原有结构不变**。然而,全面修改的方式一般是在特殊情况下,或者是在国家生活中出现某些重大问题的条件下才予以采用。
部分修改	部分修改亦即对宪法原有的部分条款加以改变,或者新增若干条款,而**不牵动其他条款和整个宪法**的修改方式。由于部分修改便于适应形势发展的需要,能够及时反映国家政治、经济、文化等各方面的发展变化,而且又能保持宪法的相对稳定性,维护宪法的权威。

【帆哥提示】 决定宪法是全面修改还是部分修改的关键在于,宪法规范与社会现实的冲突程度。全面修改宪法的起因是宪法规范与社会现实发生非正常性的严重冲突,如立宪或修宪的指导思想错误、宪法的基本制度与社会现实尖锐矛盾等;部分修改宪法的起因则是宪法规范与社会现实之间发生的正常冲突。部分修改的具体方法主要包括修改条文、增补条文和删除条文等。

二、我国宪法的修改

修改制度的演变	1954年《宪法》对我国宪法修改制度从两个方面作了规定：一是规定了宪法修改的机关是全国人民代表大会；二是规定了宪法修改的通过程序，明确规定宪法的修改由全国人民代表大会以全体代表的2/3的多数通过。
	1975年《宪法》只规定了全国人民代表大会有修改宪法的职权，没有对相关程序进行规定。
	1978年《宪法》对宪法修改的规定与1975年《宪法》基本相同。
	现行《宪法》在继承1954年《宪法》关于修改宪法规定的基础上，进一步完善了宪法修改制度。
现行修改制度	宪法修改的机关是**全国人民代表大会**。
	宪法的修改，由**全国人大常委会**或者**1/5以上的全国人大代表**提议。
	宪法的修改由全国人大以全体代表的**2/3以上**的多数通过。
	从现行《宪法》的四次修改来看，**中国共产党中央委员会**的宪法修改建议对我国宪法修改制度和宪法修改实践产生重要影响。 【帆哥提示】 中国共产党中央委员会提出的是宪法修改建议而不是宪法修改议案。

【真题示例】
宪法修改是指有权机关依照一定的程序变更宪法内容的行为。关于宪法的修改，下列选项正确的是：(2016/1/93,不定项)①

A. 凡宪法规范与社会生活发生冲突时，必须进行宪法修改
B. 我国宪法的修改可由五分之一以上的全国人大代表提议
C. 宪法修正案由全国人民代表大会公告公布施行
D. 我国1988年《宪法修正案》规定，土地的使用权可依照法律法规的规定转让

【分析】 宪法修改是调整宪法规范与社会生活冲突的基本形式。当宪法规范与社会生活发生冲突时有可能进行宪法修改，而不是必须进行宪法修改。故A错。

我国1988年《宪法修正案》第2条规定，"土地的使用权可依照法律的规定转让"，可见土地使用权的转让只能依据法律的规定，而不能依据法规的规定，基于此D错。

B、C两项符合我国的宪法修改制度。全国人大常委会或者1/5以上的全国人大代表可以向全国人大提出宪法修改的议案，由全国人大全体代表的2/3以上多数通过，由全国人大以公告公布。

---

① 【答案】B、C

第三节 宪法的解释

一、宪法解释的概念和功能

概念	宪法解释是指特定主体依据一定的标准或原则对宪法内容、含义及其界限所作的一种说明。
	依据宪法解释的主体、性质和后果(是否具有法律效力)可将宪法解释分为正式解释和非正式解释两种。
正式解释的功能	阐明宪法规定的含义,保证宪法的准确适用;维护法制统一和宪法尊严;弥补宪法因时代变迁而产生的不足,推动宪法的自我完善。

二、宪法解释机关

代议机关	**源自英国**。议会为主权机关,不允许司法机关推翻议会所制定的法律;同时在英国,宪法和法律没有明显区别,所以宪法和法律的含义只能由议会作出。
	在中国,**全国人大常委会解释宪法**。
司法机关	源于美国1803年的"**马伯里诉麦迪逊案**"。该判例确立了"违宪的法律不是法律""阐释宪法是法官的职责"的宪法原则,开创了司法审查制度的先河。
	目前世界上有60多个国家采用该体制。法院一般遵循不告不理的原则,只有在审理案件时才可以**附带性地**审查其所适用的法律是否违宪,如果认为违宪则可拒绝在本案中适用。
专门机关	专门机关指宪法法院和宪法委员会。
	专门机关解释宪法普遍采用司法积极主义原则,最早提出建立宪法法院的是**汉斯·凯尔森**。目前奥地利、西班牙、德国、意大利、俄罗斯、韩国等国均建立了宪法法院,法国等国家建立了宪法委员会。
	实施这一制度的理由在于,解释宪法是国家最重要的权力,解释机关应该居于普通国家机关之上,以超然的地位解释宪法争议,维护宪法尊严。

第四节 宪法监督

监督内容	**规范**的合宪性的审查与监督。
	行为的合宪性的审查与监督。
监督体制	普通司法机关监督:起源于马伯里诉麦迪逊案,由普通司法机关在具体争议案件中审查该案涉及的规范性文件是否合宪。
	代议机关监督:起源于英国。我国亦属之。全国人大及其常委会监督宪法的实施。
	专门机关监督:起源于**1799年法国宪法设立的护法元老院**。

(续表)

监督方式	事先审查	在规范性文件尚未颁布实施以前,由有权机关对其合宪性作出审查,对于不合宪的文件或给予修改或给予撤销。
	事后审查	在规范性文件颁布以后,有关主体对其合宪性提出疑问,由有权机关对其合宪性作出审查,对于不合宪的规范性文件予以撤销。
	附带性审查	司法机关在审理具体案件的过程中,当事人或司法机关对案件所涉规范性文件的合宪性提出质疑,由有权国家机关对其合宪性进行审查并作出裁决的活动。附带性审查多为由司法机关保障宪法实施的体制所采用。
	宪法控诉	公民在其宪法权利受到损害时向宪法法院或其他机构提出控诉,要求其对有关行为的合宪性进行审查,以保障自己的宪法权利。
		公民进行宪法控诉,一般来说应在穷尽一切其他救济手段而得不到有效救济时方能使用。
中国监督	监督机关	我国1954年《宪法》确立了代议机关监督的模式。1954年《宪法》规定,宪法的监督机关是全国人大。
		在保留全国人大行使宪法监督职权的基础上,**现行《宪法》又授予了全国人大常委会具有宪法监督的职权**。
	监督方式	事先审查	规范性法律文件的批准属之。
		事后审查	规范性法律文件备案属之。有关主体针对某些文件提出的审查要求和审查建议亦属之。
	制裁措施	撤销违宪法律;宣布违宪法律无效;允许宪法主体不受该法律的约束或者不适用该法律;不得通过违宪法案,并责令立法机关修改;以弹劾、罢免等措施追究违宪行为的责任者。

第五节 宪法实施的保障

政治保障	中国共产党作为执政党模范地遵守和执行宪法。
社会保障	宪法主体遵守宪法、认同宪法、信仰宪法。
	为了提升公民的宪法意识,将**12月4日**设立为宪法日。
法律保障	明确规定宪法是国家的根本大法。
	明确规定其自身具有最高的法律效力。
	规定一切法律、法规都不得与宪法的规定相抵触。
	一切机关、组织和个人都必须以宪法为根本。
	明确规定修改宪法的特别程序。
	明确规定地方各级人大及其常委会有保证宪法在本行政区域内实施的职责。

【真题示例】

根据《宪法》和法律,关于我国宪法监督方式的说法,下列选项正确的是:(2016/1/94,不

定项)①

A. 地方性法规报全国人大常委会和国务院备案,属于事后审查
B. 自治区人大制定的自治条例报全国人大常委会批准后生效,属于事先审查
C. 全国人大常委会应国务院的书面审查要求对某地方性法规进行审查,属于附带性审查
D. 全国人大常委会只有在相关主体提出对某规范性文件进行审查的要求或建议时才启动审查程序

【分析】 行政法规、地方性法规、自治州、自治县的自治条例和单行条例、行政规章在公布后的30日内需要报有关主体备案。备案属于事后审查。故 A 对。

自治条例和单行条例、设区的市、自治州的地方性法规的生效需要相关主体的批准,批准属于事先审查。其中自治区的自治条例和单行条例需要报全国人大常委会批准,自治州和自治县的需要报省级人大常委会批准。设区的市和自治州的地方性法规需要报省级人大常委会批准。故 B 项说法正确。

附带性审查指的是法院在审理具体案件时,对具体案件涉及的规范性文件的合宪性进行审查。全国人大常委会应国务院的书面审查要求对某地方性法规进行审查,属于事后审查。故 C 错。

全国人大常委会既可以在对规范性文件进行批准或备案时启动审查程序,也可以在相关主体提出对某规范性文件进行审查的要求或建议时才启动审查程序。故 D 错。

---

① 【答案】A、B

司法制度和法律
职业道德

第一章 司法制度和法律职业道德概述

第一节 司法和司法制度的概念

一、司法的概念和特征

（一）司法的概念

司法的概念	国家司法机关根据法定职权和法定程序,具体应用法律处理案件的专门活动。
司法概念的发展	近代司法最初是一个政治学或法学概念,**乔治·劳森**提出了政府职能的三重划分:立法、司法、执行。
	受洛克的影响,**孟德斯鸠**第一次全面论述司法问题。司法权就是惩罚犯罪和裁决私人讼争的权力,主张立法、行政、司法三权分立。
	我国古代在君主专制的中央集权制下,行政与司法不分。
	清末从日本引进"司法"一词,司法权就是指审判权,检察厅虽附设于大理院或同级审判厅,但受专门负责司法行政的法部领导。
	1947年的《**中华民国宪法**》体现了"司法独立"原则的基本内容。

（二）司法的特点

独立性	在组织技术上,司法机关只服从法律,不受上级机关、行政机关的干涉。
	司法机关在审判活动中所发表的言论、所作的一切行为不被追究法律责任,司法的独立性是法治的基本要求。
被动性	法律适用的惯常机制是"**不告不理**",司法程序的启动离不开权利人或特定机构的请求或诉求,但司法者从来都不能主动发动一个诉讼。行政机关的职务行为是主动实施的。
交涉性	司法者所作的裁判,必须是在受判决直接影响的有关各方参与下,通过提出证据并进行理性说服和辩论,以此为基础促进裁判的制作。行政管理者通过单方面调查取证而形成决定。
程序性	司法机关处理案件必须依据相应的程序法规定。法定程序是保证司法机关正确、合法、及时地适用法律的前提,是实现司法公正的重要保证。
普遍性	司法的过程是运用法律解决个案纠纷,将法律适用于个案的过程。案件的司法解决意味着个别性事件获得普遍性,普遍性在个案中得以实现。
	在现代社会中,司法是最具普适性的纠纷解决方式。
终极性	法律适用是解决纠纷、处理冲突的最后环节,法律适用结果是最终性的决定。

【真题示例】

司法与行政都是国家权力的表现形式,但司法具有一系列区别于行政的特点。下列哪些选项体现了司法区别于行政的特点?(2014/1/83,多选)①

A. 甲法院审理一起民事案件,未按照上级法院的指示作出裁判

B. 乙法院审理一起刑事案件,发现被告人另有罪行并建议检察院补充起诉,在检察院补充起诉后对所有罪行一并作出判决

C. 丙法院邀请人大代表对其审判活动进行监督

D. 丁法院审理一起行政案件,经过多次开庭审理,在原告、被告及其他利害关系人充分举证、质证、辩论的基础上作出判决

【分析】 A选项符合题意,表明了司法具有独立性的特点,法院上下级之间是监督关系,除了依据法律程序对下级法院的审理活动进行监督外,上级法院不能以任何方式对下级法院的裁判活动进行监督。

B项符合题意,表明司法活动的被动性,司法的裁判权性质决定司法奉行"不告不理"原则。

人大代表可以对司法机关的司法活动、行政机关的执行活动进行监督,故C项不属于司法区别于行政的特征。

D项符合题意,表现出了司法活动相对于行政的更严格的程序性。

二、司法的功能

直接功能	解决纠纷、惩罚犯罪	解决纠纷是司法制度的普遍特征,它是司法制度产生的基础、运作的主要内容和直接任务,也是其他功能发挥的先决条件。
间接功能	人权保障	在法治国家中,司法权力是维护人权的坚强后盾,司法程序是人们依法、理性维权的基本途径,司法机关是保障人权的责任主体,保障人权是司法机关的重要职责。
	调整社会关系	司法制度调整社会关系的功能是通过司法机关和司法组织的各项司法活动发挥出来的。我国司法制度调整社会关系的功能主要是通过人民法院的审判活动来实现的。在法治社会里,只要公民的权利受到侵犯,就应允许该公民通过司法途径寻求救济,这是司法最终解决原则的基本要求。
	解释、补充法律	法律具有滞后性。法官在司法过程中不应当机械地适用法律,而应根据社会生活的变化,对法律进行正确完整的阐释。法官自由裁量应力求达到合法与合理高度的统一,尽可能减少法律使用过程中的不确定性,防止司法擅断与专横。
	形成公共政策	司法对法律与政策没有规范的问题妥善处理,符合法律与政策精神,符合社会公众的一般愿望,有利于裁判结果促进相关法律、政策逐步形成。

---

① 【答案】A、B、D

【真题示例】

关于司法功能的表述,下列哪一选项是错误的?(2010/1/47,单选)①

A. 司法具有解决纠纷、调整社会关系的直接功能和解释、补充法律及形成公共政策、秩序维持、文化支持等间接功能

B. 司法要求司法活动的公开性、裁判人员的中立性、当事人地位的平等性、司法过程的参与性、司法活动的合法性、案件处理的正确性

C. 我国晋代刘颂认为应该严格区分君臣在实现司法公正方面的职责

D. 英国哲学家培根强调司法公正的重要性:"一次不公的判断比多次不平的举动为祸尤烈。因为这些不平的举动不过弄脏了水流,而不公的判断则把水源败坏了。"

【分析】 选项A错误。司法具有解决纠纷的直接功能和调整社会关系、解释和补充法律、形成公共政策、秩序维持、文化支持等间接功能。

选项B说法正确。司法公正主要由以下要素构成:司法活动的公开性、裁判人员的中立性、当事人地位的平等性、司法过程的参与性、司法活动的合法性、案件处理的正确性。

选项C说法正确。刘颂深刻地揭示了影响中国古代司法公正的三个方面的因素——执法官吏、大臣、君主,他严格区分了君臣在司法公正方面各自的职责:"主者守文""大臣释滞""人主权断"。

选项D说法属于培根的名言,当然正确。

三、司法制度

在实行三权分立的国家,司法制度仅指审判制度。
在我国,所谓司法制度除审判制度和检察制度外,还应包括律师制度、公证制度等。
中国特色社会主义司法制度主要由以下四个方面的体系构成:(1) 司法规范体系。(2) 司法组织体系。(3) 司法制度体系。(4) 司法人员管理体系。

【真题示例】

中国特色社会主义司法制度是一个科学系统,既包括体制机制运行体系,也包括理念文化等丰富内容。关于我国司法制度的理解,下列哪一选项是正确的?(2017/1/46,单选)②

A. 我国司法制度主要由四个方面的体系构成:司法规范体系、司法组织体系、司法制度体系、司法文化体系

B. 司法组织体系主要包括审判组织体系、律师组织体系、公证组织体系

C. 人民调解制度和死刑复核制度是独具中国特色的司法制度,司法解释制度和案例指导制度是中外通行的司法制度

D. 各项司法制度既是司法机关职责分工、履行职能的依据和标准,也是监督和规范司法行为的基本规则

【分析】 中国特色社会主义司法制度由司法规范体系、司法组织体系、司法制度体系以及司法人员管理体系构成,故A错。

司法组织体系包括审判组织体系、检察组织体系、律师组织体系、公证组织体系等,故B错。

---

① 【答案】A
② 【答案】D

人民调解制度、人民陪审制度、死刑复核制度、审判监督制度、司法解释制度以及案例指导制度等,都是独具中国特色的司法制度,故 C 错。

各项司法制度既是司法机关明确职责分工和履行司法职能的平台,也是监督和规范司法行为的基本规则,故 D 正确。

四、司法公正

(一)实体公正和程序公正

实体公正	实体公正实为司法者根据实体一般公正的要求,通过在诉讼程序中行使自由裁量权而达到公正的裁判结果,表现为裁判结果的公正,主要体现在事实认定真实和法律适用正确两方面。大陆法系更强调实体公正价值。
程序公正	程序公正是指裁判过程的公正,**法官中立**、**当事人平等地参与**和**主体性地位**、**程序公开**以及**对法官裁判的尊重**,共同构成了英美法上程序公正的因素。

(二)司法公正的要素

合法性	司法机关按照法律规定办事,做到实体合法和程序合法。
中立性	法官同争议的事实和利益没有关联性,不得歧视或者偏袒任何一方。
公开性	立案、庭审公开、审判结果、裁判文书和执行过程公开。
平等性	当事人有平等的诉讼权利,法院平等地保护当事人权利。
参与性	当事人充分地参与到纠纷的解决过程中。
正确性	司法结果要在事实和适用法律两个方面正确。
廉洁性	恪守司法廉洁,是司法公正与司法公信的基石。

【帆哥提示】 司法公正的要素很重要,可以总结为:合中(堂)公平廉洁参正。

【真题示例】

关于司法公正及实体公正、程序公正问题的理解,下列哪些表述是正确的?(2011/1/84,多选)①

A. 司法公正是法治的组成部分和基本内容,是民众对法制的必然要求,司法公正包括实体公正和程序公正两个方面

B. 追求实体公正,是我国司法制度和法律职业道德的基本准则,主要指努力发现案件事实真相和正确适用实体法律

C. 程序公正包括当事人平等地参与、严格遵循法定程序及法官的居中裁判等,保证当事人受到公平对待

D. 根据形势及效率需要,可在有关司法过程中将"类推"和"自由心证"作为司法公正的补充手段

【分析】 司法公正是指司法权运作过程中各种因素达到的理想状态,是现代社会政治民主、进步的重要标志,也是现代国家经济发展和社会稳定的重要保证。它是法律的自身要求,也是依法治国的要求,其基本内涵是要求在司法活动的过程和结果中体现公平、平等、正当、正

---

① 【答案】A、B、C

义的精神。

选项 A 正确。公正是法治的灵魂和核心,司法公正是法治精神的内在要求,司法公正是法治的组成部分和基本内容,是民众对法制的必然要求。其中,司法公正包括实体公正和程序公正。

选项 B、C 正确。司法公正包括实体公正和程序公正。实体公正,主要是指案件事实真相的发现和对实体法的正确适用,其中发现案件事实真相是正确适用实体法的前提,这就要求首先必须正确地认定案件事实。程序公正主要是指司法程序具有正当性和合理性,当事人在司法过程中受到公平的对待。

选项 D 错误。"类推"违背了责任法定原则,应当排除类推的适用。

五、司法效率

内容	司法的时间效率;司法资源的利用效率;司法活动的成本效率。
原则	公正优先,兼顾效率。
提高司法效率的措施	实行立审分离,繁简分流,改进简易程序。
	强化合议庭和独任审判员的作用,完善独立审判制度,提高审判的质量和效率。
	强化审限意识,严格禁止超审限审理案件。
	加强对诉讼调解工作的指导,提高诉讼调解水平。
	加强审判管理,提高司法效率。
	努力加强法官队伍职业化建设,不断提高法官素质。

六、审判独立和检察独立

内容	国家的审判权和检察权只能分别由人民法院和人民检察院依法统一行使,其他机关、团体或个人无权行使这项权力。
	司法机关依照法律独立行使职权,不受行政机关、社会团体和个人的干涉。
	司法机关在司法活动中必须依照法律规定,正确地适用法律。
保障措施	**建立各级党政机关和领导干部支持法院、检察院依法独立公正行使职权的制度机制。**《司法机关内部人员过问案件的记录和责任追究规定》要求:司法机关内部人员应当依法履行职责,严格遵守纪律,不得违反规定过问和干预其他人员正在办理的案件,不得违反规定为案件当事人转递涉案材料或者打探案情,不得以任何方式为案件当事人说情打招呼。司法机关办案人员应当恪守法律,公正司法,不徇私情。对于司法机关内部人员的干预、说情或者打探案情,应当予以拒绝;对于不依正当程序转递涉案材料或者提出其他要求的,应当告知其依照程序办理。司法机关领导干部和上级司法机关工作人员因履行领导、监督职责,需要对正在办理的案件提出指导性意见的,应当依照程序以书面形式提出,口头提出的,由办案人员记录在案。其他司法机关的工作人员因履行法定职责需要,向办案人员了解正在办理的案件有关情况的,应当依照法律程序或者工作程序进行。

(续表)

保障措施	**健全维护司法权威的法律制度。**司法权威是司法机关发挥化解纠纷、定纷止争功能的重要基础。党的十八届四中全会决定指出：健全行政机关依法出庭应诉、支持法院受理行政案件、尊重并执行法院生效裁判的制度。完善惩戒妨碍司法机关依法行使职权、拒不执行生效裁判和决定、藐视法庭权威等违法犯罪行为的法律规定。
	建立健全司法人员履行法定职责保护机制。司法活动事关当事人权利义务分配和利益归属，事关罪与非罪。党的十八届四中全会要求：建立健全司法人员履行法定职责保护机制。非因法定事由，非经法定程序，不得将法官、检察官调离、辞退或者作出免职、降级等处分。

七、司法改革

优化司法职权配置	健全"四机关"分工负责、互相配合、互相制约的体制。
	推动实行审判权和执行权分离的体制改革试点。
	完善刑罚执行制度，统一刑罚执行体制。
	探索实行法院、检察院司法行政事务管理权和审判权、检察权相分离。
完善司法管辖体制	最高人民法院设巡回法庭。
	探索设立跨行政区划的人民法院和检察院。
	完善行政诉讼体制机制。
完善司法权力运行机制	改革法院案件受理制度。
	完善刑事诉讼中认罪认罚从宽制度。
	完善审级制度。
	推进以审判为中心的诉讼制度的改革。
	探索建立检察机关提起公益诉讼制度。
加强对司法活动的监督	健全司法机关内部的监督制约机制。
	加强检察机关的法律监督。
	加强人民群众监督和社会监督。
完善法律职业准入制度	将司法考试制度改革为国家统一法律职业资格考试制度，改革考试内容，将法律职业立场、伦理、技能纳入考试范围。
	建立法律职业人员统一职前培训制度，对职前培训实行统一管理，着力提高法律职业人员的法律信仰、职业操守和职业技能。

第二节　法律职业道德的概念、特征

概念		所谓法律职业道德，是指**法官、检察官、律师、公证员**等法律职业人员在进行法律职业活动过程中，所应遵循的符合法律职业要求的心理意识、行为准则和行为规范的总和。
特征	职业性	与法律职业实践活动紧密相连，反映着法律职业活动对从业人员行为的道德要求。
	实践性	法律职业行为过程，就是法律职业实践过程。法律职业道德调整法律职业关系，对从业人员的法律职业活动的具体行为进行规范。
	正式性	法律职业道德的表现形式较为正式，除了一般职业道德的规章制度、工作守则、服务公约、劳动规程、行为须知等表现形式以外，还通过法律、法规、规范性文件等形式表现出来。
	更高性	法律为调整社会关系的主要规范，在社会中负有分配社会资源、维持社会秩序、解决社会冲突、实现社会正义的功能，因而要求法律职业人员具有更高的道德水准，要求较为明确，法律职业道德的约束力和强制力也更为明显。

【真题示例】
法律在社会中负有分配社会资源、维持社会秩序、解决社会冲突、实现社会正义的功能，这就要求法律职业人员具有更高的法律职业道德水准。据此，关于提高法律职业道德水准，下列哪些表述是正确的？（2016/1/83，多选）①

A. 法律职业道德主要是法律职业本行业在职业活动中的内部行为规范，不是本行业对社会所负的道德责任和义务

B. 通过长期有效的职业道德教育，使法律职业人员形成正确的职业道德认识、信念、意志和习惯，促进道德内化

C. 以法律、法规、规范性文件等形式赋予法律职业道德以更强的约束力和强制力，并加强道德监督，形成他律机制

D. 法律职业人员违反法律职业道德和纪律的，应当依照有关规定予以惩处，通过惩处教育本人及其他人员

【分析】　所谓法律职业道德，是指法官、检察官、律师、公证员等法律职业人员在进行法律职业活动中，所应遵循的符合法律职业要求的心理意识、行为准则和行为规范的综合，是本行业对社会所负的道德责任和义务。故 A 错。其他三个选项都正确。

---

① 【答案】B、C、D

第二章　审判制度与法官职业道德

第一节　审判制度的基本原则与主要审判制度

一、审判制度的基本原则

审判独立原则	我国宪法、人民法院组织法和三大诉讼法均规定，人民法院依照法律规定独立行使审判权，不受行政机关、社会团体和个人的干涉。审判独立包括外部独立与内部独立两重含义。外部独立是指法院独立依法行使审判权，不受各种社会力量的法外干预。内部独立是指法官在执行审判职务过程中应独立于其同事和上级法院法官。
不告不理原则	未经控诉一方提起控诉，法院不得自行主动对案件进行裁判的一项审判基本原则。具体包括两层含义：一是没有原告的起诉，法院不得启动审判程序，即原告的起诉是法院启动审判程序的先决条件；二是法院审判的范围应与原告起诉的范围相一致，法院不得对原告未提出诉讼请求的事项进行审判。
直接言词原则	直接原则也称直接审理原则，要求参加审判的法官必须亲自参加证据审查，聆听法庭辩论。这一原则强调审理法官与判决法官的一体化。 言词原则也称言词审理原则，要求当事人等在法庭上须用言词形式开展质证与辩论。这一原则是公开原则、辩论原则和直接原则实施的必要条件。 直接言词原则反映了我国诉讼活动的亲历性。
及时审判原则	人民法院审判案件应在法律规定的期限内进行，而且应尽量做到快速结案。审判及时是现代审判活动的重要特征，体现了国家、当事人和社会公众对审判过程和审判结果在时间上的期望与要求。
保护人权原则	司法活动必须尊重和保护人权。

二、主要审判制度

我国的审判制度主要有：两审终审制度、审判公开制度、人民陪审员制度、审判监督制度。重点掌握人民陪审员制度。

人民陪审员选任条件	拥护中华人民共和国宪法、品行良好、公道正派、身体健康、具有选举权和被选举权的**年满28周岁**的公民，原则上都具备担任人民陪审员的资格。担任人民陪审员一般应当具有**高中以上文化学历**，但是农村地区和贫困偏远地区公道正派、德高望重者不受此限。
	人民代表大会常务委员会组成人员，人民法院、人民检察院、公安机关、国家安全机关、司法行政机关的工作人员和执业律师不能担任人民陪审员。因犯罪受过刑事处罚的或者被开除公职的，以及不能正确理解和表达意思的人员，**不得担任人民陪审员**。
人民陪审员选任程序	**基层和中级人民法院**每5年从符合条件的当地选民（或者当地常住居民）名单中随机抽选当地法院法官员额数5倍以上的人员作为人民陪审员候选人，制作人民陪审员候选人名册，建立人民陪审员候选人信息库。
	基层和中级人民法院会同同级司法行政机关对人民陪审员候选人进行资格审查，征求候选人意见，从审核过的名单中随机抽选不低于当地法院法官员额数3~5倍的人员作为人民陪审员，建立人民陪审员名册，提请同级人大常委会任命。
	对于可以实行陪审制审理的案件，人民法院要及时告知当事人有申请人民陪审员参与庭审的权利。当事人有权申请人民陪审员回避，是否回避由人民法院依法决定。
人民陪审员参审范围	涉及群体利益、社会公共利益的，人民群众广泛关注或者其他社会影响较大的第一审刑事、民事、行政案件，以及可能判处10年以上有期徒刑、无期徒刑的第一审刑事案件，原则上实行人民陪审制审理。
	第一审刑事案件被告人、民事案件当事人、行政案件原告申请由人民陪审员参加合议庭审判的，可以实行人民陪审制审理。

第二节 审判机关

一、法院

审判机关的设置及职能在诉讼法中有详细的阐述，这里讲述特殊的法院：军事法院、海事法院、知识产权法院。

（一）军事法院

设置	我国军事法院为**三级**设置。
职权	审判现役军人、军队在编职工的**刑事案件**和依照法律、法令规定由它管辖的案件。

（续表）

体制	中国人民解放军军事法院对中华人民共和国中央军事委员会和中国人民解放军总政治部负责，其他各级军事法院对本级政治机关负责。
	各级军事法院的审判工作受最高人民法院监督，下级军事法院的审判工作受上级军事法院监督。
	中国人民解放军军事法院院长由最高人民法院院长提请全国人民代表大会常务委员会任免。

（二）海事法院

海事法院	1. 海事法院设在宁波、广州、上海、武汉、青岛、天津、大连、海口、厦门、北海等地，其地位相当于中级人民法院。各海事法院在各大港口设立派出法庭。
	2. 受理海事侵权纠纷案件、海商合同纠纷案件、其他海事海商纠纷案件和海事执行案件。
	3. 海事案件的审级为"**三级两审终审制**"。

（三）知识产权法院

知识产权法院	知识产权法院设在北京、上海、广州。
	知识产权法院受最高人民法院和所在地的高级人民法院监督。
	知识产权法院院长由所在地的市人大常委会**主任会议**提请本级人大常委会任免。知识产权法院副院长、庭长、审判员和审判委员会委员由**知识产权法院院长**提请所在地的市人大常委会任免。
	知识产权法院对所在地的市人大及其常委会负责并报告工作。

（四）最高人民法院巡回法庭

设置	2016年11月1日，中央全面深化改革领导小组第二十九次会议审议通过了《关于最高人民法院增设巡回法庭的请示》。目前，最高人民法院设立最高人民法院第一巡回法庭（设在深圳市）、第二巡回法庭（设在沈阳市）、第三巡回法庭（设在重庆市）、第四巡回法庭（设在西安市）、第五巡回法庭（设在南京市）和第六巡回法庭（设在郑州市）。
职责	巡回法庭相当于最高人民法院的派出机构，**在审级上等同于最高人民法院，其判决效力等同于最高人民法院的判决**，均为终审判决。
意义	最高人民法院设立巡回法庭，审理跨行政区域重大行政和民商事案件，有利于审判机关重心下移、就地解决纠纷、方便当事人诉讼；有利于避免地方保护主义干扰，保证案件审判更加公平公正；有利于最高人民法院本部集中精力制定司法政策和司法解释、审理对统一法律适用有重大指导意义的案件。

二、审判组织

根据《人民法院组织法》和《刑事诉讼法》《民事诉讼法》《行政诉讼法》的规定，人民法院的审判组织有独任庭、合议庭和审判委员会三种。这里重点讲述审判委员会。

性质地位	人民法院内部对审判工作实行集体领导的组织形式为审判委员会。审判委员会实行**民主集中制**。
组成人员任免	地方各级人民法院审判委员会委员,由院长提请本级人民代表大会常务委员会任免;最高人民法院审判委员会委员,由最高人民法院院长提请全国人民代表大会常务委员会任免。
职责	审判委员会的任务是总结审判经验,讨论重大的或者疑难的案件和其他有关审判工作的问题。
	根据最高人民法院的司法解释,以下合议庭难以作出决定的疑难、复杂、重大的刑事案件,才提请院长决定提交审判委员会讨论决定:拟判处死刑的;合议庭成员意见有重大分歧的;检察院抗诉的;在社会上有较大影响的;其他需要由审判委员会讨论决定的。
	独任审判的案件,开庭审理之后,独任审判员认为有必要的,也可以提请院长决定提交审判委员会讨论决定。
工作程序	各级人民法院审判委员会会议由院长主持,**本级人民检察院检察长可以列席并发表意见,但不参加表决**。院长因故不能参加时,可委托一名副院长主持。审判委员会会议必须由**超过半数以上**的委员出席方能举行。
	审判委员会讨论案件,应当在合议庭审理的基础上进行,并且应当充分听取合议庭成员关于审理和评议情况的说明。审判委员会讨论案件时,如果有意见分歧,按照少数服从多数的原则进行表决。审判委员会作出的决议,须经审判委员会全体委员半数以上通过。少数人的意见,应当记入笔录。
	审判委员会的决定,合议庭应当执行。审判委员会讨论决定的案件的判决书和裁定书,应当以审理该案件的合议庭成员的名义发布。

【真题示例】
审判组织是我国法院行使审判权的组织形式。关于审判组织,下列说法错误的是:(2015/1/98,不定项)①

A. 独任庭只能适用简易程序审理民事案件,但并不排斥普通程序某些规则的运用

B. 独任法官发现案件疑难复杂,可以转为普通程序审理,但不得提交审委会讨论

C. 再审程序属于纠错程序,为确保办案质量,应当由审判员组成合议庭进行审理

D. 不能以审委会名义发布裁判文书,但审委会意见对合议庭具有重要的参考作用

【分析】 独任庭可以审理:第一审的刑事自诉案件和其他轻微刑事案件;第一审的简单民事案件和经济纠纷案件;适用特别程序审理的案件。独任审理的案件,按照简易程序进行,以方便当事人,提高审判效率。但是,仍然要依照法律的规定进行。在审理过程中,要认真执行法律规定的审判公开、回避、辩护、两审终审等各项原则和制度,切实保障当事人和其他诉讼参与人的诉讼权利,以保证办案质量,实现司法公正。A项认为只能适用简易程序审理民事案件不正确,符合条件的刑事案件也可以,故A项的说法错误。

---

① 【答案】A、B、C、D

独任审判的案件,开庭审理之后,独任审判员认为有必要的,可以提请院长决定提交审判委员会讨论决定。故 B 项的说法错误。

第二审案件、再审案件、死刑复核案件、第一审行政案件,一律组成合议庭进行审判。合议庭可以由审判员组成,也可以由审判员和人民陪审员组成。故 C 项的说法错误。

审判委员会的决定,合议庭应当执行。换句话说,对合议庭有拘束力,而非参考。故 D 项的说法错误。

第三节 法 官

一、法官的条件

一般条件	禁止性条件	限制条件
1. 具有中华人民共和国国籍;	曾因**犯罪**受过刑事处罚的;曾被开除**公职**的,不能担任法官。	法官不得兼任人大常委会的组成人员,不得兼任行政机关、检察机关以及企业、事业单位的职务,不得兼任律师。
2. 年满 **23** 岁;		
3. 拥护中华人民共和国宪法;		
4. 有良好的政治、业务素质和良好的品行;		
5. 身体健康;		
6. 高等院校法律专业本科毕业或者高等院校非法律专业本科毕业具有法律专业知识,从事法律工作满二年,其中担任高级人民法院、最高人民法院法官,应当从事法律工作满三年;获得法律专业硕士学位、博士学位或者非法律专业硕士学位、博士学位具有法律专业知识,从事法律工作满一年,其中担任高级人民法院、最高人民法院法官,应当从事法律工作满二年。		

二、法官的任免

(一)任职

	最高院	地方各级	特殊(直辖市或省内按地区设立的中级人民法院)
院长	全国人民代表**大会**选举和罢免	地方各级人民代表大会选举和罢免	省一级人大常委会根据**主任会议的提名**决定任免
副院长、审委会委员、庭长、副庭长和审判员	最高院院长(提请)↓全国人大**常委会**任免	本院院长(提请)↓本级人大**常委会**任免	**高院院长提请省一级的人大常委会任免**

【帆哥提示】
1. 在省、自治区内按地区设立的和在直辖市内设立的中级人民法院院长,由省、自治区、直辖市人民代表大会常务委员会根据主任会议的提名决定任免,副院长、审判委员会委员、庭长、副庭长和审判员由高级人民法院院长提请省、自治区、直辖市的人民代表大会常务委员会任免。
2. 人民法院的助理审判员由本院院长任免。
3. 法官选任的主要改革措施:
（1）配合省以下法院人事统管改革,推动在省一级设立法官遴选委员会,从专业角度提出法官人选,由组织人事、纪检监察部门在政治素养、廉洁自律等方面把关,人大依照法律程序任免。
（2）**推进法院人员分类管理制度改革,将法院人员分为法官、审判辅助人员和司法行政人员**,实行分类管理。与之配套的,则是拓宽审判辅助人员的来源渠道,建立审判辅助人员的正常增补机制,减少法官事务性工作负担。
（3）建立法官员额制,对法官在编限额内实行员额管理,确保法官主要集中在审判一线,高素质人才能够充实到审判一线。
（4）完善法官等级晋升机制,确保一线办案法官即使不担任领导职务,也可以正常晋升到较高的法官等级。
（5）完善法官选任制度,针对不同层级的法院,设置不同的法官任职条件。初任法官首先到基层人民法院任职,**上级法院法官原则上从下一级法院遴选产生**。

（二）免职

法官有右边情形之一的被免职	丧失中华人民共和国国籍的;
	调出本法院的;
	职务变动不需要保留原职务的;
	经考核确定为不称职的;
	因健康原因长期不能履行职务的;
	退休的;
	辞职或者被辞退的;
	因违纪、违法犯罪不能继续任职的。

（三）任职回避

职务回避	有夫妻关系、直系血亲关系、三代以内旁系血亲以及近姻亲关系的,不得同时担任右边职务	同一人民法院的院长、副院长、审判委员会委员、庭长、副庭长;(**不能同时担任领导职务**)
		同一人民法院的院长、副院长和审判员、助理审判员;(**不能有直接指挥关系**)
		同一审判庭的庭长、副庭长、审判员、助理审判员;(**不能在同一法庭任职**)
		上下相邻两级人民法院的院长、副院长。

(续表)

业务回避	从人民法院离任后**2年**内,**不得以律师身份担任诉讼代理人或者辩护人**。
	从人民法院离任后,不得担任**原任职法院**办理案件的诉讼代理人或者辩护人。
	法官的配偶、子女不得担任其**所任职法院**办理案件的诉讼代理人或者辩护人。

【真题示例】

关于法官任免和法官行为,下列哪一说法是正确的?(2013/1/46,单选)①
A. 唐某系某省高院副院长,其子系该省某县法院院长。对唐某父子应适用任职回避规定
B. 楼法官以交通肇事罪被判处有期徒刑一年、缓刑一年。对其无须免除法官职务
C. 白法官将多年办案体会整理为《典型案件法庭审理要点》,被所在中级法院推广到基层法院,收效显著。对其应予以奖励
D. 陆法官在判决书送达后,发现误将上诉期15日写成了15月,立即将判决收回,做出新判决书次日即交给当事人。其行为不违反法官职业规范规定

【分析】 唐某系某省高院副院长,其子系该省某县法院院长,唐某父子之间的关系不属于上下相邻两级人民法院的院长、副院长,不应适用任职回避的规定。所以,选项A错误。

根据《法官法》第13条的规定,"法官有下列情形之一的,应当依法提请免除其职务……(八)因违纪、违法犯罪不能继续任职的"。楼法官以交通肇事罪被判处有期徒刑一年、缓刑一年,说明楼法官已经触犯刑法,已构成违法犯罪,应当依法提请免除其职务。所以,选项B错误。

根据《法官法》第29条规定,"法官在审判工作中有显著成绩和贡献的,或者有其他突出事迹的,应当给予奖励"。白法官有突出的事迹,应予奖励。所以,选项C正确。

根据《民事诉讼法》第154条的规定,"裁定适用于下列范围……(七)补正判决书中的笔误"。陆法官不需要将判决书收回,只需要作个补正笔误的裁定就可以了。所以,选项D错误。

三、法官的奖励和惩戒

应当给予奖励的情形	在审理案件中秉公执法,**成绩显著**的。
	总结审判实践经验成果突出,对审判工作**有指导作用**的。
	对审判工作提出改革建议被采纳,**效果显著**的。
	保护国家、集体和人民利益,使其免受重大损失,**事迹突出**的。
	勇于同违法犯罪行为作斗争,**事迹突出**的。
	提出司法建议被采纳或者开展法制宣传、指导人民调解委员会工作,**效果显著**的。
	保护国家秘密和审判工作秘密,有**显著成绩**的。 有**其他功绩**的。

---

① 【答案】C

(续表)

应当给予惩戒的情形	散布有损国家声誉的言论,参加非法组织,参加旨在反对国家的集会、游行、示威等活动,参加罢工。
	贪污受贿。
	徇私枉法。
	刑讯逼供。
	隐瞒证据或者伪造证据。
	泄露国家秘密或者审判工作秘密。
	滥用职权,侵犯自然人、法人或者其他组织的合法权益。
	玩忽职守,造成错案或者给当事人造成严重损失。
	拖延办案,贻误工作。
	利用职权为自己或者他人谋取私利。
	从事营利性的经营活动。
	私自会见当事人及其代理人,接受当事人及其代理人的请客送礼。
	其他违法乱纪的行为。

四、法官的辞退

法官有右边情形之一的,予以辞退:	在年度考核中,**连续两年**确定为不称职的;
	不胜任现职工作,又不接受另行安排的;
	因审判机构调整或者缩减编制员额需要调整工作,本人拒绝合理安排的;
	旷工或者无正当理由逾假不归**连续超过 15 天**,或者一年内**累计超过 30 天**的;
	不履行法官义务,经教育仍不改正的。

五、法官的保障

职业保障	法官履行职责应当具有职权和条件;法官依法审判案件不受行政机关、社会团体和个人的干涉;非因法定程序、法定事由,不被免职、辞职、辞退或者处分。
人身和财产保障	法官依法履行职责,受法律保护;法官的人身、财产和住所安全受法律保护。
工资保险福利保障	法官实行定期增资制度。经考核确定为优秀、称职的,可以按照规定晋升工资;有特殊贡献的,可以按照规定提前晋升工资。法官享受国家规定的审判津贴、地区津贴、其他津贴以及保险和福利待遇。

第四节　法官的职业道德

一、忠诚司法事业

忠诚司法事业	牢固树立社会主义法治理念，忠于党、忠于国家、忠于人民、忠于法律，做中国特色社会主义事业的建设者和捍卫者。
	坚持和维护中国特色社会主义司法制度，认真贯彻落实依法治国基本方略，尊崇和信仰法律，模范遵守法律，严格执行法律，自觉维护法律的权威和尊严。
	热爱司法事业，珍惜法官荣誉，坚持职业操守，恪守法官良知，牢固树立司法核心价值观，以维护社会公平正义为己任，认真履行法官职责。
	维护国家利益，遵守政治纪律，保守国家秘密和审判工作秘密，不从事或参与有损国家利益和司法权威的活动，不发表有损国家利益和司法权威的言论。

二、保证司法公正

维护审判独立	**外部独立**。法官在行使审判权时与司法体系外的其他国家权力、其他影响相独立。
	内部独立。法官应当尊重其他法官对审判职权的独立行使，排除法院系统内部对法官独立审判的干涉和影响。
	内心独立。法官不论在何种情况下，都应当有独立意识，自觉地对案件作出判断，排除各种不当影响，并有勇气坚持自己认为正确的观点。
确保裁判结果公平公正	法官应当坚持以事实为根据，以法律为准绳，努力查明案件事实，准确把握法律精神，正确适用法律，合理行使裁量权，避免主观臆断、超越职权、滥用职权，确保案件裁判结果公平公正。法官要通过对案件的审判，制裁违法行为，保护公民的人身权利、财产权利及其他合法权利，实现公正的结果。
坚持实体公正与程序公正并重	法官应当牢固树立程序意识，坚持实体公正与程序公正并重，严格按照法定程序执法办案，充分保障当事人和其他诉讼参与人的诉讼权利，避免执法办案中的随意行为。法官必须遵循法定的诉讼程序，保证所有当事人在诉讼中的平等地位。**实体公正是程序公正的目的，程序公正是实体公正的保障**。随着法治的发展，程序公正的独立价值也日益显现出来。
提高司法效率	严格遵守审限。
	法官的职权活动应当充分考虑效率因素。
	监督当事人及时完成诉讼活动。

（续表）

公开审判	认真贯彻司法公开原则，尊重人民群众的知情权，自觉接受法律监督和社会监督，同时避免司法审判受到外界的不当影响。
遵守回避规定	法官应当自觉遵守司法回避制度，审理案件保持中立公正的立场，平等对待当事人和其他诉讼参与人，不偏袒或歧视任何一方当事人，不私自单独会见当事人及其代理人、辩护人。
	《关于人民法院落实廉政准则防止利益冲突的若干规定》第6条规定，人民法院工作人员在审理相关案件时，以本人或者他人名义持有与所审理案件相关的上市公司股票的，应主动申请回避。
	法官在履行职责时，应当平等对待当事人和其他诉讼参与人，不得以其言语和行为表现出任何歧视，并有义务制止和纠正诉讼参与人和其他人员的任何歧视性言行；法官应当充分注意到由于当事人和其他诉讼参与人的民族、种族、性别、职业、宗教信仰、教育程度、健康状况和居住地等因素而可能产生的差别，保障诉讼各方平等、充分地行使诉讼权利和实体权利。禁止法官的单方接触。
不办关系案、人情案、金钱案	法官应当尊重其他法官对审判职权的依法行使，除履行工作职责或者通过正当程序外，**不过问、不干预、不评论**其他法官正在审理的案件。
	法官应当严格依法办案，不受当事人及其委托的律师利用各种关系、以不正当方式对案件审判进行的干涉或者施加的影响；律师在代理案件之前及其代理过程中，不得向当事人宣称自己与受理案件法院的法官具有亲朋、同学、师生、曾经同事等关系，并不得利用这种关系或者以法律禁止的其他形式干涉或者影响案件的审判。

三、确保司法廉洁

自重、自省，坚守廉洁底线	法官应当树立正确的权力观、地位观、利益观，坚持自重、自省、自警、自励，坚守廉洁底线，依法正确行使审判权、执行权，杜绝以权谋私、贪赃枉法的行为。
不得接受诉讼当事人的钱物和其他利益	《法官职业道德基本准则》规定，法官应当严格遵守廉洁司法规定，不接受案件当事人及相关人员的请客送礼，不利用职务便利或者法官身份谋取不正当利益，不违反规定与当事人或者其他诉讼参与人进行不正当交往，不在执法办案中徇私舞弊。
	《关于人民法院落实廉政准则防止利益冲突的若干规定》规定，人民法院工作人员不得接受可能影响公正执行公务的礼金、礼品、宴请以及旅游、健身、娱乐等活动安排。

(续表)

不得从事或参与营利性经营活动	法官应**不从事或者参与营利性的经营活动**，不在企业及其他营利性组织中兼任法律顾问等职务，不就未决案件或者再审案件给当事人及其他诉讼参与人提供咨询意见。
	人民法院工作人员**不得为他人的经济活动提供担保**。
	人民法院工作人员**不得利用职权和职务上的影响**，买卖股票或者认股权证；不得利用在办案工作中获取的内幕信息，直接或者间接买卖股票和证券投资基金，或者向他人提出买卖股票和证券投资基金的建议。
	法官**不得提供法律服务**，不得就未决案件或者再审案件给当事人及其他诉讼参与人提供咨询意见。
不得以特殊身份谋取利益	法官应当妥善处理个人和家庭事务，不利用法官身份寻求特殊利益。

四、坚持司法为民

以人为本	法官应当牢固树立以人为本、司法为民的理念，强化群众观念，重视群众诉求，关注群众感受，自觉维护人民群众的合法权益。
发挥司法的能动作用	法官应当注重发挥司法的能动作用，积极寻求有利于案结事了的纠纷解决办法，努力实现**法律效果与社会效果的统一**。
司法便民	法官应当认真执行司法便民规定，努力为当事人和其他诉讼参与人提供必要的诉讼便利，尽可能降低其诉讼成本。法官应当树立服务意识，做好诉讼指导、风险提示、法律释明等便民服务，避免"冷硬横推"等不良作风。
尊重当事人和其他诉讼参与人	法官应当尊重当事人和其他诉讼参与人的人格尊严，避免盛气凌人、"冷硬横推"等不良作风；尊重律师，依法保障律师参与诉讼活动的权利。这就要求**法官应当认真、耐心地听取当事人和其他诉讼参与人发表意见**；除非因维护法庭秩序和庭审的需要，开庭时不得随意打断或者制止当事人和其他诉讼参与人的发言。

五、维护司法形象

坚持学习，精研业务	法官应当坚持学习，精研业务，忠于职守，秉公办案，惩恶扬善，弘扬正义，保持昂扬的精神状态和良好的职业操守。
坚持文明司法，遵守司法礼仪	法官应当坚持文明司法，遵守司法礼仪，在履行职责过程中行为规范、着装得体、语言文明、态度平和，保持良好的职业修养和司法作风。

(续表)

加强自身修养，约束业外活动	法官应当加强自身修养,培育高尚道德操守和健康生活情趣,杜绝与法官职业形象不相称、与法官职业道德相违背的不良嗜好和行为,遵守社会公德和家庭美德,维护良好的个人声誉。
	法官应当谨慎出入社交场合,谨慎交友,慎重对待与当事人、律师以及可能影响法官形象的人员的接触和交往,特别是**严禁乘警车、穿制服出入营业性娱乐场所**。
	法官**不得参加营利性社团组织**或者可能借法官影响力营利的社团组织,**更不得参加带有邪教性质的组织**。
	法官**可以参加有助于法制建设和司法改革的学术研究和其他社会活动**,但这些活动应当以符合法律规定、不妨碍公正司法和维护司法权威、不影响审判工作为前提。
	法官在职务外活动中,**不得披露或者使用非公开的审判信息和在审判过程中获得的商业秘密、个人隐私以及其他非公开的信息**。
	法官发表文章或者接受媒体采访时,应当保持谨慎的态度,**不得针对具体案件和当事人进行不适当的评论**,避免因言语不当使民众对司法公正产生合理的怀疑。
退休法官的谨慎行为	法官退休后应当遵守国家相关规定,不利用自己的原有身份和便利条件过问、干预执法办案,避免因个人不当言行对法官职业形象造成不良影响。
	法院工作人员在离职或者退休后的规定年限内,不得具有下列行为： (1) 接受与本人原所办案件和其他业务相关的企业、律师事务所、中介机构的聘任。 (2) 担任原任职法院所办案件的诉讼代理人或者辩护人。 (3) 以律师身份担任诉讼代理人、辩护人。

【真题示例】

司法人员恪守司法廉洁,是司法公正与公信的基石和防线。违反有关司法廉洁及禁止规定将受到严肃处分。下列属于司法人员应完全禁止的行为是：(**2016/1/98,不定项**)①

A. 为当事人推荐、介绍诉讼代理人、辩护人
B. 为律师、中介组织介绍案件
C. 在非工作场所接触当事人、律师、特殊关系人
D. 向当事人、律师、特殊关系人借用交通工具

【分析】 最高人民法院、最高人民检察院、公安部、国家安全部、司法部近日联合印发《关于进一步规范司法人员与当事人、律师、特殊关系人、中介组织接触交往行为的若干规定》,司法人员被完全禁止的行为有：(1)泄露司法机关办案工作秘密或者其他依法依规不得泄露的情况；(2)为当事人推荐、介绍诉讼代理人、辩护人,或者为律师、中介组织介绍案件,要求、建

---

① 【答案】A、B、D

议或者暗示当事人更换符合代理条件的律师;(3) 接受当事人、律师、特殊关系人、中介组织请客送礼或其他利益;(4) 向当事人、律师、特殊关系人、中介组织借款、租借房屋,借用交通工具、通讯工具或者其他物品;(5) 在委托评估、拍卖等活动中徇私舞弊,与相关中介组织和人员恶意串通、弄虚作假、违规操作等行为;(6) 司法人员与当事人、律师、特殊关系人、中介组织的其他不正当接触交往行为。基于此,A、B、D 属于完全禁止的行为。

根据《关于进一步规范司法人员与当事人、律师、特殊关系人、中介组织接触交往行为的若干规定》,司法人员在案件办理过程中,应当在工作场所、工作时间接待当事人、律师、特殊关系人、中介组织。因办案需要,确需与当事人、律师、特殊关系人、中介组织在非工作场所、非工作时间接触的,应依照相关规定办理审批手续并获批准;因不明情况或者其他原因在非工作时间或非工作场所接触当事人、律师、特殊关系人、中介组织的,应当在 3 日内向本单位纪检监察部门报告有关情况。据此,司法人员在非工作场所可接触当事人、律师、特殊关系人,只是要获得批准。

第五节　法官的职业责任

一、法官、检察官惩戒委员会

职责	法官、检察官惩戒工作由人民法院、人民检察院与法官、检察官惩戒委员会分工负责。人民法院、人民检察院负责对法官、检察官涉嫌违反审判、检察职责行为进行调查核实,并根据法官、检察官惩戒委员会的意见作出处理决定。
设置	在省(自治区、直辖市)一级设立法官、检察官惩戒委员会。法官惩戒工作办公室设在高级人民法院,检察官惩戒工作办公室设在省级人民检察院。
组成	惩戒委员会由政治素质高、专业能力强、职业操守好的人员组成,包括来自人大代表、政协委员、法学专家、律师的代表以及法官、检察官代表。**法官、检察官代表应不低于全体委员的 50%**,从辖区内不同层级人民法院、人民检察院选任。
	惩戒委员会主任由惩戒委员会全体委员从实践经验丰富、德高望重的资深法律界人士中推选,经省(自治区、直辖市)党委对人选把关后产生。

二、法官执行职务中违纪行为责任的适用

从重、加重处分的情况	有下列情形之一的,应当在《人民法院工作人员处分条例》分则规定的处分幅度以内从重处分: (1) 在共同违纪违法行为中起主要作用的; (2) 隐匿、伪造、销毁证据的; (3) 串供或者阻止他人揭发检举、提供证据材料的; (4) 包庇同案人员的; (5) 法律、法规和本条例分则中规定的其他从重情节。

(续表)

从轻、减轻处分的情况	有下列情形之一的,应当在条例分则规定的处分幅度以内从轻处分: (1) 主动交代违纪违法行为的; (2) 主动采取措施,有效避免或者挽回损失的; (3) 检举他人重大违纪违法行为,情况属实的; (4) 法律、法规和本条例分则中规定的其他从轻情节。 主动交代违纪违法行为,并主动采取措施有效避免或者挽回损失的,应当在本条例分则规定的处分幅度以外降低一个档次给予减轻处分。
处分的解除、变更和撤销	受开除以外处分的,在受处分期间有悔改表现,并且没有再发生违纪违法行为的,处分期满后应当解除处分。解除处分后,晋升工资档次、级别、职务不再受原处分的影响。但是,解除降级、撤职处分的,不视为恢复原级别、原职务。 有下列情形之一的,应当变更或者撤销处分决定: (1) 适用法律、法规或者本条例规定错误的; (2) 对违纪违法行为的事实、情节认定有误的; (3) 处分所依据的违纪违法事实证据不足的; (4) 调查处理违反法定程序,影响案件公正处理的; (5) 作出处分决定超越职权或者滥用职权的; (6) 有其他处分不当情形的。

【真题示例】

银行为孙法官提供了利率优惠的房屋抵押贷款,银行王经理告知孙法官,是感谢其在一年前的合同纠纷中作出的公正判决而进行的特殊安排,孙法官接受该笔贷款。关于法院对孙法官行为的处理,下列说法正确的是:(2016/1/100,不定项)①

A. 法院认为孙法官的行为系违反廉政纪律的行为
B. 如孙法官主动交代,并主动采取措施有效避免损失的,法院应从轻给予处分
C. 由于孙法官行为情节轻微,如经过批评教育后改正,法院可免予处分
D. 确认属于违法所得的部分,法院可根据情况作出责令退赔的决定

【分析】 孙法官接受该笔贷款的行为显然属于违反廉政纪律的行为。故 A 对。

《人民法院工作人员处分条例》第 14 条规定:"主动交待违纪违法行为,并主动采取措施有效避免或者挽回损失的,应当在本条例分则规定的处分幅度以外降低一个档次给予减轻处分。应当给予警告处分,又有减轻处分情形的,免予处分。"基于此,B 错。

《人民法院工作人员处分条例》第 15 条规定:"违纪违法行为情节轻微,经过批评教育后改正的,可以免予处分。"基于此,C 对。

《人民法院工作人员处分条例》第 18 条规定:对违纪违法取得的财物和用于违纪违法的财物,应当没收、追缴或者责令退赔。没收、追缴的财物,一律上缴国库。对违纪违法获得的职务、职称、学历、学位、奖励、资格等,应当建议有关单位、部门按规定予以纠正或者撤销。"基于此,D 正确。

---

① 【答案】A、C、D

第三章 检察制度与检察官职业道德

第一节 检察制度概述

一、检察制度的概念

检察的概念	检察是一种由特定机关代表国家向法院提起诉讼及维护法律实施的司法职能。
检察制度的概念	检察制度是指国家检察机关的性质、任务、组织体系、组织和活动原则以及工作制度的总称。
	检察制度最早起源于13世纪的英国和法国。英国检察官的前身是为国王办理财产诉讼的律师,法国检察官是由封建庄园的管家演变而来。

二、我国检察制度的特征

特征	检察机关是人民代表大会制度下与行政机关、审判机关平行的国家机关,具有独立的宪法地位。
	检察机关是国家法律监督机关,通过履行批捕起诉、查办和预防职务犯罪、诉讼监督等职能,维护国家法制的统一。
	检察机关实行检察一体化原则,体现在: 1. 检察长统一领导检察院的工作。 2. 各级人民检察院设立检察委员会。检察委员会实行民主集中制,在检察长的主持之下,讨论决定重大案件和其他重大问题。如果检察长在重大问题上不同意多数人的决定,可以报请本级人大常委会决定。 3. 最高人民检察院领导地方检察院和专门人民检察院工作,上级检察院领导下级人民检察院的工作。

三、检察制度的基本原则

检察权统一行使原则	即检察一体原则,指各级检察机关、检察官依法构成统一的整体,各级检察机关、检察官在履行职权、职务中,应当根据上级检察机关、上级检察官的批示和命令进行工作和活动,具体包括在上下级检察机关和检察官之间存在上命下从的领导关系、各地和各级检察机关之间具有职能协助的义务、检察官之间和人民检察院之间在职务上可以发生**相互承继、移转和代理**的关系。
检察权独立行使原则	指检察机关依照法律规定独立行使检察权,不受其他机关、社会团体和个人的非法干涉。检察机关对诉讼活动实行法律监督原则。

(续表)

对诉讼活动实行法律监督原则	指检察机关依法对各种诉讼活动的进行,以及诉讼中国家专门机关和诉讼参与人的诉讼活动进行监督,其重点是对诉讼活动中国家机关及其工作人员的违法行为和违法事项进行监督。

【真题示例】

检察一体原则是指各级检察机关、检察官依法构成统一的整体,下级检察机关、下级检察官应当根据上级检察机关、上级检察官的批示和命令开展工作。据此,下列哪一表述是正确的?(2016/1/47,单选)①

A. 各级检察院实行检察委员会领导下的检察长负责制
B. 上级检察院可建议而不可直接变更、撤销下级检察院的决定
C. 在执行检察职能时,相关检察院有协助办案检察院的义务
D. 检察官之间在职务关系上可相互承继而不可相互移转和代理

【分析】 根据《人民检察院组织法》第3条的相关规定,检察长统一领导检察院的工作。各级人民检察院设立检察委员会。检察委员会实行民主集中制,在检察长的主持下,讨论决定重大案件和其他问题。如果检察长在重大问题上不同意多数人的决定,可以报请本级人大常委会决定。基于此,检察院的领导体制是检察长负责制与检察委员会集体领导相结合的领导体制。故A错。

我国检察制度实行检察权统一行使原则。该原则是指各级检察机关、检察官依法构成统一整体,各级检察机关、检察官在履行职权、职务中,应当根据上级检察机关、上级检察官的批示和命令进行工作和活动;具体包括在上下级检察机关和检察官之间存在着上命下从的领导关系、各地和各级检察机关之间具有职能协助义务、检察官之间和检察院之间在职务上可以发生相互承继、移转和代理关系。故B、D错误,C正确。

四、我国主要检察制度

我国法律规定的主要检察制度有检务公开制度、人民监督员制度、立案监督制度、侦查监督制度、刑事审判监督制度、刑罚执行与刑事执行监督制度、民事行政检察制度。这里重点掌握人民监督员制度。

选任机关	人民监督员由**司法行政机关**负责选任,省级和设区的市级司法行政机关分别选任同级人民检察院人民监督员。
设置	**省级人民检察院和设区的市级人民检察院设置人民监督员**。省级人民检察院人民监督员监督省级人民检察院办理的案件。设区的市级人民检察院人民监督员监督设区的市级人民检察院和县级人民检察院办理的案件。直辖市人民检察院人民监督员监督直辖市各级人民检察院办理的案件。

---

① 【答案】C

(续表)

人民监督员选任条件	人民监督员应当是年满23周岁，拥护中华人民共和国宪法，遵守法律，品行良好，身体健康，具有**高中以上文化程度**的中国公民，具备较高的政治素质、广泛的代表性和扎实的群众基础。人民监督员**每届任期5年**，连续任职不得超过两届。省级人民检察院人民监督员和设区的市级人民检察院人民监督员不得互相兼任。
人民监督员选任程序	省级和设区的市级司法行政机关与同级人民检察院协商，根据本辖区案件数量、人口、地域、民族等因素合理确定人民监督员的名额及分布。省级和设区的市级司法行政机关协调有关机关、团体、企事业单位和基层组织推荐人民监督员人选，并接受公民自荐报名，对推荐和自荐人选进行审查，提出拟任人民监督员人选并向社会公示。拟任人选中，机关、团体、事业单位工作人员一般不超过选任总数的50%。对拟任人选经公示无异议或者经审查异议不成立的，作出选任决定、颁发证书并向社会公布。

【真题示例】
根据中央司法体制改革要求及有关检察制度规定，人民监督员制度得到进一步完善和加强。关于深化人民监督员制度，下列哪一表述是错误的？(2015/1/47，单选)①

A. 是为确保职务犯罪侦查、起诉权的正确行使，根据有关法律结合实际确定的一种社会民主监督制度

B. 重点监督检察机关查办职务犯罪的立案、羁押、扣押冻结财物、起诉等环节的执法活动

C. 人民监督员由司法行政机关负责选任管理

D. 参与具体案件监督的人民监督员，由选任机关从已建立的人民监督员信息库中随机挑选

【分析】 人民监督员制度是为确保职务犯罪侦查、起诉权的正确行使，根据有关法律结合实际确定的一种社会民主监督制度。故A的说法正确。

根据《深化人民监督员制度改革方案》，人民监督员对人民检察院办理直接受理立案侦查案件的下列情形实施监督：1. 应当立案而不立案或者不应当立案而立案的；2. 超期羁押或者检察机关延长羁押期限决定不正确的；3. 违法搜查、扣押、冻结或者违法处理扣押、冻结款物的；4. 拟撤销案件的；5. 拟不起诉的；6. 应当给予刑事赔偿而不依法予以赔偿的；7. 检察人员在办案中有徇私舞弊、贪赃枉法、刑讯逼供、暴力取证等违法违纪情况的；8. 犯罪嫌疑人不服逮捕决定的；9. 采取指定居所监视居住强制措施违法的；10. 阻碍律师或其他诉讼参与人依法行使诉讼权利的；11. 应当退还取保候审保证金而不退还的。故B项的说法正确。

根据《深化人民监督员制度改革方案》，人民监督员由司法行政机关负责选任，省级和设区的市级司法行政机关分别选任同级人民检察院人民监督员。故C项的表述正确。

根据《深化人民监督员制度改革方案》，参与具体案件监督的人民监督员，由组织案件监督的人民检察院会同司法行政机关从人民监督员信息库中随机抽选产生。故D项的说法错误。

---

① 【答案】D

第二节 检察机关

一般检察机关的设置参考诉讼法的相关内容,这里重点掌握专门人民检察院:军事检察院。

设置	军事检察院分为三级:(1) 中国人民解放军军事检察院;(2) 大军区军事检察院、海军军事检察院、空军军事检察院;(3) 地区军事检察院、空军军一级军事检察院和海军舰队检察院。
领导体制	军事检察院列入军队建设实行双重领导的体制,中国人民解放军军事检察院在中央军事委员会总政治部和最高人民检察院的领导下工作。
管辖案件	(1)现役军人的犯罪案件;(2) 军内在编职工的犯罪案件;(3) 军人违反职责犯罪中共同犯罪的非军人。

第三节 检 察 官

一、检察官的任职条件

检察官的任职条件和法官的任职条件类似,此不赘述。

二、检察官的任免

最高检察院	最高人民检察院检察长由全国人民代表大会选举和罢免,副检察长、检察委员会委员和检察员由最高人民检察院检察长提请全国人大常委会任免。
地方各级检察院	地方各级人民检察院检察长由地方各级人民代表大会选举和罢免,副检察长、检察委员会委员和检察员由本院检察长提请各本级人大常委会任免。**地方各级人民检察院检察长的任免须报上一级人民检察院检察长提请该级人大常委会批准。**
特殊的检察院分院	在省、自治区内按地区设立的和在直辖市内设立的人民检察院分院检察长、副检察长、检察委员会委员和检察员由**省、自治区、直辖市人民检察院检察长提请本级人民代表大会常务委员会任免**。各级人民检察院的助理检察员由本院检察长任免。

【真题示例】

职业保障是确保法官、检察官队伍稳定、发展的重要条件,是实现司法公正的需要。根据中央有关改革精神和《法官法》、《检察官法》规定,下列哪一说法是错误的?(2015/1/46,单选)①

---

① 【答案】A

A. 对法官、检察官的保障由工资保险福利和职业(履行职务)两方面保障构成
B. 完善职业保障体系,要建立符合职业特点的法官、检察官管理制度
C. 完善职业保障体系,要建立法官、检察官专业职务序列和工资制度
D. 合理的退休制度也是保障制度的重要组成部分,应予高度重视

【分析】 根据《法官法》和《检察官法》的规定,对法官和检察官的保障主要由职业保障、工资保险福利保障、人身和财产保障等方面构成。故 A 项说法错误。

《决定》提出加快建立符合职业特点的法治工作人员管理制度,完善职业保障体系,建立法官、检察官、人民警察专业职务序列及工资制度,故 B、C 项的说法正确。

为保障法官严格执法、独立公正审判案件,需要建立法官的身份保障和经济保障制度。合理的退休制度属于经济保障制度的一个环节。故 D 项的说法正确。

第四节 检察官职业道德

一、忠诚

忠诚	忠于党。
	忠于国家。
	忠于人民。
	忠于宪法和法律、忠于检察事业。

二、为民

为民	坚持以人民利益为重的理念。
	坚持严格、规范、公正、文明执法。
	坚持融入群众、倾听群众呼声、解决群众诉求、接受群众监督。

三、担当

担当	要坚决打击发生在群众身边损害群众利益的各类犯罪,增强群众安全感和满意度,严肃查处职务犯罪案件,对于重大案件特别是人民群众高度关注的案件,果断决策、坚决查办;对于人民群众反映的执法不严、司法不公的现象,敢于监督、善于监督,提高执法公信力和人民群众满意度。
	要坚守良知、公正执法、执法公开,自觉接受人民群众和社会的监督,以公开促公正。敢于担当还体现在善于运用法治思维和法治方式,将不公平、不公正现象纳入法治轨道来解决。
	要直面矛盾,正视问题。检察官要善于发现、勇于承认工作中存在的问题,在深入分析问题症结中找到化解矛盾的办法;对工作出现的失误和错误,主动承担,认真汲取教训。要坚持从严治检,对违法违纪人员要以零容忍的态度严肃查处,坚决清除害群之马。

四、公正

独立履职	检察官应当坚持法治理念,坚决维护法律的效力和权威;依法履行检察职责,不受行政机关、社会团体和个人的干涉,敢于监督,善于监督,不为金钱所诱惑,不为人情所动摇,不为权势所屈服。同时,检察官应当恰当处理好内部工作关系,既独立办案,又相互支持。
理性履职	检察官应当以事实为根据,以法律为准绳,不偏不倚,不滥用职权和漠视法律,正确行使检察裁量权。检察官应当客观、理性地履行职务,不主观意气办事,避免滥用职权的行为发生。
履职回避	检察官之间有夫妻关系、直系血亲关系、三代以内旁系血亲关系以及近姻亲关系的,不得同时担任下列职务:① 同一人民检察院的检察长、副检察长、检察委员会委员;② 同一人民检察院的检察长、副检察长和检察员、助理检察员;③ 同一业务部门的检察员、助理检察员;④ 上下相邻两级人民检察院的检察长、副检察长。
	检察官从人民检察院离任后 **2 年内**,不得以律师身份担任诉讼代理人或者辩护人;检察官从人民检察院离任后,不得担任原任职检察院办理案件的诉讼代理人或者辩护人;检察官的配偶、子女不得担任该检察官所任职检察院办理案件的诉讼代理人或者辩护人。
	审判人员、检察人员、侦查人员有下列情形之一的,应当自行回避,当事人及其法定代理人也有权要求他们回避:① 是本案的当事人或者是当事人的近亲属的;② 本人或者他的近亲属和本案有利害关系的;③ 担任过本案的证人、鉴定人、辩护人、诉讼代理人的;④ 与本案当事人有其他关系,可能影响公正处理案件的。
	对法定回避事由以外可能引起公众对办案公正产生合理怀疑的,应当主动请求回避。
重视证据	检察官应当树立证据意识,依法客观全面地收集、审查证据,不伪造、隐瞒、毁损证据,不先入为主、主观臆断,严格把好事实关、证据关。检察官在办理案件过程中,重调查研究,防止主观臆断,依照法定程序搜集能够证实犯罪嫌疑人、被告人有罪或者无罪、犯罪情节轻重的各种证据,不得隐瞒证据、伪造证据或妨害作证、帮助当事人毁灭、伪造证据。
遵循程序	检察官应当树立程序意识,坚持程序公正与实体公正并重,严格遵循法定程序,维护程序正义。
保障人权	检察官应当树立人权保护意识,尊重诉讼当事人、参与人及其他有关人员的人格,保障和维护其合法权益。

(续表)

尊重律师和法官	检察官应当尊重律师的职业尊严,支持律师履行法定职责,依法保障和维护律师参与诉讼活动的权利。检察官应当出席法庭审理活动,应当尊重庭审法官,遵守法庭规则,维护法庭审判的严肃性和权威性。
遵守纪律	检察官应当严格遵守检察纪律,不违反规定过问、干预其他检察官、其他人民检察院或者其他司法机关正在办理的案件,不私自探询其他检察官、其他人民检察院或者其他司法机关正在办理的案件情况和有关信息,不泄露案件的办理情况及案件承办人的有关信息,不违反规定会见案件当事人、诉讼代理人、辩护人及其他与案件有利害关系的人员。
提高效率	检察官应当努力提高案件质量和办案水平,严守法定办案时限,提高办案效率,节约司法资源。检察官应当提高责任心,在确保准确办案的前提下,尽快办结案件,禁止拖延办案,避免贻误工作。严格执行检察人员执法过错责任追究制度,对于执法过错行为,要实事求是,敢于及时纠正,勇于承担责任。

五、廉洁

坚持廉洁操守	检察官应当怀有朴实的平常心,树立正确的价值观、权力观、金钱观、名利观。检察官应当不以权谋私,以案谋利,借办案插手经济纠纷。
	检察官不应利用职务便利或者检察官的身份、声誉及影响,为自己、家人或者他人谋取不正当利益;不从事、参与经商办企业、违法违规营利活动,以及其他可能有损检察官廉洁形象的商业、经营活动;不参加营利性或者可能借检察官影响力营利的社团组织。
	检察官应当不收受案件当事人及其亲友、案件利害关系人或者单位及其所委托的人以任何名义馈赠的礼品礼金、有价证券、购物凭证以及干股等;不参加其安排的宴请、娱乐休闲、旅游度假等可能影响公正办案的活动;不接受其提供的各种费用报销、出借的钱款、交通通讯工具、贵重物品及其他利益。
避免不当影响	从职权行使的纯洁性、独立性和公正性出发,检察官应当不兼任律师、法律顾问等职务,不私下为所办案件的当事人介绍辩护人或者诉讼代理人。
	退休检察官应当继续保持良好操守,不再延用原检察官身份、职务,不利用原地位、身份形成的影响和便利条件,过问、干预执法办案活动,为承揽律师业务或者其他请托事宜打招呼、行便利,避免因不当言行给检察机关带来不良影响。
妥善处理个人事务	检察官应当慎微慎独,妥善处理个人事务,按照有关规定报告个人有关事项,如实申报收入;保持与合法收入、财产相当的生活水平和健康的生活情趣。

第五节 检察官职业责任

纪律处分的作出	检察人员有贪污贿赂、渎职侵权等刑法规定的行为涉嫌犯罪的，应当给予撤职或者开除处分。
	检察人员有刑法规定的行为，虽不构成犯罪或者不以犯罪论处，但须追究纪律责任的，应当视具体情节给予警告直至开除处分。
	检察人员有其他违法行为，须追究纪律责任的，应当视具体情节给予警告直至开除处分。
	检察人员受到纪律追究，涉嫌违法犯罪的，应当及时移送有关国家机关依法处理；需要给予党纪处分的，应当向有关党组织提出建议。
	因犯罪被判处刑罚的，应当给予开除处分。
	因犯罪情节轻微，被人民检察院依法作出不起诉决定的，或者被人民法院免予刑事处罚的，给予降级、撤职或者开除处分。属于前述规定情形的，应当根据司法机关的生效裁判、决定及其认定的事实、性质和情节，依照《检察人员纪律处分条例》规定给予纪律处分。
	受到党纪处分或者行政处罚，应当追究纪律责任的，可以根据生效的党纪处分决定、行政处罚决定认定的事实、性质和情节，经核实后依照《检察人员纪律处分条例》规定给予纪律处分。
	纪律处分决定作出后，党组织、司法机关、行政机关等改变原生效决定、裁判，对原处分决定产生影响的，应当根据改变后的生效决定、裁判重新作出相应处理。
	纪律处分决定作出后，应当在1个月内向受处分人所在单位及其本人宣布，并由干部人事管理部门按照干部管理权限将处分决定材料归入受处分人档案；对于受到降级以上处分的，还应当在1个月内办理职务、工资等相应变更手续。
从轻或者减轻处分	有下列情形之一的，依照《检察人员纪律处分条例》可以从轻或者减轻处分：(1) 主动交代本人应当受到纪律处分的问题的；(2) 检举他人应当受到纪律处分或者法律追究的问题，经查证属实的；(3) 主动挽回损失、消除不良影响或者有效阻止危害结果发生的；(4) 主动上交违纪所得的；(5) 有其他立功表现的。《检察人员纪律处分条例》规定的只有开除处分一个档次的违纪行为，不适用减轻处分的规定。
从重、加重处分	有下列情形之一的，依照《检察人员纪律处分条例》应当从重或者加重处分：(1) 在集中整治过程中，不收敛、不收手的；(2) 强迫他人违纪的；(3) 本条例另有规定的。故意违纪受处分后又因故意违纪应当受到纪律处分的，应当从重处分。

(续表)

纪律处分的变更和解除	1. 受处分人在处分期间获得三等功以上奖励的，可以缩短处分期间，但缩短后的期间不得少于原处分期间的1/2。 2. 受处分人在处分期间，发现其另有应当受到纪律处分的违纪行为，应当根据新发现违纪行为的事实、性质、情节和已经作出的处分，重新作出处分决定，处分期间依照《检察人员纪律处分条例》第14条的规定重新计算，已经执行的处分期间应当从重新确定的处分期间中扣除。受处分人在处分期间又犯应当受到纪律处分的违纪行为，应当依照前述规定重新作出处分决定，处分期间为原处分期间尚未执行的期间与新处分期间之和。 3. 受处分人在处分期间确有悔改表现，处分期满后，经所在单位或者部门提出意见，由处分决定机关作出解除处分的决定。 4. 解除处分决定应当在1个月内书面通知受处分人，并在一定范围内宣布。解除处分决定应当在作出后的1个月内，由干部人事管理部门归入受处分人档案。 5. 解除降级、撤职处分，不得恢复原职务、级别的工资档次，但以后晋升职务、级别和工资档次不受原处分的影响。

【真题示例】

2016年10月20日，《检察人员纪律处分条例》修订通过。关于规范检察人员的行为，下列哪些说法是正确的？（2017/1/84，多选）①

A. 领导干部违反有关规定组织、参加自发成立的老乡会、校友会、战友会等，属于违反组织纪律行为

B. 擅自处置案件线索，随意初查或者在初查中对被调查对象采取限制人身自由强制措施的，属于违反办案纪律行为

C. 在分配、购买住房中侵犯国家、集体利益的，属于违反廉洁纪律行为

D. 对群众合法诉求消极应付、推诿扯皮，损害检察机关形象的，属于违反群众纪律行为

【分析】《检察人员纪律处分条例》第66条规定："领导干部违反有关规定组织、参加自发成立的老乡会、校友会、战友会等，情节严重，给予警告、记过、记大过或者降级处分。"故A对。

《检察人员纪律处分条例》第81条规定："违反有关规定限制、剥夺诉讼参与人人身自由、诉讼权利的，给予警告、记过或记大过处分；情节较重的，给予降级或者撤职处分；情节严重的，给予开除处分。"故B对。

《检察人员纪律处分条例》第113条规定："在分配、购买住房中侵犯国家、集体利益，情节较轻的，给予警告、记过或者记大过处分；情节较重的，给予降级或撤职处分；情节严重的，给予开除处分。"故C对。

《检察人员纪律处分条例》第127条规定："对群众合法诉求消极应付、推诿扯皮，损害检察机关形象，情节较重的，给予警告、记过或者记大过处分；情节严重的，给予降级或撤职处分。"故D对。

---

① 【答案】A、B、C、D

第四章 律师制度与律师职业道德

第一节 律　师

一、律师制度概述

律师制度的起源	一般认为律师起源于**古罗马时期**。
	近代意义的律师制度发展完善是 17、18 世纪资产阶级民主革命的产物。《美国宪法第 6 条修正案》规定，在一切刑事诉讼中，被告人有权由律师协助其辩护。1808 年《法国刑事诉讼法》系统规定了辩论原则和律师制度。
	中国古代无律师制度，但是出现了"讼师"或"刀笔吏"。清末 1910 年完成起草的《大清刑事民事诉讼法草案》中，有律师参加诉讼的规定。1912 年 9 月 16 日正式公布的《律师暂行章程》创立了民国时期的律师制度。
律师的管理体制	目前世界各国的律师管理体制有三种模式：以日本、法国为代表的律师协会行业管理模式；以德国为代表的司法行政机关监督、指导下的律师协会行业管理模式；以英国、美国为代表的律师协会行业管理与法院监督相结合的模式。
	1. 我国实行司法行政机关管理和律师协会行业管理相结合的律师管理体制。 2.《中共中央关于全面推进依法治国若干重大问题的决定》要求：加强律师事务所管理，发挥律师协会自律作用，规范律师职业行为，监督律师严格遵守职业道德和职业操守，强化准入、退出管理，严格执行违法违规执业惩戒制度。加强律师行业党的建设，扩大党的工作覆盖面，切实发挥律师事务所党组织的政治核心作用。

二、律师执业的资格条件

一般条件	禁止性条件	限制性条件
1. 拥护中华人民共和国宪法； 2. 通过国家统一法律职业资格考试； 3. 在律师事务所实习满一年； 4. 品行良好。	1. 无民事行为能力或者限制民事行为能力的； 2. 受过刑事处罚的，但**过失犯罪的除外**； 3. 被开除公职或者被吊销律师执业证书的。	1. 律师只能在一个律师事务所执业。 2. 公务员不得兼任执业律师。律师担任各级人民代表大会常务委员会组成人员的，任职期间不得从事诉讼代理或者辩护业务。

(续表)

【帆哥提示】 从事律师职业并不一定都要通过司法考试,《律师法》规定:具有高等院校本科以上学历,在法律服务人员紧缺领域从事专业工作满15年,具有高级职称或者同等专业水平并具有相应的专业法律知识的人员,申请专职律师执业的,经国务院司法行政部门考核合格,准予执业。具体办法由国务院规定。	

三、申请律师职业许可的程序

申请	申请人应当向设区的市级或者直辖市的区人民政府司法行政部门提出书面申请,并提交国家统一司法考试合格证书、律师协会出具的申请人实习考核合格的材料、申请人的身份证明、律师事务所出具的同意接收申请人的证明。申请兼职律师执业的,还应当提交所在单位同意申请人兼职从事律师职业的证明,然后由律师事务所将上述申请材料报送住所地司法行政机关。
审查	受理申请的部门应当自受理之日起20日内予以审查,并将审查意见和全部申请材料报送省、自治区、直辖市人民政府司法行政部门。
批准发证	省、自治区、直辖市人民政府司法行政部门应当自收到报送材料之日起10日内予以审核,作出是否准予执业的决定。准予执业的,向申请人颁发律师执业证书;不准予执业的,向申请人书面说明理由。 【帆哥提示】 由省级司法行政部门作出是否准予执业的决定。

四、律师的宣誓

宣誓的主体	经司法行政机关许可,首次取得或者重新申请取得律师执业证书的人员,应当参加律师宣誓。律师宣誓,应当在律师获得执业许可之日起3个月内,采取分批集中的方式进行。律师宣誓仪式,由设区的市级或者直辖市司法行政机关会同律师协会组织进行。
宣誓仪式的要求	宣誓会场悬挂中华人民共和国国旗。 **宣誓仪式由司法行政机关负责人主持,领誓人由律师协会会长或者副会长担任。** 宣誓仪式设监誓人,由司法行政机关和律师协会各派一名工作人员担任。 宣誓人宣誓时,应着律师职业装(或律师袍),免冠,佩戴中华全国律师协会会徽,呈立正姿势,面向国旗,右手握拳上举过肩,随领誓人宣誓。 宣读誓词应当发音清晰、准确,语音铿锵有力。

五、执业律师的义务

执业律师的义务	只能在**一个**律师事务所执业。
	加入所在地的地方**律师协会**。
	不得**私自接受委托**、收取费用。
	不得利用提供法律服务的便利牟取当事人**争议的权益**,或者接受对方当事人的财物。
	不得在**同一案件**中,为**双方当事人**担任代理人。
	律师接受委托后,**无正当理由**的,不得拒绝辩护或代理。
	不得违反规定会见法官、检察官、仲裁员以及其他有关工作人员;不得向法官、检察官、仲裁员以及其他有关工作人员行贿、介绍贿赂或者指使、诱导当事人行贿。
	应当保守在执业活动中知悉的国家**秘密**和当事人对律师的信赖,维护律师的信誉。
	不得提供虚假证据、隐瞒事实或者威胁利诱他人提供虚假证据、隐瞒事实以及妨碍对方当事人合法取得证据。
	不得扰乱法庭、仲裁庭秩序、干扰诉讼、仲裁活动的正常进行。
	曾担任法官、检察官的律师,从人民法院、人民检察院离任后**2年**内,不得担任诉讼代理人或辩护人。
	依照国家规定履行法律援助义务。
	依法纳税。

【帆哥提示】 执业律师的权利是考试的重点内容,但是此问题在刑事诉讼法中讲得比较详细,为了节省篇幅,此处从略,考生根据刑事诉讼法的有关内容把握。

【真题示例】

1. 加强人权司法保障是司法机关的重要职责,也是保证公正司法的必然要求。下列哪一做法符合上述要求?(2017/1/45,单选)①

A. 某公安机关第一次讯问犯罪嫌疑人时告知其有权委托辩护人,但未同时告知其如有经济困难可申请法律援助

B. 某省法院修订进入法庭的安检流程,明确"禁止对律师进行歧视性安检"

C. 某法官在一伤害案判决书中,对被告人及律师"构成正当防卫"的证据和意见不采信而未作回应和说明

D. 某法庭对辩护律师在辩论阶段即将结束时提出的"被告人庭前供述系非法取得"的意见及线索,未予调查

【分析】《关于刑事诉讼法律援助工作的规定》第5条规定:"公安机关、人民检察院在第一次讯问犯罪嫌疑人或者采取强制措施的时候,应当告知犯罪嫌疑人有权委托辩护人,并告知其如果符合本规定的第2条规定,本人及其近亲属可以向法律援助机构申请法律援助",故A

---

① 【答案】B

项做法不符合规定。

《最高人民法院关于全面深化人民法院改革的意见》明确要求"禁止对律师进行歧视性安检",故B项做法符合规定。

《关于依法保障律师执业权利的规定》第36条规定:"人民法院适用普通程序审理案件,应当在裁判文书中写明律师依法提出的辩护、代理意见,以及是否采纳的情况,并说明理由。"基于此,C项的做法不符合规定。

《关于依法保障律师执业权利的规定》第38条规定,律师法庭审理程序提出异议的,法庭原则上应当休庭进行审查,依照法定程序作出决定。基于此,D项的做法不符合规定。

2. 法院、检察院、公安机关、国家安全机关、司法行政机关应当尊重律师,健全律师执业权利保障制度。下列哪一做法是符合有关律师执业权利保障制度的?(2016/1/48,单选)①

A. 县公安局仅告知涉嫌罪名,而以有碍侦查为由拒绝告知律师已经查明的该罪的主要事实

B. 看守所为律师提供网上预约会见平台服务,并提示律师如未按期会见必须重新预约方可会见

C. 国家安全机关在侦查危害国家安全犯罪期间,多次不批准律师会见申请并且说明理由

D. 在庭审中,作无罪辩护的律师请求就被告量刑问题发表辩护意见,合议庭经合议后当庭拒绝律师请求

【分析】《关于依法保障律师执业权利的规定》第6条规定:"辩护律师接受犯罪嫌疑人、被告人委托或者法律援助机构的指派后,应当告知办案机关,并可以依法向办案机关了解犯罪嫌疑人、被告人涉嫌或者被指控的罪名及当时已查明的该罪的主要事实,犯罪嫌疑人、被告人被采取、变更、解除强制措施的情况,侦查机关延长侦查羁押期限等情况,办案机关应当依法及时告知辩护律师。"据此可知,公安局有告知律师已经查明的主要犯罪事实的义务。故A错。

《关于依法保障律师执业权利的规定》第7条规定:看守所应当设立会见预约平台,采取网上预约、电话预约等方式为辩护律师会见提供便利,但不得以未预约会见为由拒绝安排辩护律师会见。基于此,B项中,看守所的做法是没有法律根据的。

《关于依法保障律师执业权利的规定》第9条规定:"辩护律师在侦查期间要求会见危害国家安全犯罪、恐怖活动犯罪、特别重大贿赂犯罪案件在押的犯罪嫌疑人的,应当向侦查机关提出申请。侦查机关应当依法及时审查辩护律师提出的会见申请,在三日以内将是否许可的决定书面答复辩护律师,并明确告知负责与辩护律师联系的部门及工作人员的联系方式。对许可会见的,应当向辩护律师出具许可决定文书;因有碍侦查或者可能泄露国家秘密而不许可会见的,应当向辩护律师说明理由。有碍侦查或者可能泄露国家秘密的情形消失后,应当许可会见,并及时通知看守所和辩护律师。对特别重大贿赂案件在侦查终结前,侦查机关应当许可辩护律师至少会见一次犯罪嫌疑人。"据此可知,C项的做法正当。《关于依法保障律师执业权利的规定》第35条规定:"辩护律师作无罪辩护的,可以当庭就量刑问题发表辩护意见,也可以庭后提交量刑辩护意见。"由此可知,D项的做法错误。

---

① 【答案】C

第二节 律师事务所

一、律师事务所的设立条件

性质	律师事务所为市场中介组织。
设立律所的一般条件	1. 有自己的名称、住所和章程;2. 有符合国务院司法行政部门规定数额的资产;3. 有符合本法规定的律师;4. 设立人应当是具备一定的执业经历,且**3年内未受过停止执业处罚**的律师。
合伙律师事务所	除具备一般条件外,普通合伙应是**3名**以上有**3年**以上执业经历的律师、**30万元**以上资产、有书面合伙协议。特殊的普通合伙要求**20名**以上设立人,**1 000万元**以上资产。
个人律师事务所	除一般条件外,还应当:1. 设立人应当具有**5年以上执业经历**并能够专职执业的律师;2. **10万元以上资产**;3. 设立人对律师事务所的债务承担**无限责任**。
国资所	除一般条件外,应有2名专职律师,由县级司法行政机关筹建,申请设立许可前须经县级政府有关部门核拨编制、提供经费保障。
分所	1. 成立**3年**以上并具有**20名**以上执业律师的合伙律师事务所,可以设立分所。设立分所,须经拟设立分所所在地的省、自治区、直辖市人民政府司法行政部门审核。 2. 律师事务所及其分所受到停业整顿处罚期限未满的,该所不得申请设立分所;律师事务所的分所受到吊销执业许可证处罚的,该所自分所受到处罚之日起2年内不得申请设立分所。 3. **分所的设立条件同于合伙律师事务所**。律师事务所到经济欠发达的市、县设立分所的,派驻律师可以降至1至2名,资产可降至10万元。

二、律师收费制度

政府指导价	种类	担任刑事案件犯罪嫌疑人、被告人的辩护人以及刑事案件自诉人、被害人的代理人。
		担任公民请求支付劳动报酬、工伤赔偿,请求给付赡养费、抚养费、扶养费,请求发给抚恤金、救济金,请求给予社会保险待遇或最低生活保障待遇的民事诉讼、行政诉讼的代理人,以及担任涉及安全事故、环境污染、征地拆迁赔偿(补偿)等公共利益的群体性诉讼案件代理人。
		担任公民请求国家赔偿案件的代理人。
	确定机关	政府指导价的基准价和浮动幅度**由各省、自治区、直辖市人民政府价格主管部门会同同级司法行政部门制定**。政府制定的律师服务收费应当充分考虑当地经济发展水平、社会承受能力和律师业的长远发展,收费标准按照补偿律师服务社会平均成本,加合理利润与法定税金确定。

（续表）

风险代理	办理涉及财产关系的民事案件时，委托人被告知政府指导价后仍要求实行风险代理的，律师事务所可以实行风险代理收费，但下列情形除外：(1) 婚姻、继承案件；(2) 请求给予社会保险待遇或者最低生活保障待遇的；(3) 请求给付赡养费、抚养费、扶养费、抚恤金、救济金、工伤赔偿的；(4) 请求支付劳动报酬的等。禁止刑事诉讼案件、行政诉讼案件、国家赔偿案件以及群体性诉讼案件实行风险代理收费。实行风险代理收费，律师事务所应当与委托人签订风险代理收费合同，约定双方应承担的风险责任、收费方式、收费数额或比例，且最高收费金额不得高于收费合同约定标的额的 **30%**。

【真题示例】

律师事务所应当建立健全执业管理和各项内部管理制度，履行监管职责，规范本所律师执业行为。根据《律师事务所管理办法》，某律师事务所下列哪一做法是正确的？（2017/1/49，单选）①

A. 委派钟律师担任该所出资成立的某信息咨询公司的总经理

B. 合伙人会议决定将年度考核不称职的刘律师除名，报县司法局和律协备案

C. 对本所律师执业表现和遵守职业道德情况进行考核，报律协批准后给予奖励

D. 对受到6个月停止执业处罚的祝律师，在其处罚期满1年后，决定恢复其合伙人身份

【分析】《律师事务所管理办法》第44条规定："律师事务所应当在法定业务范围内开展业务活动，不得以独资、与他人合资或者委托持股方式兴办企业，并委派律师担任企业法定代表人、总经理职务，不得从事与法律服务无关的其他经营性活动。"A选项中，该律师事务所出资成立信息咨询公司，且委派该所律师担任总经理的做法违反了本条规定。因此A选项错误。

《律师事务所管理办法》第43条规定："律师事务所应当建立违规律师辞退和除名制度，对违法违规执业、违反本所章程及管理制度或者年度考核不称职的律师，可以将其辞退或者经合伙人会议通过将其除名，有关处理结果报所在地县级司法行政机关和律师协会备案。"据此，B项做法符合规定。

《律师事务所管理办法》第58条规定："律师事务所应当建立律师执业年度考核制度，按照规定对本所律师的执业表现和遵守职业道德、执业纪律的情况进行考核，评定等次，实施奖惩，建立律师执业档案和诚信档案。"由此可见，对律师进行奖励是由律师事务所实施，C选项中所说"报律协批准后给予奖励"，该办法并未提及。因此C选项错误。

《律师事务所管理办法》第28条第2款规定，受到6个月以上停止执业处罚的律师，处罚期满未逾3年的，不得担任合伙人。因此D选项错误。

---

① 【答案】B

第三节　律师执业行为规范

一、律师职业推广行为规范

推广原则	律师和律师事务所推广律师业务,应当遵守平等、诚信原则,遵守律师职业道德和执业纪律,遵守律师行业公认的行业准则,公平竞争。
	律师和律师事务所应当通过提高自身综合素质、提高法律服务质量、加强自身业务竞争能力的途径,开展、推广律师业务。
	律师和律师事务所可以依法以广告方式宣传律师和律师事务所以及自己的业务领域和专业特长。
	律师和律师事务所可以通过发表学术论文、案例分析、专题解答、授课、普及法律等活动,宣传自己的专业领域。律师和律师事务所可以通过举办或者参加各种形式的专题、专业研讨会,宣传自己的专业特长。
	律师可以以自己或者其任职的律师事务所名义参加各种社会公益活动。
	律师和律师事务所在业务推广中不得为不正当竞争行为。
推广广告	律师发布广告应当具有**可识别性**,应当能够使社会公众辨明是律师广告。
	律师广告可以以律师个人名义发布,也可以以律师事务所名义发布。以律师个人名义发布的律师广告应当注明律师个人所任职的执业机构名称,应当载明律师执业证号。
	具有下列情况之一的,律师和律师事务所不得发布律师广告:(1)没有通过年度考核的;(2)处于停止执业或停业整顿处罚期间的;(3)受到通报批评、公开谴责未满1年的。
	律师事务所和律师**不得以诋毁其他律师事务所、律师或者支付介绍费等不正当手段承揽业务。**律师和律师事务所不得以有悖律师使命、有损律师形象的方式制作广告,不得采用一般商业广告的艺术夸张手段制作广告。同时,律师广告中不得出现违反所属律师协会有关律师广告管理规定的内容。
律师宣传	律师和律师事务所**不得进行歪曲事实和法律**,或者可能使公众对律师产生不合理期望的宣传。
	律师和律师事务所可以宣传所从事的某一专业法律服务领域,但**不得自我声明或者暗示其被公认或者证明为某一专业领域的权威或专家。**
	律师和律师事务所**不得进行律师之间或者律师事务所之间的比较宣传。**

二、律师与委托人或当事人的关系规范

律师与委托人或者当事人关系规范是律师职业行为规范的核心,这里从备考的角度重点讲述以下内容:

（一）委托代理关系

不得拒绝辩护或者代理	律师接受委托后，无正当理由不得拒绝辩护或者代理，或以其他方式终止委托。**委托事项违法、委托人利用律师提供的服务从事违法活动或者委托人故意隐瞒与案件有关的重要事实的**，律师有权告知委托人并要求其整改，有权拒绝辩护或者代理，或以其他方式终止委托，并有权就已经履行事务取得律师费。
禁止虚假承诺	律师根据委托人提供的事实和证据，依据法律规定进行分析，向委托人提出分析性意见。**律师的辩护、代理意见未被采纳，不属于虚假承诺。**
禁止非法谋取委托人权益	律师和律师事务所不得违法与委托人就争议的权益产生经济上的联系，不得与委托人约定将争议标的物出售给自己；不得委托他人为自己或为自己的近亲属收购、租赁委托人与他人发生争议的标的物。律师事务所可以依法与当事人或委托人签订以回收款项或标的物为前提按照一定比例收取货币或实物作为律师服务费用的协议。

（二）利益冲突审查

1. 不得建立或维持委托关系的情形

不得与当事人建立或维持委托关系的情形	（1）律师在**同一案件中**为双方当事人担任代理人，或代理与本人或者其近亲属有**利益冲突**的法律事务的；
	（2）律师办理诉讼或者非诉讼业务，**其近亲属**是对方当事人的法定代表人或者代理人的；
	（3）**曾经亲自处理**或者审理过某一事项或者案件的行政机关工作人员、审判人员、检察人员、仲裁员，成为律师后又办理该事项或者案件的；
	（4）**同一律师事务所**的不同**律师同时担任**同一**刑事案件的被害人的代理人和犯罪嫌疑人、被告人的辩护人，但在该县区域内只有一家律师事务所且事先征得当事人同意的除外；
	（5）在民事诉讼、行政诉讼、仲裁案件中，同一律师事务所的不同律师同时担任争议双方当事人的代理人，或者本所或其工作人员为一方当事人，本所其他律师担任对方当事人的代理人的；
	（6）在非诉讼业务中，除各方当事人共同委托外，同一律师事务所的律师同时担任彼此有利害关系的各方当事人的代理人的；
	（7）在委托关系终止后，同一律师事务所或同一律师在同一案件后续审理或者处理中又接受对方当事人委托的；
	其他与第(1)至第(7)项情形相似，且依据律师执业经验和行业常识能够判断为应当主动回避且不得办理的利益冲突情形。

2. 律师应当提出回避,但委托人同意其代理或者继续承办可不予回避的情形:

有下列情形之一的律师应当告知委托人并主动提出回避,但委托人同意其代理或者继续承办的除外	接受民事诉讼、仲裁案件一方当事人的委托,而同所的其他律师是该案件中对方当事人的近亲属的。
	担任刑事案件犯罪嫌疑人、被告人的辩护人,而同所的其他律师是该案件被害人的近亲属的。
	同一律师事务所接受正在代理的诉讼案件或者非诉讼业务当事人的对方当事人所委托的其他法律业务的。
	律师事务所与委托人存在法律服务关系,在某一诉讼或仲裁案件中该委托人未要求该律师事务所律师担任其代理人,而该律师事务所律师担任该委托人对方当事人的代理人的。
	在委托关系终止后一年内,律师又就同一法律事务接受与原委托人有利害关系的对方当事人的委托的。
	其他与以上各项情况相似,且依据律师执业经验和行业常识能够判断的其他情形。

(三) 转委托

转委托	未经委托人同意,律师事务所不得将委托人委托的法律事务转委托其他律师事务所办理。但在紧急情况下,为维护委托人的利益可以转委托,但应当及时告知委托人。
	受委托律师遇有突患疾病、工作调动等紧急情况不能履行委托协议时,应当及时报告律师事务所,由律师事务所另行指定其他律师继续承办,并及时告知委托人。
	非经委托人的同意,不能因转委托而增加委托人的费用支出。

三、律师参与诉讼和仲裁规范

回避	公务员不得兼任执业律师。律师担任各级人民代表大会常务委员会组成人员的,任职期间不得从事诉讼代理或者辩护业务。
调查取证	律师应当依法调查取证。律师不得向司法机关或者仲裁机构提交明知是虚假的证据。律师作为证人出庭作证的,不得再接受委托担任该案的辩护人或者代理人出庭。
尊重法庭与规范接触司法人员	律师应当遵守法庭、仲裁庭纪律,遵守出庭时间、举证时限、提交法律文书期限及其他程序性规定。
	在开庭审理过程中,律师应当尊重法庭、仲裁庭。律师在执业过程中,因对事实真假、证据真伪及法律适用是否正确而与诉讼相对方意见不一致的,或者为了向案件承办人提交新证据的,与案件承办人接触和交换意见应当在司法机关内指定场所。
	律师在办案过程中,不得与所承办案件有关的司法、仲裁人员私下接触。

四、律师之间的关系规范

禁止不正当竞争的行为	诋毁、诽谤其他律师或者律师事务所信誉、声誉。
	无正当理由，以低于同地区同行业收费标准为条件争揽业务，或者采用承诺给予客户、中介人、推荐人回扣、馈赠金钱、财物或者其他利益等方式争揽业务。
	故意在委托人与其代理律师之间制造纠纷。
	向委托人明示或者暗示自己或者其所属的律师事务所与司法机关、政府机关、社会团体及其工作人员具有特殊关系。
	就法律服务结果或者诉讼结果作出虚假承诺。
	明示或者暗示可以帮助委托人达到不正当目的，或者以不正当的方式、手段达到委托人的目的。
	通过与某机关、某部门、某行业对某一类的法律服务事务进行垄断的方式争揽业务。
	限定委托人接受其指定的律师或者律师事务所提供法律服务，限制其他律师或律师事务所正当的业务竞争。
	串通抬高或者压低收费。
	为争揽业务，不正当获取其他律师和律师事务所收费报价或者其他提供法律服务的条件。
	泄露收费报价或者其他提供法律服务的条件等暂未公开的信息，损害相关律师事务所的合法权益。
	擅自或者非法使用社会专有名称或者知名度较高的名称以及代表其名称的标志、图形文字、代号以混淆误导委托人。
	伪造或者冒用法律服务荣誉称号。

五、律师与所任职的律师事务所关系规范

律师与律师事务所应当遵守和执行的行为规范	律师事务所应当建立健全执业管理、利益冲突审查、收费与财务管理、投诉查处、年度考核、档案管理、劳动合同管理等制度，对律师在执业活动中遵守职业道德、执业纪律的情况进行监督。
	律师事务所应当依法保障律师及其他工作人员的合法权益，为律师执业提供必要的工作条件。律师承办业务，由律师事务所统一接受委托，与委托人签订书面委托合同，按照国家规定统一收取费用。
	律师及律师事务所必须依法纳税。
	律师事务所应当定期组织律师开展时事政治、业务学习，总结交流执业经验，提高律师执业水平。律师事务所应当认真指导申请律师执业实习人员实习，如实出具实习鉴定材料和相关证明材料。

(续表)

律师与律师事务所应当遵守和执行的行为规范	**律师事务所不得从事法律服务以外的经营活动。**
	律师和律师事务所应当按照国家规定履行法律援助义务,为受援人提供法律服务,维护受援人的合法权益。**律师事务所不得指派没有取得律师执业证书的人员或者处于停止执业处罚期间的律师以律师名义提供法律服务。** 律师事务所对受其指派办理事务的律师辅助人员出现的错误,应当采取制止或者补救措施,并承担责任。
	律师事务所有义务对律师、申请律师执业实习人员在业务及职业道德等方面进行管理。

六、律师与律协关系规范

与律协关系	律师和律师事务所应当遵守律师协会制定的律师行业规范和规则。律师和律师事务所享有律师协会章程规定的权利,承担律师协会章程规定的义务。
	律师参加国际性律师组织并成为其会员,以及以中国律师身份参加境外会议等活动的,应当报律师协会备案。
	律师和律师事务所因执业行为成为刑、民事被告,或者受到行政机关调查、处罚的,应当向律师协会书面报告。
	律师应当按时缴纳会费。

【真题示例】

某律师事务所律师代理原告诉被告买卖合同纠纷案件,下列哪一做法是正确的?(2016/1/49,单选)①

　　A. 该律师接案时,得知委托人同时接触他所律师,私下了解他所报价后以较低收费接受委托

　　B. 在代书起诉状中,律师提出要求被告承担精神损害赔偿20万元的诉讼请求

　　C. 在代理合同中约定,如胜诉,在5万元律师代理费外,律师事务所可按照胜诉金额的一定比例另收办案费用

　　D. 因律师代理意见未被法庭采纳,原告要求律师承担部分诉讼请求损失,律师事务所予以拒绝

　　【分析】 无正当理由,以低于同地区同行业收费标准为条件承揽业务,或者采用承诺给予客人、中介人、推荐人回扣、馈赠金钱、财务或者其他利益等方式争揽业务,属于《律师执业行为规范》第78条禁止的不正当竞争行为。故A的做法错误。

违约诉讼中不能主张精神损害赔偿。故B的做法错误。

律师收取的费用可以分为律师费和办案费用。办案费以实际发生为限。律师服务收费可以根据不同的服务内容,采取计件收费、按标的额比例收费和计时收费等方式。其中,计件收费一般不适用于不涉及财产关系的法律事务;按标的额比例收费适用于涉及财产关系的法律

---

① 【答案】D

事务;计时收费适用于全部法律服务。办理涉及财产关系的民事案件时,委托人被告知政府指导价后仍要求实行风险代理的,律师事务所可以实行风险代理收费,但是下列情形除外:(1)婚姻、继承案件;(2)请求给予社会保险待遇或者最低生活保障待遇的;(3)请求给付赡养费、抚养费、扶养费、抚恤金、救济金、工伤赔偿的;(4)请求支付劳动报酬的等。禁止刑事诉讼案件、行政诉讼案件、国家赔偿案件以及群体性诉讼案件实行风险代理收费。风险代理收费金额不得高于收费合同约定标的额的30%。故C项的做法错误。

律师代理意见不被法庭采纳的,不属于虚假承诺,律师不承担责任。故D项的做法正确。

第四节 法律援助制度

一、法律援助制度的特征

无偿性	法律援助服务完全是无偿的,是对贫困或者处于不利地位的人提供免费的法律咨询、代理、刑事辩护等法律服务。
责任主体的特定性	法律援助是政府的责任,县级以上人民政府应当采取积极措施推动法律援助工作,为法律援助提供财政支持,保障法律援助事业与经济、社会协调发展。法律援助经费应当专款专用,接受财政、审计部门的监督。
统一性	对公民的法律援助申请和法院指派的法律援助案件,由法律援助机构统一受理(接受)、统一审查、统一指派、统一监督。

二、法律援助的对象

获得法律援助的资格条件	符合法律援助经济困难标准的公民,可以通过申请获得民事、行政和刑事法律援助。但是有证据证明:(1)犯罪嫌疑人、被告人属于一级或者二级智力残疾的;(2)共同犯罪中,其他嫌疑人、被告人已经委托辩护人的;(3)人民检察院抗诉的;(4)案件具有重大社会影响的,法律援助机构无需进行经济状况审查。
	刑事案件中,犯罪嫌疑人、被告人是盲、聋、哑人,未成年人或者是尚未完全丧失辨认或者控制自己行为能力的精神病人,没有委托辩护人的,人民法院、人民检察院和公安机关应当通知法律援助机构指派律师为其提供辩护。犯罪嫌疑人、被告人可能被判处无期徒刑、死刑,没有委托辩护人的,法院、检察院、公安机关应当通知法律援助机构指派律师为其提供辩护。法院审理强制医疗案件,被申请人或者被告人没有委托诉讼代理人的,法院应当通知法律援助机构指派律师为其提供法律援助。
	《中共中央关于全面推进依法治国若干重大问题的决定》提出:"对不服司法机关生效判决、决定的申诉,逐步实行由律师代理的制度。对聘不起律师的申诉人,纳入法律援助范围。"

（续表）

法律援助对象的权利	认为符合法律规定的法律援助条件的公民，有权向有受理权的法律援助机构提出法律援助申请。
	对法律援助机构不予法律援助的决定有异议的，可以向**主管该法律援助的司法行政机关**提出。
	有权了解为其提供法律援助的进展情况。
	有事实证明法律援助人员未依法履行职责的，可以要求法律援助机构予以更换。
	有权要求法律援助人员保护自己的隐私权。

三、法律援助机构

法律援助机构	县级以上地方各级人民政府司法行政部门监督管理本行政区域的法律援助工作。
法律援助人员	法律援助机构可以指派律师事务所安排律师或者安排本机构的工作人员办理法律援助案件；也可以根据其他社会组织的要求，安排其所属人员办理法律援助案件。

四、法律援助的申请和审查

民事、行政法律援助的申请	请求国家赔偿的，向**赔偿义务机关所在地**的法律援助机构提出申请。
	请求给予社会保险待遇、最低生活保障待遇或者请求发给抚恤金、救济金的，向提供社会保险待遇、最低生活保障待遇或者发给抚恤金、救济金的**义务机关所在地**的法律援助机构提出申请。
	请求给付赡养费、抚养费、扶养费的，向给付赡养费、抚养费、扶养费的**义务人住所地**的法律援助机构提出申请。
	请求支付劳动报酬的，向支付劳动报酬的**义务人住所地**的法律援助机构提出申请。
	主张因见义勇为行为产生的民事权益的，向被**请求人住所地**的法律援助机构提出申请。
刑事法律援助申请	刑事案件的当事人及其法定代理人或其近亲属申请法律援助的，应当向**办理案件的人民法院、人民检察院、公安机关所在地**的法律援助机构提出申请。
	被羁押的犯罪嫌疑人、被告人、服刑人员、强制隔离戒毒人员申请法律援助的，可以通过办理案件的人民法院、人民检察院、公安机关或者所在监狱、看守所、强制隔离戒毒所转交申请。
	申请人员为无民事行为能力或者限制民事行为能力人的，由其法定代理人代为申请。无民事行为能力或者限制民事行为能力人与其法定代理人之间发生诉讼或者因其他利益纠纷需要法律援助的，由与该争议事项无利害关系的其他法定代理人代为提出申请。

五、法律援助实施

实施形式	法律咨询	法律咨询不需要审查经济条件。
	代理	包括刑事代理、民事代理、行政代理、非诉讼代理。
	刑事辩护	担任犯罪嫌疑人、被告人的辩护人,参加刑事诉讼活动。
实施程序	法律援助人员的指派	1. 法律援助机构可以指派律师事务所安排律师或者安排本机构的工作人员办理法律援助案件;也可以根据其他社会组织的要求,安排其所属的人员办理法律援助案件。 2. 无期徒刑、死刑案件必须指派具有一定年限刑事辩护执业经历的律师办理;未成年人案件必须指派熟悉未成年人身心特点的律师办理。
	法律援助的终止的情形	(1)受援人不再符合法律援助经济困难标准的;(2)案件依法终止审理或者被撤销的;(3)受援人自行委托其他代理人或者辩护人的;(4)受援人要求终止法律援助的;(5)受援人利用法律援助从事违法活动的;(6)受援人故意隐瞒与案件有关的重要事实或者提供虚假证据的;(7)法律、法规规定应当终止的其他情形。

【真题示例】

来某县打工的农民黄某欲通过法律援助帮其讨回单位欠薪。根据《法律援助条例》等规定,有关部门下列做法正确的是:(2017/1/100,不定项)①

A. 县法律援助中心以黄某户籍不在本县为由拒绝受理其口头申请,黄某提出异议

B. 县司法局受理黄某异议后函令县法律援助中心向其提供法律援助

C. 县某律所拒绝接受法律援助中心指派,县司法局对该所给予警告的行政处罚

D. 县法院驳回了黄某以"未能指派合格律师、造成损失应予赔偿"为由对县法律援助中心的起诉

【分析】 根据《法律援助条例》(以下简称《条例》)第14条规定,请求支付劳动报酬的,向支付劳动报酬的义务人住所地的法律援助机构提出申请。根据该《条例》第17条规定,申请应当采用书面形式,填写申请表;以书面形式提出申请确有困难的,可以口头申请,由法律援助机构工作人员或者代为转交申请的有关机构工作人员作书面记录。根据该《条例》第19条,申请人对法律援助机构作出的不符合法律援助条件的通知有异议的,可以向确定该法律援助机构的司法行政部门提出。故A项中某县法律援助中心拒绝受理的理由不正确。

根据该《条例》第19条,司法行政部门应当在收到异议之日起5个工作日内进行审查,经审查认为申请人符合法律援助条件的,应当以书面形式责令法律援助机构及时对该申请人提供法律援助。基于此,B正确。

根据该《条例》第27条,律师事务所拒绝法律援助机构的指派,不安排本所律师办理法律援助案件的,由司法行政部门给予警告、责令改正;情节严重的,给予1个月以上3个月以下停业整顿的处罚。基于此,C正确。但是司法部公布的答案C错。

---

① 【答案】B、C、D

根据该《条例》第 21 条,法律援助机构可以指派律师事务所安排律师或者安排本机构的工作人员办理法律援助案件;也可以根据其他社会组织的要求,安排其所属人员办理法律援助案件。对人民法院指定辩护的案件,法律援助机构应当在开庭 3 日前将确定的承办人员名单回复给作出指定的人民法院。又根据《关于刑事诉讼法律援助工作的规定》的规定,法律援助机构指派律师提供辩护的有:未成年人;盲、聋、哑人;尚未完全丧失辨认或者控制自己行为能力的精神病人;可能被判处无期徒刑、死刑的人。由此可见,对于讨薪案件并没有必须由律师实施法律援助的规定,故黄某的起诉理由不合理,法院的做法正确,故 D 应选。

第五章　公证制度及公证员职业道德

一、我国公证制度的特征

特殊的证明活动	**主体的特定性**:只能由公证机构统一行使。公证机构出具的法律文书具有普遍的法律约束力、广泛性、通用性、可靠性、权威性。	
	对象和内容的特定性:公证对象是没有争议的民事法律行为、有法律意义的事实和文书;公证的内容是证明公证对象的真实性与合法性。	
	效力的特殊性:公证文书具有证据效力、强制执行效力、法律行为成立要件效力。	
	程序的法定性。	
非讼的司法活动	公证是一种**预防性**的法律制度,其活动的宗旨是通过公证活动预防纠纷,避免不法行为的发生,减少诉讼。	

二、公证机构的设立

设立条件	有自己的名称。
	有固定的场所。
	有 **2** 名以上公证员;
	有开展公证业务所必需的资金。
批准机关	设立公证机构,由所在地的司法行政部门报**省、自治区、直辖市人民政府司法行政部门按照规定程序批准**后,颁发公证机构执业证书。
负责人	公证机构的负责人应当**在有 3 年以上执业经历的公证员中推选产生**,由所在地的司法行政部门核准,报省、自治区、直辖市人民政府司法行政部门备案。
冠名方式	在县、不设区的市设立公证机构的,冠名方式为:**省(自治区、直辖市)名称 + 本县、市名称 + 公证处**。
	在设区的市或其市辖区设立公证机构的,冠名方式为:**省(自治区)名称 + 本市名称 + 字号 + 公证处**。
	在直辖市或其市辖区设立公证机构的,冠名方式为:**直辖市名称 + 字号 + 公证处**。

三、公证员的条件与任免

（一）公证员的任职条件

一般条件	具有中华人民共和国国籍。
	年龄 25 周岁以上 65 周岁以下。
	公道正派，遵纪守法，品行良好。
	通过法律职业资格考试。
	在公证机构实习 2 年以上或者具有 3 年以上其他法律职业经历并在公证机构实习 1 年以上，经考核合格。
考核任职	从事法学教学、研究工作，具有高级职称的人员，或者具有本科以上学历，从事审判、检察、法制工作、法律服务满 10 年的公务员、律师，已经离开原工作岗位，经考核合格的，可以担任公证员。
禁止条件	无民事行为能力或者限制民事行为能力的。
	因故意犯罪或者职务过失犯罪受过刑事处罚的。
	被开除公职的。
	被吊销执业证书的。

（二）任命程序及免职情形

任命程序	担任公证员，应当由符合公证员条件的人员提出申请，经公证机构推荐，由所在地的司法行政部门报省、自治区、直辖市人民政府司法行政部门审核同意后，**报请国务院司法行政部门任命**，并由省、自治区、直辖市人民政府司法行政部门颁发公证员执业证书。
免职的情形	丧失中华人民共和国国籍的。
	年满 65 周岁或者因健康原因不能继续履行职务的。
	自愿辞去公证员职务的。
	被吊销公证员执业证书的。

四、公证的程序

（一）公证申请的提出

申请	公证事项由当事人住所地、经常居住地、行为地或者事实发生地的公证机构受理。涉及不动产的公证事项，由不动产所在地的公证机构受理；涉及不动产的委托、声明、赠与、遗嘱的公证事项，可以适用前款规定。
	两个以上当事人共同申办同一公证事项的，可以共同到行为地、事实发生地或者其中一名当事人住所地、经常居住地的公证机构申办。
	当事人向两个以上可以受理该公证事项的公证机构提出申请的，由最先受理申请的公证机构办理。

(二) 公证的代理

公证的代理	无民事行为能力人或者限制民事行为能力人申办公证,应当由其监护人代理。法人申办公证,应当由其法定代表人代表。其他组织申办公证,应当由其负责人代表。
	当事人可以委托他人代理申办公证,但申办遗嘱、遗赠扶养协议、赠与、认领亲子、收养关系、解除收养关系、生存状况、委托、声明、保证及其他与自然人人身有密切关系的公证事项,应当由其本人亲自申办。公证员、公证机构的其他工作人员不得代理当事人在本公证机构申办公证。
	居住在香港、澳门、台湾地区的当事人,委托他人代理申办涉及继承、财产权益处分、人身关系变更等重要公证事项的,其授权委托书应当经其居住地的公证人(机构)公证,或者经司法部指定的机构、人员证明。
	居住在国外的当事人,委托他人代理申办前款规定的重要公证事项的,其授权委托书应当经其居住地的公证人(机构)、我驻外使(领)馆公证。

(三) 不予办理公证的事项和终止公证

不予办理公证的事项	1. 无民事行为能力人或者限制民事行为能力人没有监护人代理申请办理公证的; 2. 当事人与申请公证的事项没有利害关系的; 3. 申请公证的事项属**专业技术鉴定**、**评估**事项的; 4. 当事人之间对申请公证的事项有争议的; 5. 当事人虚构、隐瞒事实,或者提供虚假证明材料的; 6. 当事人提供的证明材料不充分又无法补充,或者拒绝补充证明材料的; 7. 申请公证的事项不真实、不合法的; 8. 申请公证的事项**违背社会公德**的; 9. 当事人拒绝按照规定支付公证费的。
终止公证事项	1. 因当事人的原因致使该公证事项在6个月内不能办结的; 2. 公证书出具前当事人撤回公证申请的; 3. 因申请公证的自然人死亡、法人或者其他组织终止,不能继续办理公证或者继续办理公证已无意义的; 4. 当事人阻挠、妨碍公证机构及承办公证员按规定的程序、期限办理公证的; 5. 其他应当终止的情形。

(四) 公证程序的特别规定

现场监督类公证	公证机构办理招标投标、拍卖、开奖等现场监督类公证,应当由2人共同办理。承办公证员应当依照有关规定,通过事前审查、现场监督,对其真实性、合法性予以证明,现场宣读公证证词,并在宣读后7日内将公证书发送当事人。该公证书自宣读公证证词之日起生效。办理现场监督类公证,承办公证员发现当事人有弄虚作假、徇私舞弊、违反活动规则、违反国家法律和有关规定行为的,应当即时要求当事人改正;当事人拒不改正的,应当不予办理公证。
遗嘱公证	公证机构办理遗嘱公证,应当由2人共同办理。承办公证员应当全程亲自办理。特殊情况下只能由1名公证员办理时,应当请1名见证人在场,见证人应当在询问笔录上签名或者盖章。
保全证据公证	公证机构派员外出办理保全证据公证的,由2人共同办理,承办公证员应当亲自外出办理。办保全证据公证,承办公证员发现当事人是采用法律、法规禁止的方式取得证据的,应当不予办理公证。
债权文书执行证书	债务人不履行或者不适当履行经公证的具有强制执行效力的债权文书的,公证机构可以根据债权人的申请,依照有关规定出具执行证书。执行证书应当在法律规定的执行期限内出具。执行证书应当载明申请人、被申请执行人、申请执行标的和申请执行的期限。债务人已经履行的部分,应当在申请执行标的中予以扣除。因债务人不履行或者不适当履行而发生的违约金、滞纳金、利息等,可以应债权人的要求列入申请执行标的。
公证调解	经过公证的事项在履行过程中发生纠纷的,原公证处可应当事人的请求进行调解。经调解后当事人达成新协议的,公证处应给予公证;新达成的协议符合有关规定条件的,公证处应依法赋予强制执行效力。调解不成的,公证处应告知当事人向人民法院起诉或申请仲裁。

五、公证的效力

公证的效力	证据效力	经过公证的民事法律行为、事实和文书,应当作为认证事实的根据。
	强制执行效力	经过公证的债权文书,对方当事人可以向有管辖权的法院申请执行。债权文书确有错误的,人民法院裁定不予执行,并将裁定书送达双方当事人和公证机构。
	法律行为成立要件效力	1. 法律、行政法规规定未经公证的事项不具有法律效力的,依照其规定。 2. 双方当事人约定必须公证的事项。 3. 我国公民、法人或其他组织需在境外实用的某些文书(如结婚、学历、职称等证书)。

六、公证的救济

复查	当事人认为公证书有错误的,可以在收到公证书之日起**一年内**,向出具该公证书的公证机构提出复查。
	公证事项的利害关系人认为公证书有错误的,可以自知道或者应当知道该项公证之日起一年内向出具该公证书的公证机构提出复查,但能证明自己不知道的除外。提出复查的期限自公证书出具之日起最长**不得超过20年**。
诉讼	当事人、公证事项的利害关系人对公证书涉及当事人之间或者当事人与公证事项的利害关系人之间实体权利义务的内容有争议的,公证机构应当告知其可以就该争议向人民法院提起民事诉讼。

七、公证员职业道德

（一）忠于法律、尽职履责

忠于宪法和法律,恪守客观、公正原则	公证员应当忠于宪法和法律,自觉践行社会主义法治理念;公证员应当政治坚定、业务精通、维护公正、恪守诚信,坚定不移地做中国特色社会主义事业的建设者、捍卫者;公证员应当依法办理公证事项,恪守客观、公正的原则,做到以事实为依据、以法律为准绳。
遵守法定回避制度	公证员应当自觉遵守法定回避制度,不得为本人及近亲属办理公证或者办理与本人及近亲属有利害关系的公证。
履行执业保密义务	公证员应当自觉履行执业保密义务,不得泄露在执业中知悉的国家秘密、商业秘密或个人隐私,更不得利用知悉的秘密为自己或他人谋取利益。
纠正、制止违法违规行为	公证员在履行职责时,对发现的违法、违规或违反社会公德的行为,应当按照法律规定的权限,积极采取措施予以纠正、制止。

（二）爱岗敬业,规范服务

珍惜职业荣誉	公证员应当珍惜职业荣誉,强化服务意识,勤勉敬业、恪尽职守,为当事人提供优质高效的公证法律服务。
履行告知义务	公证员在履行职责时,应当告知当事人、代理人和参与人的权利和义务,并就权利和义务的真实意思和可能产生的法律后果作出明确解释,避免形式上的简单告知。
平等、热情地对待公证当事人、代理人和参与人	公证员在执行职务时,应当平等、热情地对待当事人、代理人和参与人,要注重其民族、种族、国籍、宗教信仰、性别、年龄、健康状况、职业的差别,避免言行不慎使对方产生歧义。
提高办证质量和效率	公证员应当严格按照规定的程序和期限办理公证事项,注重提高办证质量和效率,杜绝疏忽大意、敷衍塞责和延误办证的行为。

（续表）

注重文明礼仪，维护职业形象	公证员应当注重礼仪，做到着装规范、举止文明，维护职业形象。现场宣读公证词时，应当语言规范、吐字清晰，避免使用可能引起他人反感的语言表达方式。
积极履行监督义务	公证员如果发现已生效的公证文书存在问题或其他公证员有违法、违规行为，应当及时向有关部门反映。
不发表不当评论	公证员不得利用媒体或采用其他方式，对正在办理或已办结的公证事项发表不当评论，更不得发表有损公证严肃性和权威性的言论。

（三）加强修养、提高素质

遵守社会公德	公证员应当牢固树立社会主义荣辱观，遵守社会公德，倡导良好社会风尚。
具有良好的个人修养和品行	公证员应当道德高尚、诚实信用、谦虚谨慎，具有良好的个人修养和品行。公证员应当树立正确的人生观和价值观，保持心理平衡。
忠于职守	公证员应当忠于职守、不徇私情、弘扬正义，自觉维护社会公平和公众利益。
热爱集体，团结协作	公证员应当热爱集体，团结协作、相互支持、相互配合、相互监督，共同营造健康、有序、和谐的工作环境。
不断提高自身的业务能力和职业素养	公证员应当不断提高自身的业务能力和职业素养，保证自己的执业品质和专业技能满足正确履行职责的需要。
终身学习，勤勉进取	公证员应当树立终身学习理念，勤勉进取，努力钻研，不断提高职业素质和执业水平。

（四）廉洁自律、尊重同行

廉洁自律	公证员应当树立廉洁自律意识，遵守职业道德和执业纪律，不得从事有报酬的其他职业和与公证员职务、身份不相符的活动。
妥善处理个人事务	公证员应当妥善处理个人事务，不得利用公证员的身份和职务为自己、亲属或他人谋取利益。
不得接受不当利益	公证员不得索取或接受当事人及其代理人、利害关系人的答谢款待、馈赠财物或其他利益。
相互尊重	公证员应当相互尊重，与同行保持良好的合作关系，公平竞争，同业互助，共谋发展。
避免不当干预	公证员不得以不正当方式或途径对其他公证员正在办理的公证事项进行干预或施加影响。
不从事不正当竞争行为	公证员不得从事以下不正当竞争行为：(1) 利用媒体或其他手段炫耀自己，贬损他人，排斥同行，为自己招揽业务；(2) 以支付介绍费、给予回扣、许诺提供利益等方式承揽业务；(3) 利用与行政机关、社会团体的特殊关系进行业务垄断；(4) 其他不正当竞争行为。

【真题示例】

公证制度是司法制度重要组成部分，设立公证机构、担任公证员具有严格的条件及程序。关于公证机构和公证员，下列哪一选项是正确的？(2017/1/50，单选)①

A. 公证机构可接受易某申请为其保管遗嘱及遗产并出具相应公证书
B. 设立公证机构应由省级司法行政机关报司法部依规批准后，颁发公证机构执业证书
C. 贾教授在高校讲授法学 11 年，离职并经考核合格，可以担任公证员
D. 甄某交通肇事受过刑事处罚，因此不具备申请担任公证员的条件

【分析】《公证法》第 12 条规定，根据自然人、法人或者其他组织的申请，公证机构可以办理下列事务……(三) 保管遗嘱、遗产或者其他与公证事项有关的财产、物品、文书……A 选项中，公证机构可以接受易某申请为其保管遗嘱及遗产，但仅仅是保管事务，对于出具相应公证书的说法，并无依据。因此 A 选项错误。

《公证法》第 9 条规定，设立公证机构，由所在地的司法行政部门报省、自治区、直辖市人民政府司法行政部门按照规定程序批准后，颁发公证机构执业证书。由此可见，设立公证机构应由所在地司法行政部门报省级司法行政部门依法批准，并非由省级司法行政部门报司法部批准。因此 B 选项错误。

《公证法》第 19 条规定，从事法学教学、研究工作，具有高级职称的人员，或者具有本科以上学历，从事审判、检察、法制工作、法律服务满十年的公务员、律师，已经离开原工作岗位，经考核合格的，可以担任公证员。C 选项中，贾教授属于从事法学教学、研究工作，具有高级职称的人员，离职并经考核合格后，可以担任公证员。因此 C 选项正确。

《公证法》第 20 条规定，有下列情形之一的，不得担任公证员……(二) 因故意犯罪或者职务过失犯罪受过刑事处罚的……由此可见，因故意犯罪或者职务过失犯罪受过刑事处罚的人员，不具备申请担任公证员的条件，但一般过失犯罪不在其中。D 选项中，甄某因交通肇事受过刑事处罚，而交通肇事罪是一种过失危害公共安全的犯罪，属于过失犯罪，并非故意犯罪，也不是职务过失犯罪，因此说甄某不具备申请担任公证员的条件是不正确的。D 选项错误。

---

① 【答案】C

法 制 史

第一章 中国古代法制史

第一节 西周的法律思想和法律

一、立法指导思想

以德配天，明德慎罚	"德"的含义	"德"的要求主要包括三个基本方面：**敬天，敬祖，保民**。也就是要求统治者恭行天命，尊崇天帝与祖宗的教诲，爱护天下的百姓，做有德有道之君。
	要求	**实施德教，用刑宽缓**。其中"**实施德教**"是前提，是第一位的。"德教"的具体内容，周初统治者逐渐归纳成内容广博的"**礼治**"，即要求君臣上下父子兄弟都按既有的"礼"的秩序规范各自的言行，从而达到全社会一种和谐安定的"礼治秩序"。
		西周初期的基本政治观和基本治国方针。西周法律特色是礼刑结合。后来被儒家发挥为"德主刑辅，礼刑并用"，为以"礼法结合"为特征的中国传统法制奠定了理论基础。

二、"出礼入刑"的礼刑关系

礼与刑	抽象的精神原则：亲亲尊尊。"亲亲"，即要求在家族范围内，按自己身份行事，不能以下凌上、以疏压亲，而且**亲亲父为首**，全体亲族成员都应以父家长为中心。"尊尊"，即要在社会范围内，尊敬一切应该尊敬的人，君臣、上下、贵贱都应恪守名分，而且**尊尊君为首**，一切臣民都应以君主为中心。在"**亲亲**""**尊尊**"两大原则下，又形成了"**忠**""**孝**""**义**"等具体精神规范。
	具体的礼仪形式：吉礼(祭祖之礼)；凶礼(丧葬之礼)；军礼(行兵打仗之礼)；宾礼(迎宾待客之礼)；嘉礼(冠婚之礼)。西周时期的**礼已具备法的性质**。首先，周礼完全具有法的三个基本特性，即规范性、国家意志性和强制性。其次，周礼在当时对社会生活各个方面都有着实际的调整作用。
	礼刑关系：(1) **出礼入刑**：西周时期"刑"多指刑法和刑罚。"礼"正面、积极规范人们的言行，而"刑"则对一切违背礼的行为进行处罚。其关系正如《汉书·陈宠传》所说的"礼之所去，刑之所取，失礼则入刑，相为表里"，两者共同构成西周法律的完整体系。 (2) **礼不下庶人，刑不上大夫**。"礼不下庶人"强调礼有等级差别，禁止任何越礼的行为；"刑不上大夫"强调贵族官僚在适用刑罚上的特权。

【真题示例】

《左传》云:"礼,所以经国家,定社稷,序民人,利后嗣者也",系对周礼的一种评价。关于周礼,下列哪一表述是正确的?(2015/1/16,单选)①

A. 周礼是早期先民祭祀风俗自然流传到西周的产物
B. 周礼仅属于宗教、伦理道德性质的规范
C. "礼不下庶人"强调"礼"有等级差别
D. 西周时期"礼"与"刑"是相互对立的两个范畴

【分析】 周礼的确起源于早期先民的祭祀风俗,但是到了商、周两朝时,已经有了补充和发展,因此周礼并非早期祭祀风俗自然流传到西周的产物。如果不注意表述中的细微之处,就可能选择 A 选项。

西周时期的礼已经具备法的性质,首先,周礼完全具有法的三个基本特性,即规范性、国家意志性和强制性。其次,周礼在当时对社会生活各个方面都有着实际的调整作用,B 选项错误。

西周时期,"礼"与"刑"的关系的经典表达是"出礼入刑"。这一时期的"刑"多指刑法和刑罚。"礼"正面、积极规范人们的言行,而"刑"则对一切违背礼的行为进行处罚。其关系正如《汉书·陈宠传》所说的"礼之所去,刑之所取,失礼则入刑,相为表里",两者共同构成西周法律的完整体系。D 选项错误。

三、契约与婚姻继承法律

契约	买卖契约	西周的**买卖契约**称为"**质剂**"。这种契约写在简牍上,一分为二,双方各执一份。"质",是买卖奴隶、牛马所使用的较长的契券;"剂",是买卖兵器、珍异之物所使用的较短的契券。"质""剂"由**官府制作**,并由"**质人**"专门管理。
	借贷契约	西周的**借贷契约**称为"**傅别**"。《周礼》载:"听称责(责同债)以傅别。"为了保证债的履行,要求当事人订立契约"傅别"。"傅",是把债的标的和双方的权利义务等写在契券上;"别",是在简札中间写字,然后一分为二,双方各执一半,札上的字为半文。
婚姻	原则	一夫一妻制;同姓不婚;父母之命(违背者为淫奔)。
	六礼	纳采、问名、纳吉、纳征、请期、亲迎。
	七出	不顺父母、无子、淫、妒、恶疾、多言、盗窃。
	三不去	有所娶无所归;与更三年丧;前贫贱后富贵。
继承		政治身份的继承;嫡长子继承制。财产继承采用何种方式不可考证,后世采诸子均分制。

---

① 【答案】C

四、司法制度

司法制度	
	周天子是最高裁判者。中央设大司寇,负责实施法律法令,辅佐周王行使司法权。大司寇下设小司寇,辅佐大司寇审理具体案件。大、小司寇设专门的司法属吏。此外,基层设有士师、乡士、遂士等负责处理具体司法事宜。
	狱:刑事案件;讼:民事案件;
	五听:**辞听**,听当事人的陈述,理屈则言语错乱;**色听**,观察当事人的表情,如理亏就会面红耳赤;**气听**,听当事人陈述时的呼吸,如无理就会紧张得喘息;**耳听**,审查当事人听觉反应,如无理就会紧张得听不清话;**目听**,观察当事人的眼睛,无理就会失神。即通过观察当事人的言语表达、面部表情、呼吸、听觉、眼睛与视觉确定其陈述真假,说明西周时已注意到司法心理问题并将其运用到审判实践中。
	三刺:遇有重大疑难案件依次交群臣、官吏、国人商讨,体现了**明德慎罚**原则。

第二节 春秋、战国时期的法律

一、成文法的公布

成文法公布		
	铸刑书	公元前536年,郑国执政子产将郑国的法律条文铸在象征诸侯权位的金属鼎上,向全社会公布,史称"**铸刑书**",这是中国历史上**第一次公布成文法**的活动。刑书是国家权力的象征,同时,也有利于法律在全社会范围内得到贯彻执行。
	铸刑鼎	公元前513年,晋国赵鞅把前任执政范宣子所编刑书正式铸于鼎上,公之于众,这是中国历史上**第二次公布成文法**的活动。成文法的公布,否定了"**刑不可知,则威不可测**"的旧传统,明确了"法律公开"的立法原则。

【真题示例】

春秋时期,针对以往传统法律体制的不合理性,出现了诸如晋国赵鞅"铸刑鼎",郑国执政子产"铸刑书"等变革活动。对此,下列哪一说法是正确的?(2016/1/16,单选)①

A. 晋国赵鞅"铸刑鼎"为中国历史上首次公布成文法

B. 奴隶主贵族对公布法律并不反对,认为利于其统治

C. 打破了"刑不可知,则威不可测"的壁垒

D. 孔子作为春秋时期思想家,肯定赵鞅"铸刑鼎"的举措

【分析】 中国法制史上第一次公布成文法的是郑国子产"铸刑书",该事件发生于公元前

---

① 【答案】C

536年。子产公布成文的活动受到了叔向等旧贵族的反对,认为公布成文法不利于其统治。因为在公布成文法以前是按照判例和习惯法处理问题,公布成文法后权利和义务都公开了,打破了"刑不可知,则威不可测"的壁垒。中国法制史上第二次公布成文法的活动是晋国赵鞅"铸刑鼎",受到了孔子的反对。故 C 对。

二、《法经》

法经	魏国李悝所作,系中国历史上第一部比较系统的成文法典。
	篇目:盗、贼、囚(网)、捕、杂、具(总则)。"王者之政,莫急于盗贼,故律始于盗。"杂法中规定六禁:淫、狡、城、嬉、徒、金。
	《法经》六篇为秦汉直接继承,成为秦汉律的主要篇目。

【帆哥提示】《法经》是中国法治上比较重要的法典,因而也是考试的重要内容,可用以下口诀识记:魏国李悝作《法经》,系统法典第一部,盗、贼、囚(网)、捕、杂、具,六篇法律在其中,具律本是总则名,六禁之规在杂法。

三、商鞅变法

商鞅变法		改法为律,扩充法律内容,强调法律的普遍性。
		颁布了《分户令》和《军爵律》,富国强兵。
	贯彻法家主张	**强调"以法治国"**。要求全体臣民特别是国家官吏学法、"明法",百姓学习法律者,"以吏为师"。
		"轻罪重刑"。在变法过程中,商鞅尽力贯彻重刑原则,加大量刑幅度,对轻罪也施以重刑,以此强化新法的推行与贯彻。
		不赦不宥。为了贯彻重刑原则,强调国家法律的严肃性,商鞅在变法中反对赦宥,主张凡有罪者皆应受罚,体现法家"**刑无等级**"的思想。
		鼓励告奸。为了更有效地禁奸止过,保证新的统治秩序的稳定,在变法过程中多次颁布法令,鼓励臣民相互告发奸谋,规定"**告奸者与斩敌首同赏**"。
		实行连坐。在变法期间广泛实行连坐制度。如邻伍连坐,以十家为什,五家为伍,什伍之间相互有告奸、举盗的责任,若什伍之中有作奸犯法者,相互负连带责任。此外,还实行军事连坐、职务连坐、家庭连坐等。这些对于维护社会秩序,保障政权的稳定有重要作用。
		用法律的手段剥夺旧贵族的特权,太子犯罪,刑其师傅。

第三节 秦代法制

一、秦代的罪名

秦代法制	罪名	侵犯皇权罪	如谋反;泄露机密;偶语诗书、以古非今;诽谤、妖言、诅咒、妄言;非所宜言;投书;不行君令等。
		侵犯财产和人身罪	秦代侵犯财产方面的罪名主要是"盗"。盗窃列为重罪,按盗窃数额量刑。除了一般意义上的盗,秦代还有共盗、群盗之分:共盗指**5人以上共同盗窃**;群盗则是指聚众反抗统治秩序,属于危害皇权的重大政治犯罪。 侵犯人身方面的罪名主要是贼杀、伤人。这里的"**贼**"与今义不同,而是荀子和西晋张斐所说的"**害良曰贼**","无变斩击谓之贼",即杀死、伤害他人以及在未发生变故的正常情况下杀人、伤人。此外,斗伤、斗杀在秦代亦属于侵犯人身罪。
		法官渎职	"**见知不举**"罪:看见违法犯罪的行为不纠举。如《史记·秦始皇本纪》载秦代禁书令规定,"有敢偶语《诗》、《书》者,弃市。以古非今者,族。吏见知不举者,与同罪"。
			"**不直**"罪和"**纵囚**"罪:前者指罪应重而故意轻判,应轻而故意重判;后者指应当论罪而故意不论罪,以及设法减轻案情,故意使案犯达不到定罪标准,从而判其无罪。
			"**失刑**"罪:指因过失而量刑不当(若系故意,则构成"不直"罪)。
		逋事(已下达征发徭役的命令而逃走不报道)与乏徭(到达服徭役的地点又逃走)。	

二、秦代的刑罚

笞刑	笞刑是以竹、木板责打犯人背部的轻刑,是秦代经常使用的一种刑罚方法。大多针对轻微犯罪而设,也有的是作为减刑后的刑罚。
徒刑	**城旦舂**,男犯筑城,女犯舂米,但实际从事的劳役并不限于筑城舂米。
	鬼薪、白粲,男犯为祠祀鬼神伐薪,女犯为祠祀择米,但实际劳役也绝不止于为宗庙取薪择米。
	隶臣妾,即将罪犯及其家属罚为官奴婢,男为隶臣,女为隶妾,其刑轻于鬼薪、白粲。
	司寇,即伺寇,意为伺察寇盗,其刑轻于隶臣妾。
	候,即发往边地充当斥候,是秦代徒刑的最轻等级。
流放刑	包括**迁刑和谪刑**,都是将犯人迁往边远地区的刑罚,其中谪刑适用于犯罪的官吏,但两者都比后世的流刑要轻。

(续表)

肉刑	肉刑即黥(或墨)、劓、刖(或斩趾)、宫四种残害肢体的刑罚。秦的肉刑大多与城旦舂等较重的徒刑结合使用。
死刑	秦代的死刑执行方法很多，例如：① **弃市**，即所谓杀之于市，与众弃之；② **戮**，即先对犯人使用痛苦难堪的羞辱刑，然后斩杀；③ **磔**，即裂其肢体而杀之；④ **腰斩**；⑤ **车裂**；⑥ **枭首**，即处死后悬其首级于木上；⑦ **族刑**，通常称为夷三族或灭三族；⑧ **具五刑**，即《汉书·刑法志》所说："当夷三族者，皆先黥、劓、斩左右趾，笞杀之，枭其首，菹其骨肉于市。其诽谤詈诅者，又先断舌，故谓之具五刑。"
羞辱刑	秦时经常使用"**髡**""**耐**"等耻辱刑作为徒刑的附加刑。其中"**髡**"是指剃光犯人的头发和胡须。此外，死刑中的"**戮**"刑也含有羞辱之意。
经济刑	秦律中对轻微罪适用的强制缴纳一定财物的刑罚主要是"**赀**"；同时，赎刑也可归入这一范畴。"**赀**"是独立刑种。它包括三种：一是纯属罚金性质的"**赀甲**""**赀盾**"；二是"**赀戍**"，即发往边地做戍卒；三是"**赀徭**"，即罚服劳役。**赎刑**不是独立刑种，而是一种允许已被判刑的犯人用缴纳一定金钱或服一定劳役来赎免刑罚的办法。从云梦秦简来看，秦代的赎刑范围非常广泛。从"**赎耐**""**赎黥**""**赎迁**"，到"**赎宫**""**赎死**"，均可赎免。
株连刑	主要是族刑(见死刑条)和"**收**"。收，亦称收孥、籍家，就是在对犯人判处某种刑罚时，还同时将其妻子、儿女等家属没收为官奴婢。

三、秦代刑罚适用原则

刑事责任能力	秦律规定，凡属未成年犯罪，不负刑事责任或减轻刑事处罚。秦律以身高判定是否成年，大约**六尺五寸**为成年身高标准，低于六尺五寸的为未成年人。
区分故意(端)与过失(不端)	西周时期已有此原则，将过失与故意称为"**眚**"与"**非眚**"。秦律重视故意与过失犯罪的区别。故意诬告者，实行反坐；主观上没有故意的，按告不审从轻处理。
盗窃按赃值定罪	秦律把赃值划分为三等，即一百一十钱、二百二十钱与六百六十钱。对于侵犯财产的盗窃罪，依据以上不同等级的赃值，分别定罪。一般赃值少的定罪轻，赃值多的定罪重。
共犯罪与集团犯罪加重处罚	秦律在处罚侵犯财产罪上共犯罪较个体犯罪处罚从重，集团犯罪(**5人以上**)较一般犯罪处罚从重。
累犯加重	本身已犯罪，再犯诬告他人罪，加重处罚。除去耐为隶臣外，还要判处城旦苦役6年。
教唆犯罪加重处罚	秦律规定，教唆未成年人犯罪者加重处罚。教唆未满15岁的人抢劫杀人，虽分赃仅为十文钱，教唆者也要处以碎尸刑。
自首减轻处罚	秦律规定：凡携带所借公物外逃，主动自首者，不以盗窃论处，而以逃亡论处。如隶臣妾在服刑期间逃亡后又自首，只笞五十，补足期限。若犯罪后能主动消除犯罪后果，可以减免处罚。
诬告反坐	故意捏造事实与罪名诬告他人，即构成诬告罪。诬告者实行反坐原则，即**以被诬告人所受的处罚，反过来制裁诬告者**。

【真题示例】

秦统治者总结前代法律实施方面的经验,结合本朝特点,形成了一些刑罚适用原则。对于秦律原则的相关表述,下列哪一选项是正确的?(2017/1/16,单选)①

A. 关于刑事责任能力的确定,以身高作为标准,男、女身高六尺二寸以上为成年人,其犯罪应负刑事责任

B. 重视人的主观意识状态,对故意行为要追究刑事责任,对过失行为则认为无犯罪意识,不予追究

C. 对共犯、累犯等加重处罚,对自首、犯后主动消除犯罪后果等减轻处罚

D. 无论教唆成年人、未成年人犯罪,对教唆人均实行同罪,加重处罚

【分析】 秦律以身高判定是否成年,大约六尺五寸为成年身高标准,低于六尺五寸的为未成年人。凡属未成年犯罪,不负刑事责任或减轻刑事处罚。故 A 错。

秦律重视故意与过失犯罪的区别。故意诬告者,实行反坐;主观上没有故意,按告不审从轻处理。秦代对过失犯罪是从轻处理,而不是不予追究,故 B 错。

秦律规定:对共犯、累犯等加重处罚,对自首、犯后主动消除犯罪后果等减轻处罚,故 C 对。

秦律规定,教唆未成年人犯罪者加重处罚。教唆未满 15 岁的人抢劫杀人,虽分赃仅为十文钱,教唆者也要处以碎尸刑。秦律没有规定教唆成年人犯罪如何处罚。故 D 错。

四、秦代的司法制度

司法机关	皇帝掌握最高审判权。
	廷尉为中央司法机关的长官,审理全国案件。

第四节 汉 代 法 制

一、肉刑的废除

废除肉刑	导火线	缇萦上书救父。
	文帝	黥刑改为髡钳城旦舂;劓刑改为笞三百;斩左趾改为笞五百;斩右趾改为弃市死刑。
	景帝	笞三百改为笞二百;笞五百改为笞三百。颁布**《箠令》**,规定笞杖尺寸,以竹板制成,削平竹节,以及行刑不得换人等。
	为结束传统刑罚制度,建立新的刑罚制度奠定了重要基础。	

---

① 【答案】C

二、汉律的儒家化

自汉罢黜百家,独尊儒术后,儒家思想对传统法制的影响至为深远。汉代开启了法律儒家化的进程,后世因袭之。

汉律儒家化	上请	汉高祖刘邦七年。后,宣帝、平帝相继规定。东汉时成为普遍特权,从徒刑2年到死刑均可适用。
	恤刑	**矜老恤幼**,80岁以上,8岁以下,怀孕未产者、老师、侏儒等,不戴刑具。老人幼童及连坐妇女,除犯大逆不道诏书指明追捕的犯罪外,一律不再拘捕监禁。
	亲亲得相首匿	汉宣帝时确立,来源于儒家"**父为子隐,子为父隐,直在其中**"的理论,卑幼首匿尊长的犯罪行为,不追究刑事责任。尊长首匿卑幼,罪应处死的,可上请皇帝宽贷。
	春秋决狱	董仲舒所创,依据《春秋》等儒家经典著作审理案件,"**春秋之治狱,论心定罪。志善而违于法者免;志恶而合于法者,诛。**"对传统的司法和审判是一种积极的补充,但为司法擅断提供了依据。
	秋冬行刑	依董仲舒"**天人感应**"理论所建,除谋反大逆等外,一般死刑犯须在秋天霜降以后、冬至以前执行。唐律"立春后不决死刑",明清律中的"**秋审**"制度溯源于此。

【真题示例】

董仲舒解说"春秋决狱":"春秋之听狱也,必本其事而原其志;志邪者不待成,首恶者罪特重,本直者其论轻。"关于该解说之要旨和倡导,下列哪些表述是正确的?(2013/1/57,多选)①

A. 断案必须根据事实,要追究犯罪人的动机,动机邪恶者即使犯罪未遂也不免罪责

B. 在着重考察动机的同时,还要依据事实,分别首犯、从犯和已遂、未遂

C. 如犯罪人主观动机符合儒家"忠"、"孝"精神,即使行为构成社会危害,也不给予刑事处罚

D. 以《春秋》经义决狱为司法原则,对当时传统司法审判有积极意义,但某种程度上为司法擅断提供了依据

【分析】 汉代的《春秋》决狱是法律儒家化在司法领域的反映,其特点是依据儒家经典《春秋》等著作中提倡的精神原则审判案件,不仅仅依据汉律审案。题中董仲舒的解说要旨是:必须根据案件事实,追究行为人的动机;动机邪恶者即使犯罪未遂也不免刑责,首恶者从重惩治,主观上无恶念者从轻处理。故 A、B、D 项均正确。

如犯罪人主观动机符合儒家"忠""孝"精神,即使行为构成社会危害,也可以减免刑事处罚。C 项错误。

---

① 【答案】A、B、D

三、司法机关

司法机关	审判机关	**承秦制**,廷尉为中央司法长官。地方行政长官兼理司法。基层设乡里组织,负责治安与调解。
	监督机关	御史大夫(西汉)、御史中丞(东汉),负责法律监督。武帝后设**司隶校尉**,监督中央百官与地方司法官吏。又设**刺史**,专司各地行政与法律监督之职。

第五节 魏晋南北朝法制

一、魏晋南北朝时期重要法典及制度比较

法典	立法年代	结构变化	特色制度	历史意义
魏律	魏明帝	18篇;"**具律**"改为"**刑名**"置于律首。	**八议**:来源于《周礼》"**八辟**";亲(皇帝亲戚)、故(皇帝故旧)、贤(有传统德行与影响的人)、能(有大才能)、功(有大功勋)、贵(贵族官僚)、勤(为朝廷勤劳服务)、宾(前代皇室宗亲)八种人犯罪减免。	使中国法典在系统和科学上进了一大步。
晋律	泰始三年	20篇602条的格局;刑名后增加法例律。	1. 张斐、杜预为之作注,故又称"**张杜律**"。 2. 准五服制罪:服制依亲属远近关系分为五等:**斩衰、齐衰、大功、小功、缌麻**。服制确定继承与赡养等权利义务关系,同时也是亲属相犯时确定刑罚轻重的依据。	对刑法分则部分重新编排,体现"刑宽""禁简"。
北魏律	公元492年	20篇。	1. 官当:《北魏律》与《陈律》共同确立了官当制度,《北魏律》在"法例篇"规定:"每一爵位折抵徒刑**2年**。"南朝《陈律》规定:凡一官职折抵徒刑,同赎刑结合适用。 2. 死刑复奏:**北魏太武帝**时正式确立,为唐代的死刑三复奏,打下了基础,这一制度的建立既加强了皇帝对司法审判的控制,又体现了皇帝对民众的体恤。	采诸家法典之长,经过综合比较,"取精用宏"。
北齐律	公元557年	将刑名与法例律合为**名例律**一篇,共12篇。	**"重罪十条"**:①反逆(造反)②大逆(毁坏皇帝宗庙、山陵与宫殿)③叛(叛变)④降(投降)⑤恶逆(殴打谋杀尊亲属)⑥不道(凶残杀人)⑦不敬(盗用皇室器物及对皇帝不尊重)⑧不孝(不侍奉父母,不按礼制服丧)⑨不义(杀本府长官与授业老师)⑩内乱(亲属间的乱伦)。其犯此十者,不在八议论赎之限。	承先启后的作用,对封建后世的立法影响深远。

【帆哥提示】 几则记忆口诀：

【记忆口诀】			
《魏律》 明帝《魏律》18篇， 具改刑名置律首， 八议此时入法律， 等级特权昭昭然。	《晋律》 司马代魏西晋立， 泰始年间作法律， 律名晋律或泰始， 此律一共20篇， 刑名之后法例加， 五服治罪是首创。 张斐杜预疏法律， 解释与律同效力， 此律还名张杜律。	《北齐律》 承先启后北齐律， 刑名法例二而一， 名例之律始出现。 此时法律定期型， 篇目一共十二篇， 唐宋承之不改变， 重罪十条北齐创， 隋律开皇改十恶。	官当 北有北魏南有陈， 官职抵罪律中明。

【真题示例】

魏晋南北朝时期法律发生了许多发展变化,对后世法律具有重要影响。下列哪些表述正确揭示了这些发展变化？(2004/1/60,多选)①

A.《北齐律》共12篇,首先将刑名与法例律合为名例律一篇
B.《魏律》以《周礼》"八辟"为依据,正式规定了"八议"制度
C.《北周律》首次规定了"重罪十条"
D.《北魏律》与《陈律》正式确立了"官当"制度

【分析】 C项错在"重罪十条"首次规定在《北齐律》中,而不是《北周律》。北齐为维护封建国家根本利益,在《北齐律》中首次规定"重罪十条",是对危害统治阶级根本利益的十种重罪的总称。把"重罪十条"置于律首,作为严厉打击的对象,增加了法律的威慑力量。A、B、D均是正确的表述。

二、法律形式的变化

法律 形式 变化		
	律、令、科、比、格、式相互为用。	
	科	起着补充与变通律、令的作用。
	格	格与令相同,补充律,均带有刑事法律的性质,与隋唐时期不同。
	比	比照典型判例或相近律文处理法律无明文规定的同类案件。
	式	公文程式。

三、刑罚制度改革

刑制 改革	规定绞、斩等死刑制度。
	北周流刑分5等,以500里为基数,同时施加鞭刑。
	北魏增加鞭刑与杖刑,北齐、北周相继采用。
	北朝与南朝相继宣布废除宫刑

---

① 【答案】A、B、D

四、魏晋南北朝的司法制度

变化	北齐正式设置**大理寺**,以大理寺卿和少卿为正副长官。
	提高尚书台的地位,其中的"**三公曹**"与"**二千石曹**"执掌司法审判。
	晋设御史台主监察,纠举不法案件,又设治书侍御史,纠举审判官吏的不法行为。

第六节 唐律与中华法系

一、唐律的制定过程

唐律沿革	《武德律》	唐首部法典,以隋《开皇律》为蓝本,共十二篇,五百条。
	《贞观律》	确定了唐律的主要内容和风格,增设加役流,确定了五刑、十恶、八议以及类推原则与制度。
	《永徽律》	《永徽律》系高宗永徽二年长孙无忌、李勣等在《贞观律》基础上修订而成,又下令对之进行注释,律疏合编称《**永徽律疏**》,元代后称《唐律疏议》。注释引用儒家经典作为律文的理论根据,系中华法系的代表性法典,标志着中国古代立法达到了最高水平,是迄今保存下来的**最完整、最早、最具社会影响**的古代成文法典。

二、唐律确立的主要制度

	内容
十恶	渊源于北齐律的"**重罪十条**",隋《开皇律》正式确定。包括谋反、谋大逆(图谋破坏国家宗庙、皇帝陵寝以及宫殿的行为)、谋叛、恶逆(殴打或谋杀祖父母、父母等尊亲属的行为)、不道(杀一家非死罪三人及肢解人的行为)、大不敬、不孝、不睦、不义(杀本管上司、授业师及夫丧违礼的行为)、内乱(奸小功以上亲属等乱伦行为)。凡犯十恶者,不适用八议等规定,且为常赦所不原,即"**十恶不赦**"。
六杀	贼盗、斗讼篇中依主观意图区分了"**六杀**":谋杀(预谋杀人);故杀(事先虽无预谋,情急杀人时已有杀人的意念);斗杀(斗殴中出于激愤失手将人杀死);误杀(由于种种原因错置了杀人对象);过失杀(出于过失杀人);戏杀("以力共戏"而导致杀人)。
六赃	六赃包括:**受财枉法、受财不枉法、受所监临**(非法收受所辖范围内百姓或下属财物)、**强盗、窃盗、坐赃**(官吏或常人非因职权之便非法收受财物)。这些规范和**按赃值定罪**的原则为后世继承,明清律典中有"**六赃图**"的附配。
保辜	伤人罪的后果不是立即显露的,规定加害方在一定期限内对被害方伤情变化负责。在限定的时间内受伤者死去,伤人者承担杀人的刑责;限外死去或者限内以他故死亡者,伤人者只承担伤人的刑事责任。

三、五刑与刑罚原则

唐代的五刑与刑罚原则	五刑	承用隋《开皇律》中所确立的笞、杖、徒、流、死为法定刑，其规格与《开皇律》稍有不同。
	刑罚原则	缘公事致罪为**公罪**（从轻），追求私益犯罪为**私罪**（从重）。
		犯罪未被举发而交代叫**自首**；犯罪被揭发或被查知逃亡后再投案者为**自新**。自首免除处罚，自新减轻处罚。谋反等重罪或造成严重危害后果无法挽回的犯罪不适用自首。自首不彻底的叫"**自首不实**"，对犯罪情节交代不彻底的叫"**自首不尽**"。
		诸断罪而无正条，其应出罪者，则举重以明轻，其应入罪者，则举轻以明重。
		诸**化外人**同类自相犯者，各依本俗法，异类相犯者，以法律论。

四、唐代的司法制度

（一）中央司法机关

	构成	职权
大理寺	以正卿和少卿为正副长官	**行使中央司法审判权**，审理中央百官与京师徒刑以上案件。凡属流徒案件的判决，须送刑部复核；死刑案件必须奏请皇帝批准。同时大理寺对刑部移送的死刑与疑难案件具有重审权。
刑部	以尚书、侍郎为正副长官，下设刑部、都官、比部和司门四司	刑部有权参与重大案件的审理，对中央、地方上报的案件具有**复核权**，并有权受理在押犯申诉案件。
御史台	御史台以御史大夫和御史中丞为正副长官，下设**台、殿、察**三院	御史台有权**监督**大理寺、刑部的审判工作，同时参与疑难案件的审判，并受理行政诉讼案件。台院是御史台的基本组成部分，设侍御史若干人，执掌纠弹中央百官，参与大理寺的审判和审理皇帝交付的重大案件。殿院，设殿中侍御史若干人，执掌纠察百官在宫殿中违反朝仪的失礼行为，并巡视京城及其他朝会、郊祀等，以维护皇帝的神圣尊严为其主要职责。察院，设监察御史若干人，执掌纠察州县地方官吏的违法行为。

（二）唐代的会审制度

会审制度	三司推事	**刑部侍郎、御史中丞、大理寺卿**共同审理地方或中央发生的重大案件。
	三司使	**大理寺评事、刑部员外郎、监察御史**审理地方不便于解往中央的案件。
	督堂集议制	每逢重大死刑案件，皇帝下令"**中书、门下四品以上及尚书九卿议之**"，以示慎刑。

（三）唐代的地方司法机关

地方司法	行政长官兼理司法，司法是行政的一个环节。
	州设法曹参军或司法参军，县设司法佐史等协助州县长官进行审判。
	县以下乡官、里正纠举犯罪，调处轻微犯罪与民事案件，结果呈报上级。

（四）唐代的刑讯制度

刑讯制度	**拷讯前审核口供的真实性并查验证据**。证据确凿，仍狡辩否认的，主审官与参审官共同决定使用；未依法定程序拷讯，承审官要负刑责。
	人赃俱获，经拷讯仍拒不认罪的，可"据状断之"。
	使用标准规格的常行杖；不得超过**三**次，每次应间隔**20**天，总数不得超过**200**，杖罪以下**不得超过所犯之数**；拷讯数满，仍不承认的，应当**反拷**告状之人，以查明有无诬告等情形。
	应议、请、减等特权人物和年70以上15以下、肢废、腰脊折、痴哑、侏儒等老幼废疾之人，"**不合拷讯，皆据众证（3人以上证实）**定罪"。

（五）法官回避制度

法官回避	《唐六典》**第一次**以法典的形式，肯定了法官的回避制度。
	"鞫狱，官与被鞫人有亲属仇嫌者，皆听更之。"

五、唐律的特点与中华法系

唐律	特点	礼法合一；科条简要、宽简适中；立法技术完善。
	地位	中国传统法典的楷模与中华法系形成的标志。
	域外影响	朝鲜的《**高丽律**》、日本文武天皇制定的《**大宝律令**》、越南李太尊《**刑书**》皆模仿唐律而成。

【真题示例】

1. 唐代诉讼制度不断完善，并具有承前启后的特点。下列哪一选项体现了唐律据证定罪的原则？（2017/1/17，单选）①

A. 唐律规定，审判时"必先以情，审察辞理，反复参验，犹未能决，事须拷问者，立案同判，然后拷讯，违者杖六十"

---

① 【答案】B

B.《断狱律》说:"若赃状露验,理不可疑,虽不成引,即据状断之"
C. 唐律规定,对应议、请、减和老幼残疾之人"不合拷讯"
D.《断狱律》说:"(断狱)皆须具引律、令、格、式正文,违者笞三十"

【分析】 唐律规定对那些人赃俱获,经拷讯仍拒不认罪的,也可"据状断之",即根据证据定罪。故只有B符合题意。

2. 元代人在《唐律疏议序》中说:"乘之(指唐律)则过,除之则不及,过与不及,其失均矣。"表达了对唐律的敬畏之心。下列关于唐律的哪一表述是错误的?(2016/1/17,单选)①

A. 促使法律统治"一准乎礼",实现了礼律统一
B. 科条简要、宽简适中、立法技术高超,结构严谨
C. 是我国传统法典的楷模与中华法系形成的标志
D. 对古代亚洲及欧洲诸国产生了重大影响,成为其立法渊源

【分析】《唐律疏议》是中华法系的典型代表,A、B、C三项中对唐律的评价均成立。《唐律疏议》对域外的影响主要是几个周边国家,如日本、朝鲜、越南等,对欧洲诸国的影响微乎其微。

第七节 两宋的法律

一、《宋刑统》与编敕

宋律	《宋建隆重详定刑统》,太祖建隆四年七月完成,**第一部刊印颁行的法典**。
	源于《**大中刑律统类**》,统括性和综合性的法典,继承唐律,但篇下分门。
编敕	皇帝对特定的人或事所作的命令,须中书省"制论"和门下省"封驳"。
	主要规定犯罪与刑罚,神宗时设 编敕所,"丽刑名轻重者,皆为敕"。
	仁宗前基本是"敕律并行,神宗朝**凡律所不载者,一断于敕**"。

二、刑罚的变化

刑罚变化	建隆四年颁行"折杖法"规定:**除死刑外,其他笞、杖、徒、流四刑均折换成臀杖和脊杖**。但对反逆、强盗等重罪不予适用。
	配役刑渊源于隋唐的流配刑。配役刑在两宋多为**刺配**,刺配源于后晋天福年间的**刺面之法**,太祖时偶尔用之,仁宗后成为常制。
	凌迟始于五代时的西辽;仁宗时使用凌迟刑,神宗熙宁以后成为常刑;南宋《**庆元条法事类**》确定为法定死刑的一种;《**大清现行刑律**》废。

---

① 【答案】A、B、C

三、契约与婚姻法规

（一）契约

契约	宋代因契约所生之债占多数,当然还有其他形式引发的债权。《宋刑统》与《庆元条法事类》在买卖之债发生的法律规定上,强调双方的**"合意"**性,对强行签约违背当事人意愿的,要**"重锟典宪"**。同时**维护家长的财产支配权**,即"应典卖物业,或指名质举,须是家主尊长对钱主或钱主亲信人,当面署押契贴。或妇女难于面对者,须隔帘亲闻商量,方可成交易"。
	宋代买卖契约分为**绝卖、活卖与赊卖**三种。绝卖为一般买卖。活卖为附条件的买卖:当所附条件完成,买卖才算最终成立。赊卖是采取类似商业信用或预付方式,而后收取出卖物的价金。这些重要的交易活动,都须订立书面契约、取得官府承认,才能视为合法有效。
	宋时**对房宅的租赁称为租、赁或借。对人畜车马的租赁称为庸、雇**。以房屋租赁为例,宋代法律规定很详细:即所谓"假每人户赁房,免五日为修移之限,以第六日起掠(收房租),并分舍屋间椽、地段、钱数,分月掠、日掠数,立限送纳"。
	租佃契约中须明定纳租与纳税的条款,实行分成租或实行定额租。地主向官府缴纳田赋。若佃农过期不交地租,由官府代为索取。
	典卖又称"活卖",让渡物的使用权收取部分利益而保留回赎权。
	宋代法律因袭唐制,对借与贷作了区分。借指使用借贷,而贷则指消费借贷。当时把**不付息的使用借贷称为负债,把付息的消费借贷称为出举**。并规定:"(出举者)**不得迴利为本**",不得超过法律规定行高利贷盘剥。因出举有利息,故又称"出息",所以民间有俗语"没出息"广为流传。

【真题示例】

随着商品经济的繁荣,两宋时期的买卖、借贷、租赁、抵押、典卖、雇佣等各种契约形式均有发展。据此,下列哪一说法是错误的?(2017/1/18,单选)①

A. 契约的订立必须出于双方合意,对强行签约违背当事人意愿的,要"重锟典宪"
B. 买卖契约中的"活卖",是指先以信用取得出卖物,之后再支付价金,且须订立书面契约
C. 付息的消费借贷称为出举,并有"(出举者)不得迴利为本"的规定,防止高利贷盘剥
D. 宋代租佃土地契约中,可实行定额租,佃农逾期不交租,地主可诉请官府代为索取

【分析】 先以信用取得出卖物,之后再支付价金,且须订立书面契约者为赊买。故B错。

（二）婚姻法规

结婚与离婚	宋承唐律,**男年十五、女年十三以上**,并听婚嫁。
	禁止五服以内亲属结婚,表兄弟姐妹结婚不禁止。
	诸州县官人在任之日,不得共部下百姓交婚,违者虽会赦仍离。其定婚在前,任官居后,及三辅内官阀相当情愿者,并不在禁限。
	离婚沿唐"七出"与"三不去",但有变通。夫外出3年不归,6年不通问,准妻改嫁或离婚,妻擅走者徒3年,改嫁者流3 000里,妾各减一等。

---

① 【答案】B

(三)继承

继承	沿兄弟均分制,允许在室女享受部分财产继承权,承认遗腹子与亲生子享有同样的继承权。
	家无男子承继称户绝:"夫亡而妻在",立继从妻,称**立继**;"夫妻俱亡",立继从其尊长亲属,称**命继**。
	继子与绝户之女均享有继承权,只有在室女的,继子仅享有1/4的财产继承权。只有出嫁女的,出嫁女、继子、官府各享有1/3。

【真题示例】

南宋时,霍某病故,留下遗产值银9 000两。霍某妻子早亡,夫妻二人无子,只有一女霍甲,已嫁他乡。为了延续霍某姓氏,霍某之叔霍乙立本族霍丙为霍某继子。下列关于霍某遗产分配的哪一说法是正确的?(2016/1/18,单选)①

A. 霍甲9 000两
B. 霍甲6 000两,霍丙3 000两
C. 霍甲、霍乙、霍丙各3 000两
D. 霍甲、霍丙各3 000两,余3 000两收归官府

【分析】 本题涉及南宋的"户绝"的继承制度。户绝指家无男子承继。户绝必须通过一定的方式设立继子。在财产的继承方面如果户绝之人有尚未出嫁的女儿,在室女可得其财产的3/4,继子继承1/4。如果女儿已经出嫁,则继子、出嫁女、官府各得其财产的1/3。

四、司法制度

宋代司法机关与制度	中央机关	宋沿唐制,在中央设大理寺、刑部、御史台分掌中央司法职能。
		神宗后刑部分设**左曹**(负责死刑案件复核)和**右曹**(负责官吏犯罪案件的审核),职能扩大。
		太祖时设**审刑院**,使大理寺降为慎刑机关,地方上报案件必先送审刑院备案,后移送大理寺、刑部复审,再经审刑院详议,交由皇帝裁决。
	地方机关	宋代地方州县仍实行司法与行政合一之制。
		太宗时在州县之上,设立**提点刑狱司**,作为中央在地方各路的司法派出机构。巡视州县,监督审判,详录囚徒。凡地方官吏审判违法,轻者,提点刑狱司可以立即处断;重者,上报皇帝裁决。
	具体制度	人犯否认口供(称"**翻异**"),事关重大案情的,由另一法官或另一司法机关重审,称"**别勘**"。
		两宋注重证据,原被告均有举证责任。重视现场勘验,南宋地方司法机构制有专门的"**检验格目**"。《**洗冤集录**》为世界最早的法医学著作。

---

① 【答案】D

第八节 元代的法制

元代法制	人分四等：蒙古人；色目人（西夏、回回）；汉人；南人（南宋统治的民众）。
	宗室及蒙古人的案件，由**中央大宗正府**负责。汉人、南人诉案归刑部，且审判机关的正职由蒙古人担任。汉蒙古纠纷多袒蒙古人，同罪异罚。
	烧埋银，又称**烧埋钱**，明、清称**埋葬银**，不法致人死亡的，行凶者在接受刑罚之外，还须赔一定数额的丧葬费。

第九节 明代的法制

一、明代的立法思想

明刑弼教	**"明刑弼教"**，最早见于《尚书·大禹谟》。
	宋以前将"明刑弼教"附于"德主刑辅"之后，强调**"大德小刑"**和**"先教后刑"**。
	朱熹提高了刑的地位，德只是刑罚的目的，可"先刑后教"。
	经朱熹阐发的"明刑弼教"思想，成为朱元璋**重典治国政策**的理论依据。

二、明律、明大诰与会典

明代的法典	大明律	吴元年《大明律》依《元典章》体例，按六篇顺序编定。
		洪武六年《大明律》仿《唐律》12篇体例，**名例律置于最后**。
		洪武二十二年《大明律》，以《名例律》冠首，后仿《元典章》六篇。
		洪武三十年《大明律》为定本，共计7篇30卷460条，**形成名例、吏、户、礼、兵、刑、工七篇格局**。
	明大诰	防止"法外遗奸"，朱元璋订四编《大诰》，其名来自《尚书·大诰》，共236条，与《大明律》效力相同。**重典治世**。
		对律中原有罪名，一般都加重处罚；滥用法外之刑；重典治吏；史上空前普及的法规。
	明会典	英宗时开始编修、孝宗弘治十五年初步编成，但未及颁行。武宗、世宗、神宗三朝重加校刊增补。
		《大明会典》仿《唐六典》以六部官制为纲，分述各行政机关职掌和事例。在每一官职之下，先载律令，次载事例。**属行政法典**。

三、明代的刑法原则、罪名、刑罚

(一) 刑法原则

刑法原则	从重从新:"凡律自颁降日为始,若犯在已前者,并依新律拟断。" **"重其所重,轻其所轻"**:对于贼盗及有关钱粮等事,明律较唐律处刑为重。对于"典礼及风俗教化"等一般性犯罪,明律处罚轻于唐律。

(二) 罪名与刑罚

罪与罚	洪武年间创设**"奸党"**罪,无确定内容,为杀戮功臣宿将提供合法依据。
	故杀,唐代传统的贼杀被分解为故杀和谋杀。故杀,临时起意的故意杀人。
	谋杀,在唐代及以后把谋杀看作必要共犯,《大明律》说:称"谋"者,二人以上。
	在流刑外增加**充军刑**,远至4000里,近至1000里,并有本人终身充军与子孙永远充军的区分。

四、司法制度

明代司法制度	中央三法司	刑部增设十三清吏司,分掌各省刑民案件,加强对地方司法控制。
		大理寺掌复核驳正,发现有"情词不明或失出入者",驳回刑部改判,并再行复核。如此三改不当者,奏诸皇帝裁决。
		都察院掌纠察。主要是纠察百司,司法活动仅限于会审及审理官吏犯罪案件,并无监督法律执行的原则。设有十三道监察御史。
	地方司法机关	**省设提刑按察司**,有权判处徒刑及以下案件,徒刑以上案件须报送中央刑部批准执行。
		府、县两级仍是知府、知州、知县实行行政司法合一体制,掌管狱讼事务。明代越诉受重惩。
		各州县及乡设立**"申明亭"**,张贴榜文,申明教化,由民间德高望重的耆老受理当地民间纠纷,加以调处解。
	管辖制度与厂卫	交叉案件的管辖上,继承了唐律"以轻就重,以少就多,以后就先"的原则,实行被告原则。
		凡军官、军人有犯,"与民不相干者",一律"从本管军职衙门自行追问"。若军案与民相干者,由管军衙门与当地官府,"一体约问"。
		廷杖:由皇帝下令,司礼监监刑,锦衣卫施刑,杖责大臣。
		朱元璋设锦衣卫,锦衣卫下设南、北镇抚司,北镇抚司专理诏狱,成祖设东厂;宪宗设西厂,武宗设内行厂。
	会审	九卿会审(圆审):由六部尚书及通政使、左都御使、大理寺卿**会审皇帝交付的案件或已判决但囚犯仍翻供不服之案。**
		朝审:设于英宗,霜降后,三法司会同公侯、伯爵,**在吏部(或户部)尚书**主持下会审重案囚犯。
		大审:始于成化十七年宪宗命**司礼监**参与审判,"自此定例,每**五年**辄大审。"

【真题示例】

明太祖朱元璋在洪武十八年(公元1385年)至洪武二十年(公元1387年)间,手订四编《大诰》,共236条。关于明《大诰》,下列哪些说法是正确的?(2014/1/57,多选)①

A.《大明律》中原有的罪名,《大诰》一般都加重了刑罚

B.《大诰》的内容也列入科举考试中

C."重典治吏"是《大诰》的特点之一

D. 朱元璋死后《大诰》被明文废除

【分析】 明太祖死后,《大诰》被束之高阁,不再具有法律效力,没有被明示废除。故D错误。

第十节 清 代

一、清代律、例、会典

律、例、会典		
		《大清律例》于乾隆五年颁行,《大清律例》的结构、形式、体例、篇目与《大明律》基本相同。**律文极少修订,后世不断增修"附例"**。
	例	**条例**,是由刑部或其他部门就一些相似的案例先提出一项立法建议,经皇帝批准后成为一项事例,指导类似案件的审理判决。然后,由律例馆编入《大清律例》,或单独编为某方面的刑事单行法规。
		则例,指某一行政部门或某项专门事务方面的单行法规汇编。
		事例,指皇帝发布的"上谕"或经皇帝批准的政府部门提出的建议。
		成例,也称"定例",指经过整理编订的事例,是一项单行法规。成例是统称,包括条例及行政方面的单行法规。
	会典	《清会典》仿效《明会典》编定,记述各朝主要国家机关的职掌、事例、活动规则与有关制度。计有**康熙、雍正、乾隆、嘉庆、光绪**五部会典,合称"**五朝会典**"。

二、清代的司法制度

司法制度		
	中央机关	承明三法司制。**刑部为主审机关**,下设十七清吏司分掌京师和各省审判事务。主要负责:审理中央百官犯罪;审核地方上报的重案(死刑应交大理寺复核);审理发生在京师的笞杖刑以上案件;处理地方上诉案及秋审事宜;主持司法行政与律例修订事宜。
	地方司法	州或县为第一审级,**有权决定答杖刑、徒以上案件上报**。
		府为第二审级,**复审州县上报的刑事案件**,提出拟罪意见,报按察司。
		按察司为第三审级,负责复审各地方上报之徒刑以上案件,并审理军流、死刑案的人犯。
		总督(或巡抚)为第四审级,有权批决徒刑案件,复核军流案件,如无异议,定案并谘报刑部。对死刑案件则须复审,并上报中央。

---

① **【答案】**A、B、C

(续表)

司法制度	会审	**秋审**:死刑复审制度,对象为全国上报的斩、绞监候案件。
		朝审:对刑部判决的重案及京师附近绞、斩监候案件进行的复审。
		热审:对京师的笞杖刑案件进行重审的制度,小满后十日立秋前一日进行,由大理寺会同各道御史及刑部承办。
	监候犯经秋审和朝审后	**情实**,即罪情属实,罪名恰当,则奏请执行。
		缓决,案情属实,危害不大,减为流放、或充军、或再押监候。
		可矜,案情属实有可矜或可疑之处,免于死刑,减为徒、流刑。
		留养承嗣,即案情属实、罪名恰当、但有亲老丁单情形,合乎留养条件者按留养奏请皇帝裁决。

【真题示例】

根据清朝的会审制度,案件经过秋审或朝审程序之后,分四种情况予以处理:情实、缓决、可矜、留养承嗣。对此,下列哪一说法是正确的?(2014/1/18,单选)①

A. 情实指案情属实、罪名恰当者,奏请执行绞监候或斩监候
B. 缓决指案情虽属实,但危害性不能确定者,可继续调查,待危害性确定后进行判决
C. 可矜指案情属实,但有可矜或可疑之处,免于死刑,一般减为徒、流刑罚
D. 留养承嗣指案情属实、罪名恰当,但被害人有亲老丁单情形,奏请皇帝裁决

【分析】 情实,即罪情属实,罪名恰当,则奏请执行,无需绞监候或斩监候(缓刑),故 A 错误。缓决针对案情属实、危害不大者,故 B 错误。可矜,免于死刑,减为徒、流刑,故 C 正确。留养承嗣针对加害人有亲老丁单情形而设,故 D 错。

第二章 中国近代法制史

一、清末变法修律的特点和主要影响

特点	在立法指导思想上,清末修律自始至终贯穿着"仿效外国资本主义法律形式,固守中国法制传统"的方针。因此,**借用西方近现代法律制度的形式,坚持中国固有的专制制度内容**,即成为统治者变法修律的基本宗旨。
	在内容上,清末修订的法律表现出**皇权专制主义传统与西方资本主义法学最新成果的混合**:一方面,坚行君主专制体制及传统伦理纲常"不可率行改变",在新修订的法律中继续保持肯定和维护专制统治的传统;另一方面,又标榜"吸引世界大同各国之良规、兼采近世最新之学说",大量引用西方法律理论、原则、制度和法律术语,使得保守的传统法律内容与先进的近现代法律形式同时显现在这些新的法律法规之中。

---

① 【答案】C

(续表)

特点	在法典编纂形式上,清末修律**改变了传统的"诸法合体"形式,明确了实体法之间、实体法与程序法之间的差别**,分别制定、颁行或起草了宪法、刑法、民法、商法、诉讼法、法院组织等方面的法典或法规,形成了近代法律体系的雏形。
	既不能反映人民群众的要求和愿望,也没有真正的民主形式。
影响	**清末修律标志着延续几千年的中华法系开始解体。**随着修律过程中一系列新的法典法规的出现,中国封建法律制度的传统格局开始被打破。不仅传统的"诸法合体"形式被抛弃,而且中华法系"依伦理而轻重其刑"的特点也受到极大的冲击。中国传统法制开始转变成形式和内容上都有显著特点的半殖民地半封建法制。
	清末变法修律为中国法律的近代化奠定了初步基础。通过清末大规模的立法,参照西方资产阶级法律体系和法律原则建立起来的一整套法律制度和司法体制,为其后民国政府法律制度的形成与发展提供了条件。
	清末变法修律在**一定程度上引进和传播了西方近现代的法律学说和法律制度**,是中国历史上第一次全面系统地向国内介绍和传播西方法律学说和资本主义法律制度,使得近现代法律知识在中国得到一定程度的普及,促进了部分中国人的法治观念的形成。
	清末变法修律在客观上有助于推动中国资本主义经济的发展和教育制度的近代化。

二、预备立宪

预备立宪	定宪法	《钦定宪法大纲》:**宪政编查馆**编订,1908年8月颁布。**中国近代史上第一个宪法性文件**。共23条,分正文"君上大权"和**附录"臣民权利义务"**。
		《宪法重大信条十九条》,**资政院**起草,1911年11月3日公布。缩小了皇帝的权力,扩大了议会和总理的权力,但仍强调皇权至上,且**对人民权利只字未提**。
	设机构	谘议局:**地方咨询机关**。以"指陈通省利病、筹计地方治安"为宗旨。权限包括讨论本省兴革事宜、决算预算、选举资政院议员、申复资政院或本省督抚的咨询等。
		资政院:**中央咨询机构**。承旨办事的御用机构,可以议决国家年度预决算、税法与公债,以及其余奉"特旨"交议事项等。但最后由皇帝定夺,皇帝有权谕令资政院停会或解散及指定钦选议员。

三、清末主要修律内容

(一) 民律、刑律

法典	完成或公布时间	性质	内容
《大清现行刑律》	1910年5月15日。	《大清新刑律》完成前的一部过渡性法典。	与《大清律例》相比,有如下变化:① 改律名为"刑律";② 取消了六律总目,将法典各条按性质分隶30门;③ 对纯属民事性质的条款不再科刑;④ 废除了一些残酷的刑罚手段,如凌迟;⑤ 增加了一些新罪名,如妨害国交罪等。
《大清新刑律》	起草工作始于1906年,由于引发了礼教派的攻击和争议,至1911年1月才正式公布。	中国第一部近代意义上的专门刑法典。	将法典分为总则和分则,后附《暂行章程》5条;确立了新刑罚制度,规定刑罚分主刑、从刑;采用了罪刑法定原则和缓刑制度等。
《大清民律草案》	1910年12月完成,并未正式颁布和实施。	指导思想为:中体西用。	由沈家本、伍廷芳、俞廉三等主持的修订法律馆主持修订,分为**总则**、**债**、**物权**、**亲属**、**继承**五编,共计1569条,前三编由日本法学家松冈义正等仿照德国、日本民法典的体例和内容草拟而成,后两编由修订法律馆会同保守的礼学馆起草。

(二) 商律

第一阶段 (1903—1907)	商事立法主要由新设立的**商部**负责。
	1903年修订的《商人通例》9条和《公司律》131条,在1904年1月奏准颁行,定名为《**钦定大清商律**》,是为清朝第一部商律。
	清政府还陆续颁布了有关商务和奖励实业的法规、章程,如1904年6月颁行的《公司注册试办章程》、同年7月颁布的《商标注册试办章程》、1906年5月颁行的《破产律》等。
第二阶段 (1907—1911)	主要商事法典改由**修订法律馆**主持起草;单行法规仍由各有关机关拟订,经宪政编查馆和资政院审议后请旨颁行。
	在此期间,修订法律馆于1908年9月起草了《大清商律草案》,1911年9月农工商部起草了《改订大清商律草案》,此外还草拟了《交易行律草案》《保险规则草案》《破产律草案》等,但均未正式颁行。在此期间公布的单行商事法规有《银行则例》《银行注册章程》《大小轮船公司注册章程》等。

【真题示例】

1903年,清廷发布上谕:"通商惠工,为古今经国之要政,急应加意讲求,著派载振、袁世

凯、伍廷芳,先定商律,作为则例。"下列哪一说法是正确的?(2016/1/19,单选)①

A.《钦定大清商律》为清朝第一部商律,由《商人通例》、《公司律》和《破产律》构成

B. 清廷制定商律,表明随着中国近代工商业发展,其传统工商政策从"重农抑商"转为"重商抑农"

C. 商事立法分为两阶段,先由新设立商部负责,后主要商事法典改由修订法律馆主持起草

D.《大清律例》、《大清新刑律》、《大清民律草案》与《大清商律草案》同属清末修律成果

【分析】《钦定大清商律》由《商人通例》和《公司律》构成,于1904年1月颁布,是大清的第一部商律。《破产律》属于单行法规,于1906年5月颁布。故A错。清廷制定商法,仅仅是应急之举,并非其治国策略转变的标志,故B错。《大清律例》是清朝自开国以来就制定的基本法典,并非清末修律的结果,故D错。只有C正确。

(三)诉讼法律与法院编制法

《大清刑事诉讼律草案》六编与《大清民事诉讼律草案》四编	沈家本等人在《大清刑事民事诉讼法》遭否决后起草的两部诉讼法草案,于1910年年底完成,且均系仿德国诉讼法而成,后未及颁行。
《大理院编制法》	清廷为配合官制改革于1906年制定的关于大理院和京师审判组织的单行法规。
《各级审判厅试办章程》	清廷1907年颁行的关于审级、管辖、审判制度等诉讼体制和规则的一部过渡性法典。
《法院编制法》	1910年清廷仿效日本制定的关于法院组织的法规,共16章,并吸收了公开审判等一系列新的司法原则,但并未真正实施。

四、清末司法体制的变化

(一)司法体制的变革

机关改革	改刑部为**法部**,掌管全国司法行政事务;改大理寺为**大理院**,为全国最高审判机关;实行**审检合署**。
制度建设	实行**四级三审制**,刑事案件公诉制、证据、保释制度、审判制度社会实行公开、回避等制度。
	规定了法官及检察官**考试任用**制度,改良监狱及狱政管理制度。

(二)领事裁判权

领事裁判权	在《中英五口通商章程及税则》和《虎门条约》及其他条约中确立并扩充。
	凡在中国享有领事裁判权的国家,其在中国的侨民为被告时只由该国的领事或设在中国的司法机构依其本国法律裁判。
	一审由在华领事法院或法庭审理;二审上诉案件由各国建立的上诉法院审理;终审案件由本国最高审判机关受理。

---

① 【答案】C

(续表)

观审	外国人是**原告**的案件,其所属国领事官员也有权前往观审,如认为审判、判决有不妥之处,可以提出新证据等。
会审公廨	1864年清廷与**英、美、法**三国协议设立,名义上中国官府派驻租界的基层法庭,但凡涉及外国人案件,必须有领事官员参加会审;凡中国人内与外国人诉讼案,由本国领事裁判或陪审,甚至租界内纯属中国人之间的诉讼也由外国领事审判。

五、民国时期的宪法

名称	公布时间	内容	历史地位（意义）
《中华民国临时约法》	南京临时政府于1912年3月11日公布。	孙中山民权主义学说具体化,规定了人民享有人身、财产、居住、信教等项自由和选举、被选举、考试、请愿、诉讼等权利;确立资产阶级共和国的国家制度;三权分立原则,采用责任内阁制。改总统制为责任内阁制、扩大参议院的权力、规定特别修改程序以制约袁世凯。	第一部资产阶级共和国性质的宪法文件。
《中华民国宪法（草案）》（"天坛宪草"）	1913年10月31日完成。	采用资产阶级三权分立的宪法原则,确认民主共和制度,同时体现了限制袁世凯的意图。	北洋政府时期的第一部宪法草案。
《中华民国约法》（"袁记约法"）	北洋政府于1914年5月1日公布。	彻底否定民主共和制度,代之以个人独裁;用总统独裁否定了责任内阁制;用有名无实的**立法院**取消了国会制。	军阀专制全面确立的标志。
《中华民国宪法（1923）》（"贿选宪法"）	北洋政府1923年10月10日公布。	词藻漂亮,对"**国权**"和"**地方制度**"作了专门规定。	中国近代史上首部正式颁行的宪法。
《中华民国宪法(1947)》	1947年1月1日公布,12月25日施行。	该法共14章,依次是总则、人民之权利义务、国民大会、总统、行政、立法、司法、考试、监察、中央与地方之权限、地方制度、选举、罢免、创制、复决、基本国策和宪法之施行及修改,共175条。实行国会制、内阁制、省自治、**司法独立**、保护人民权利等。	人民无权,独夫集权。既非国会制、内阁制,又非总统制;罗列人民各项民主自由权利,比以往都充分,但予以限制。

第三章 外国法制史

第一节 罗 马 法

一、《十二表法》的制定

十二表法	元老院为了缓和习惯法适用引起的平民的不满,设立法委员会,制定之。
	篇目为传唤、审理、索债、家长法、继承和监护、所有权和占有、土地和房屋、私犯、公法、宗教法、前五表的追补、后五表的追补。
	罗马国家第一部成文法,总结了前一阶段的习惯法,并为罗马法的发展奠定了基础。它被认为是罗马法的主要渊源。

二、罗马法的发展

法律体系	市民法	形成于**罗马共和国前期**,适用于**罗马市民之间**,涵盖国家行政管理、诉讼程序、财产、婚姻家庭和继承等规范。
	万民法	**共和国后期形成**,适用于罗马市民与外来人以及外来人之间关系的万民法。由**外事裁判官**创制,吸收了市民法和外来法的合理因素,主要是所有权和债权方面的规范,很少涉及婚姻、家庭和继承等内容。市民法与万民法互为补充,查士丁尼将两者统一起来。
法学家		形成了不同的学派,主要有**普罗库尔学派**和**萨比努斯学派**。
		五大法学家:**盖尤斯、伯比尼安、保罗、乌尔比安、莫迪斯蒂努斯**。法学著作和法律解释具有同等法律效力。
国法大全	《查士丁尼法典》	是历代罗马皇帝颁布的敕令的汇集和整理。
	《查士丁尼法学总论》	又译《**法学阶梯**》,以盖尤斯的《法学阶梯》为基础改编,是**官方指定的"私法"教科书**,具有法律效力。
	《查士丁尼学说汇纂》	又译《**法学汇编**》,是历代罗马著名法学家的学说著作和法律解答分门别类地汇集、整理,具有法律效力。
	《查士丁尼新律》	是**查士丁尼皇帝**在位时所颁布的168条敕令的汇集。

三、罗马私法的基本内容

人法	人格由**自由权、市民权和家庭权**三种身份权构成,全部或部分丧失叫"**人格减等**"。只有年满25岁的成年男子才享有完全的行为能力。
	没有明确的法人概念和术语,但有初步的法人制度。
	实行一夫一妻的家长制家庭制度;婚姻有**有夫权婚姻**和**无夫权婚姻**之分。

（续表）

物法	**物法是罗马法的主体和核心**，由物权、继承和债三部分构成。
	遗嘱继承优于法定继承。早期采取"**概括继承**"，后来采"**限定继承**"。
诉讼	**公诉**是对损害国家利益案件的审理；**私诉**是对有关私人利益案件的审理，相当民事诉讼。先后有法定诉讼、程式诉讼、特别诉讼三种形态。

四、罗马法的历史地位

历史地位	1135年，《查士丁尼学说汇纂》原稿的发现揭开了序幕。
	意大利波伦亚大学最先开始研究，形成**注释法学派**。14世纪形成**评论法学派**，致力于罗马法的适用。
	罗马法复兴的意义：有利于**民族统一国家**的形成，使法学得到发展形成了**世俗法学家**阶层，为近代**自然法学说**提供了思想渊源。
	影响：在继承罗马法形成了**大陆法系**；私法体系为西欧民事立法借鉴和发展；**权利平等、契约自由、法人制度**等被近代立法所采用。

【真题示例】

东罗马皇帝查士丁尼以后，罗马法长期不受重视。经过漫长的历史时期，西欧各国先后出现了研究和采用罗马法的热潮，史称罗马法复兴。关于罗马法复兴，下列哪一说法是正确的？(2017/1/19,单选)①

A. 罗马法可以满足当时西欧各国一般财产和契约关系发展变化的需要，始得以复兴

B. 复兴运动约从公元10世纪开始

C. 评论法学派在复兴运动中，起到了开创作用

D. 注释法学派致力于罗马法与西欧社会司法实践的结合，促进了罗马法的研究和适用

【分析】 12世纪初，西欧各国先后出现了一个研究和采用罗马法的热潮，史称罗马法复兴。罗马法的复兴不是偶然的，其根本原因在于当时西欧的法律状况同商品经济发展及社会生活极不适应。而罗马法是资本主义社会以前调整商品生产者关系的最完备的法律，这一法律遗产可以满足当时西欧各国一般财产和契约关系的发展变化的需要。基于此，A对，B错。

注释法学派在复兴运动中起到了开创作用。故C错。

评论法学派的宗旨是致力于罗马法与中世纪西欧社会司法实践的结合，以改造落后的封建地方习惯法，使罗马法的研究与适用有了新的发展。故D错。

---

① 【答案】A

第二节 英美法系

一、英国法的历史发展

封建法律体系的形成	英国法的源头是**盎格鲁—撒克逊**时代的习惯法。随着王权的强大和完善的王室司法机构的建立,逐渐形成了普通法、衡平法和制定法三大法律渊源,从而确立了英国封建法律体系。
资产阶级革命后的变化	国会立法权得到强化,确立了"议会主权"原则,制定法地位提高。
	内阁成为最高行政机关。
	普通法和衡平法在内容上得到充实,并被赋予资产阶级的含义。
现代英国法的发展	立法程序简化,委托立法大增。
	选举制进一步完善,基本确立了普遍、秘密、平等、公正的选举制度。
	社会立法和科技立法活动加强。
	欧盟法成为英国法的重要渊源。

二、英国法的渊源

(一) 普通法

定义	普通法指的是 12 世纪前后发展起来的、由**普通法院**创制的通行于全国的普遍适用的法律。它的形成是**中央集权和司法统一**的直接后果。
形成过程	1066 年诺曼底公爵威廉征服英国后,在统一司法方面,建立了御前会议,并从前者中逐渐分立出具有司法职能的财政法院、王座法院和普通诉讼法院。这些法院最初只在伦敦威斯敏斯特教堂审理案件,但为了扩大王室管辖权,法官们开始到各地巡回审判。
	亨利二世统治时期的司法改革对普通法的形成起了很大的推动作用。通过颁布**《温莎诏令》《克拉灵顿诏令》等一系列命令**,确立了陪审制,并将巡回审判制度化。法官们进行巡回审判时,在陪审团的帮助下,依据王室法令的授权,参照当地习惯来审理案件。回到伦敦的皇家威斯敏斯特教堂后,他们互相交流参照各习惯形成的判案意见,承认彼此的判决,并约定在以后巡回审判时使用。在此类判例的基础上,逐渐形成了通行全国的普通法,后人习惯称其为判例法。
	体现王权的**令状制**也与普通法的发展有密切关系。它要求原告只在申请到特定的以国王名义签发的令状后,才能向法院主张实体权利的保护。令状成为诉权凭证,无令状就不能起诉。"程序先于权利"的普通法特点与此不无关系。

（二）衡平法

定义	由于普通法在传统令状制度下，存在保护范围有限、内容僵化、救济方法较少的缺陷，随着社会经济的发展，已不能满足人们的需要。得不到普通法院公正保护的当事人，依照历史传统直接向国王提出的申诉越来越多，国王遂将其委托给大法官进行审理。15世纪正式形成了**大法官法院(又称"衡平法院")**。根据大法官的审判实践，逐渐发展出一套与普通法不同的法律规则，即根据**"公平""正义"**的原则形成的"衡平法"，并逐渐成为一套有别于普通法的独立法律体系。
特点	相对于普通法，衡平法重内容而轻形式，诉讼程序简便灵活，审判时既不需要令状也不采用陪审制，法官判案有很大的自由裁量权，被称为"大法官的脚"。凡普通法法院不予受理的案件，大法官均予接受。衡平法适应社会发展，创制出信托、禁令等许多新的权利和救济方法。一般认为，**衡平法受罗马法影响较深**。
与普通法关系	普通法实施领域广泛；衡平法仅在普通法难以救济的方面发挥作用，是对普通法的补充。其实可以认为：将普通法去掉，衡平法不复存在；而将衡平法去掉，普通法仍会存在。在以后的司法实践中，两大法院系统的关系由于管辖范围存在交叉重叠，大量案件从普通法院转向衡平法院以及衡平法院的禁令可以干涉普通法院的判决，使两者之间矛盾日渐增多。17世纪初，普通法院法官科克和衡平法院大法官埃尔斯密将冲突引向白热化。这场争端以国王詹姆斯一世确立**"衡平法优先"**的原则而告终。直到1875年司法改革前，普通法院与衡平法院的并立一直是英国司法的显著特征。

（三）制定法

制定法	制定法即成文法，在英国法的整个体系中，制定法居于次要地位，它只起补充、解释、整理修改或重申判例法的作用。1215年的《大宪章》是制定法发展的重要进程，以其为最早的历史渊源，英国国会逐渐形成。随着国会立法权的加强，制定法的数量逐渐增多，地位也逐渐上升。**制定法的种类有：欧洲联盟法、国会立法、委托立法**。其中国会立法是英国近现代最重要的制定法，被称作**"基本立法"**。

三、英国的司法制度

英国的司法制度	法院组织	19世纪后期取消了普通法院和衡平法院两大法院系统的区别。依据2005年英国的宪制改革，英国将原终审机构——上议院司法委员会独立出来，改为**联合王国最高法院**，已于2009年10月1日正式成立。原最高法院(含上诉法院、高等法院以及皇家刑事法院)改称高级法院。
	陪审制	英国是现代陪审制度的发源地。陪审团的职责是就案件的**事实**部分进行裁决，法官则在陪审团裁决的基础上就法律问题进行判决。陪审团裁决**一般不允许上诉**，但当法官认为陪审团的裁决存在重大错误时，可以加以撤销，重新组织陪审团审判。

(续表)

英国的司法制度	对抗制	对抗制,法官主持开庭,并对双方的动议和异议作出裁决,但不主动调查,只充当消极仲裁人的角色。
	律师	**出庭律师**可以在任何法院出庭辩护。**事务律师**主要从事一般的法律事务,可在低级法院出庭辩护,但不能在高级法院出庭。近年来两类律师的划分已不再泾渭分明。

四、美国宪法

美国宪法	独立战争后发表《独立宣言》。此后通过《邦联条例》,成立了邦联政府。1787年制宪会议制定美国现行宪法成立联邦制国家。
	由序言和7条本文组成。**序言不是宪法的组成部分,在审判活动中不能被引用。**正文共七条:立法权、行政权、司法权、授予各州的权力、宪法修正案提出和通过的程序、条约是"全国最高法律"、宪法的批准问题。
	修正案是宪法唯一正式修改形式。前10条修正案被称为"权利法案"。

五、美国的司法制度

司法制度	联邦与州各有法院组织系统。前者包括联邦最高法院、联邦上诉法院和联邦地区法院。其中联邦最高法院的判决对全国一切法院均有约束力。州法院组织系统不统一。州的最高一级法院称作州最高法院,正式的初审法院是地区法院,基层法院是治安法院。
	1803年的**"马伯里诉麦迪逊"**案创立了违宪审查制度,为美国联邦最高法院争得司法审查权。

六、美国法的特点和历史地位

特点	在判例实践中实行**"遵循先例"**原则,在审判风格上采用归纳的推理方式,强调程序的重要性。
	联邦和各州自成法律体系,联邦和各州都有独立的立法机关和司法系统。
	封建因素较少。早期法律有浓厚的种族歧视色彩。
历史地位	制定了**世界第一部资产阶级成文宪法**;创造了**立法和司法的双轨制**;率先创造了**缓刑制度**,将教育观念和人道主义观念引入刑法的改革;最早建立了反垄断法规。

【真题示例】

现代陪审制发源于英国并长期作为一种民主的象征被广泛运用。关于英国陪审制度,下列哪一说法是正确的?(2015/1/19,单选)①

A. 陪审团职责是就案件的程序部分进行裁决

---

① 【答案】C

B. 法官在陪审团裁决基础上就事实和法律适用进行判决
C. 对陪审团裁决一般不允许上诉
D. 法官无权撤销陪审团裁决

【分析】 英国是现代陪审制度的发源地。这种制度在英国历史上被长期作为一种民主的象征广泛运用。陪审团的职责是就案件的事实部分进行裁决,法官则在陪审团裁决的基础上就法律问题进行判决。程序性事项不由陪审团负责,A错误。事实部分由陪审团负责,法律适用部分由法官负责,B错误。

陪审团裁决一般不允许上诉,但当法官认为陪审团的裁决存在重大错误时,可以加以撤销,重新组织陪审团审判。C正确,D错误。

第三节 大陆法系

一、德国法律制度的形成与发展

封建法制的形成与发展	在整个封建时代,法律的分散性和法律渊源的多元化是德国法最基本的特点。习惯法、地方法、教会法、罗马法以及帝国法令长期并存。封建时代最著名的习惯法汇编是《**萨克森法典**》,大约编纂于1220年,其内容主要是关于民事、刑事问题的地方习惯法和诉讼规则,以及调整封建关系的采邑法。封建时代后期出现了一部以帝国名义颁布的刑法典——《**加洛林纳法典**》(公元1532年颁布)。该法典共179条,主要包括刑法和刑事诉讼法方面的内容,被多数邦国长期援用,在德国封建法的发展中具有重要影响。
德意志帝国时期	1871年,建立了德意志帝国。统一后的德国以原普鲁士邦国的法律制度为基础,建立了近代法律体系,先后颁布了宪法、刑法典、刑事诉讼法典、民事诉讼法典、法院组织法、民法典和商法典,成为大陆法系的又一个典型。近代德国法律体系带有很强的**封建君主专制色彩**。与此同时,由于德国具有"**潘德克顿学派**"的理论基础,德国法结构更加严谨,逻辑更加严密,概念更加准确。
魏玛共和国时期	在沿用原有法律的同时,颁布了大量的"**社会化**"法律,如调整社会经济的法律和保障劳工利益的法律,使德国成为经济立法和劳工立法的先导。
法西斯专政时期	在宪政方面,颁布了《**消除人民和国家痛苦法**》《**保护德意志人民紧急条例**》《**禁止组织新党法**》《**德国改造法**》等一系列法西斯法令,废除了资产阶级议会民主制和联邦制,维护希特勒个人独裁和纳粹一党专政。
	在民事法律方面,颁布了《**卡特尔变更法**》《**强制卡特尔法**》等法令加强**对垄断组织的扶持**,强化垄断资产阶级对国家政治生活的控制,并且颁布了《**世袭农地法**》《**德意志血统及名誉保护法**》等单行法律,**推行种族歧视和种族灭绝政策**,巩固法西斯政权的统治基础。
	在刑事法律方面,原先法律中的民主原则被彻底抛弃,代之以**种族主义和恐怖主义**原则。

(续表)

"二战"后	战后西德建立了德意志联邦共和国,延续了魏玛共和国时期的大部分法制原则,并根据1949年波恩基本法确立的和平民主原则,对原有的法律进行了修改,使其中的封建因素大为减轻。两德统一后,基本上实行原西德的法律制度,但也根据新情况、新问题进行了若干修改。	

【帆哥提示】 法国法律的发展比较简单,只需要掌握在拿破仑统治时期,法国制定了《民法典》《商法典》《刑法典》《民事诉讼法典》和《刑事诉讼法典》五部重要法典,再加上宪法,构成了法国"六法"体系。

二、法国宪法

	时间	主要内容	历史地位
《人权与公民权利宣言》	1789年8月26日	① 宣布人权是"天赋的",是"神圣不可侵犯的";② 确立了"人民主权""权力分立"的资产阶级民主原则。③ 提出了资产阶级法制原则:法律是公共意志的体现;法律面前人人平等;罪刑法定;法不溯及既往;无罪推定及禁止非法控告;逮捕或拘留等刑事诉讼法的基本原则。	**奠定了法国宪政制度的基础**,而且是多部法国宪法的序言。
1791年宪法	1791年9月	以《人权宣言》为序言,正文由前言和8篇组成。① 以孟德斯鸠的君主立宪和分权思想为指导,宣布法国为君主立宪国,实行三权分立。② 确认资产阶级的各项权利。③ 把公民划分为"积极公民"和"消极公民"。④ 继续维护法国殖民统治。	结束了法国的封建统治,标志**着资产阶级君主立宪制的正式确立**。
1875年宪法	1875年	三个文件组成:《参议院组织法》《政权组织法》和《国家政权机关相互关系法》。上院(参)和下院(众)都有立法权和行政监督权;总统由参、众两院联席会议选出,任期7年,连选连任;实行责任内阁制;参议院既是咨议机关,又是最高行政法院。	法国史上**实施时间最长的宪法**,确立了资产阶级共和制。

【帆哥提示】 1958年第五共和国宪法经过四次修改,是法国现行宪法。

三、《法国民法典》与《德国民法典》之比较

	时间	特点及主要内容	历史地位
《法国民法典》	1804年3月21日	① 与自由竞争的经济条件相适应,体现了"个人最大限度的自由,法律最小限度的干涉"的立法精神;② 确立了**民事权利平等、私有财产权无限制和不可侵犯、契约自由、过失责任**等原则;③ 法典保留了若干旧的残余;④ 在立法模式、结构和语言方面,也有特殊性。	资本主义社会第一部民法典,是**大陆法系的核心和基础**。
《德国民法点》	1896年通过,1900年1月1日实施	① 私有财产权无限制和不可侵犯、契约自由、过失责任等原则;② 规定了法人制度,这是资产阶级民法史上**第一次全面规定法人制度**;③ 以大量篇幅对容克贵族的土地所有权以及基于土地私有而产生的其他权利加以特别保护;④ 在亲属法方面保留有中世纪家长制残余;⑤ 逻辑体系严密、概念科学、用语精确。⑥ 继受了罗马法,但在很大程度上保留了较多固有的日耳曼法因素。⑦ 体系完整、用语精确,既体现了自由资本主义时期民法的基本原则,又反映了垄断时代民法的某些特征。	对统一德国法制作用巨大,并成为德国民法发展的基础。

四、德国的司法制度

《法院组织法(1877)》	确认了**司法独立**原则,规定审判权由独立的法院行使,审判只服从法律,法官实行终身制。
	设置了由区法院、地方法院、高等法院和帝国法院构成的普通法院体系,帝国法院为全国的最高司法审级。

五、日本宪法

	时间	特点及主要内容
《大日本帝国宪法》(明治宪法)	1889年2月11日颁布	① 基于君主主权思想,是钦定宪法;② 深受德国宪法的影响(46条抄自普鲁士宪法,3条独创);③ 带有大纲目性质,对一些问题没有作出明显规定;④ 对公民自由权利的规定范围狭窄,随时可加以限制;⑤ 名义上是君主立宪政体,实质上是天皇专制。
"和平宪法"	1946年11月3日颁布,1947年5月3日实施	① 天皇成了象征性国家元首;② 三权分立,责任内阁制;③ 放弃战争,仅保留自卫权;④ 扩大国民的基本权利和自由。

【真题示例】

1. 关于《法国民法典》有关规定所体现的资产阶级民法基本原则,下列哪一说法是不正确的?(2016/1/20,单选)①

A. "所有法国人都享有民事权利","满21岁为成年,到此年龄后,除结婚章中规定的例外,有能力为一切民事生活上的行为"——民事权利地位平等原则

B. "所有权是对物有绝对无限制地使用、收益及处分的权利,但法令所禁止的使用不在此限"——私有财产权不可侵犯和部分有限原则

C. "契约是一种合意,依此合意,一人或数人对其他一人或数人负担给付、作为或不作为的债务","依法成立的契约,在缔结契约的当事人间有相当于法律的效力"——契约自由原则

D. "任何行为使他人受损害时,因自己的过失而致行为发生之人对该他人负赔偿的责任","任何人不仅对其行为所致的损害,而且对其过失或懈怠所致的损害负赔偿责任"——过失(错)责任原则

【分析】 《法国民法典》确立的原则有四:公民民事权利平等、私有财产权无限制和不可侵犯、契约自由、过失责任。基于此,B项错误。

2. 关于德国法律制度,下列哪一表述是正确的?(2009/1/16,单选)②

A. 德国统一前普鲁士曾制定过《禁止组织新党法》

B. 德国1877年《民事诉讼法》确认了司法独立原则

C. 德国1900年《民法典》被誉为19世纪"德国法律科学之大成"

D. 希特勒统治时期颁布了以种族主义和恐怖主义为指导的《加洛林纳法典》

【分析】 《禁止组织新党法》是纳粹德国时期颁布的。选项A错误。

1877年德国颁布了《法院组织法》,确立了司法独立原则。德国1877年《民事诉讼法》确立了民事诉讼的程序和原则,但是没有确定司法独立原则。选项B错误。

德国1900年《民法典》是德国在统一后编纂的五部法典中最成功的一部,被誉为19世纪"德国法律科学之大成"。选项C正确。

《加洛林纳法典》是在封建时代后期,德意志出现的一部以帝国名义颁布的刑法典,于1532年颁布。选项D错误。

---

① 【答案】B
② 【答案】C

中国特色社会主义法治理论

中国科学史论文集

自然科学

第一章 基本原理

【基本框架】

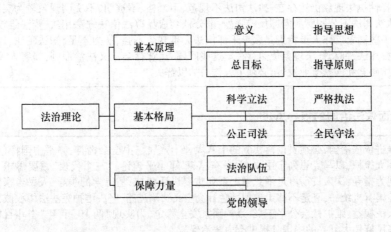

【帆哥提示】 中国特色社会主义法治理论的基本依据是党的十八届四中全会通过《中共中央关于全面推进依法治国若干重大问题的决议》,由三部分构成:基本原理、基本格局、保障力量。其重点内容可概括为:三个推进三一体,立执司守四环节,队伍加党两保障,党主等德实原则。

一、全面依法治国的意义

依法治国,是坚持和发展**中国特色社会主义**的本质要求和重要保障,是实现国家治理体系和治理能力现代化的必然要求,事关我们党执政兴国,事关人民幸福安康,事关党和国家长治久安。

全面建成小康社会、实现中华民族伟大复兴的中国梦,全面深化改革、完善和发展中国特色社会主义制度,提高党的执政能力和执政水平,必须全面推进依法治国。

我国正处于社会主义初级阶段,全面建成小康社会进入决定性阶段,改革进入攻坚期和深水区,国际形势复杂多变,我们党面对的改革发展稳定任务之重前所未有、矛盾风险挑战之多前所未有,依法治国在党和国家工作全局中的地位更加突出、作用更加重大。面对新形势新任务,我们党要更好统筹国内国际两个大局,更好维护和运用我国发展的重要战略机遇期,更好统筹社会力量、平衡社会利益、调节社会关系、规范社会行为,使我国社会在深刻变革中既生机勃勃又井然有序,实现经济发展、政治清明、文化昌盛、社会公正、生态良好,实现我国和平发展的战略目标,**必须更好发挥法治的引领和规范作用**。

(续表)

同党和国家事业发展要求相比,同人民群众期待相比,同推进国家治理体系和治理能力现代化目标相比,法治建设还存在许多不适应、不符合的问题,主要表现为:有的法律法规未能全面反映客观规律和人民意愿,针对性、可操作性不强,立法工作中部门化倾向、争权诿责现象较为突出;有法不依、执法不严、违法不究现象比较严重,执法体制权责脱节、多头执法、选择性执法现象仍然存在,执法司法不规范、不严格、不透明、不文明现象较为突出,群众对执法司法不公和腐败问题反映强烈;部分社会成员尊法信法守法用法、依法维权意识不强,一些国家工作人员特别是领导干部依法办事观念不强、能力不足,知法犯法、以言代法、以权压法、徇私枉法现象依然存在。这些问题,违背社会主义法治原则,损害人民群众利益,妨碍党和国家事业发展,必须下大气力加以解决。

二、全面依法治国的指导思想

全面推进依法治国,必须贯彻落实党的十八大和十八届三中全会精神,高举中国特色社会主义伟大旗帜,以马克思列宁主义、毛泽东思想、邓小平理论、"三个代表"重要思想、科学发展观为指导,深入贯彻习近平总书记系列重要讲话精神,坚持党的领导、人民当家作主、依法治国有机统一,坚定不移走中国特色社会主义法治道路,坚决维护宪法法律权威,依法维护人民权益、维护社会公平正义、维护国家安全稳定,为实现"两个一百年"奋斗目标、实现中华民族伟大复兴的中国梦提供有力法治保障。

三、全面依法治国的总目标

全面推进依法治国,总目标是**建设中国特色社会主义法治体系,建设社会主义法治国家**。这就是,在中国共产党领导下,坚持中国特色社会主义制度,贯彻中国特色社会主义法治理论,形成完备的法律规范体系、高效的法治实施体系、严密的法治监督体系、有力的法治保障体系,形成完善的党内法规体系,坚持依法治国、依法执政、依法行政共同推进,坚持法治国家、法治政府、法治社会一体建设,实现科学立法、严格执法、公正司法、全民守法,促进国家治理体系和治理能力现代化。

【真题示例】

全面推进依法治国,总目标是建设中国特色社会主义法治体系,建设社会主义法治国家。关于对全面推进依法治国的重大意义和总目标的理解,下列哪一选项是不正确的?(2015/1/1,单选)①

A. 依法治国事关我们党执政兴国,事关人民的幸福安康,事关党和国家的长治久安
B. 依法治国是实现国家治理体系和治理能力现代化的必然要求
C. 总目标包括形成完备的法律规范体系和高效的法律实施体系
D. 通过将全部社会关系法律化,为建设和发展中国特色社会主义法治国家提供保障

【分析】 (见上文。)

---

① 【答案】D

四、全面依法治国的指导原则

坚持中国共产党的领导	**党的领导是中国特色社会主义最本质的特征,是社会主义法治最根本的保证**。把党的领导贯彻到依法治国全过程和各方面,是我国社会主义法治建设的一条基本经验。我国宪法确立了中国共产党的领导地位。坚持党的领导,是社会主义法治的根本要求,是党和国家的根本所在、命脉所在,是全国各族人民的利益所系、幸福所系,是全面推进依法治国的题中应有之义。党的领导和社会主义法治是一致的,社会主义法治必须坚持党的领导,党的领导必须依靠社会主义法治。只有在党的领导下依法治国、厉行法治,人民当家作主才能充分实现,国家和社会生活法治化才能有序推进。依法执政,既要求党依据宪法法律治国理政,也要求党依据党内法规管党治党。必须坚持党领导立法、保证执法、支持司法、带头守法,把依法治国基本方略同依法执政基本方式统一起来,把党总揽全局、协调各方同人大、政府、政协、审判机关、检察机关依法依章程履行职能、开展工作统一起来,把党领导人民制定和实施宪法法律同党坚持在宪法法律范围内活动统一起来,善于使党的主张通过法定程序成为国家意志,善于使党组织推荐的人选通过法定程序成为国家政权机关的领导人员,善于通过国家政权机关实施党对国家和社会的领导,善于运用民主集中制原则维护中央权威、维护全党全国团结统一。
坚持人民主体地位	**人民是依法治国的主体和力量源泉,人民代表大会制度是保证人民当家作主的根本政治制度**。必须坚持法治建设为了人民、依靠人民、造福人民、保护人民,以保障人民根本权益为出发点和落脚点,保证人民依法享有广泛的权利和自由、承担应尽的义务,维护社会公平正义,促进共同富裕。必须保证人民在党的领导下,依照法律规定,通过各种途径和形式管理国家事务,管理经济文化事业,管理社会事务。必须使人民认识到法律既是保障自身权利的有力武器,也是必须遵守的行为规范,增强全社会学法尊法守法用法意识,使法律为人民所掌握、所遵守、所运用。
坚持法律面前人人平等	**平等是社会主义法律的基本属性**。任何组织和个人都必须尊重宪法法律权威,都必须在宪法法律范围内活动,都必须依照宪法法律行使权力或权利、履行职责或义务,都不得有超越宪法法律的特权。必须维护国家法制统一、尊严、权威,切实保证宪法法律有效实施,绝不允许任何人以任何借口任何形式以言代法、以权压法、徇私枉法。必须以规范和约束公权力为重点,加大监督力度,做到有权必有责、用权受监督、违法必追究,坚决纠正有法不依、执法不严、违法不究行为。

(续表)

坚持依法治国和以德治国相结合	国家和社会治理需要法律和道德共同发挥作用。**必须坚持一手抓法治、一手抓德治**,大力弘扬社会主义核心价值观,弘扬中华传统美德,培育社会公德、职业道德、家庭美德、个人品德,既重视**发挥法律的规范作用**,又重视发挥**道德的教化作用**,以法治体现道德理念、强化法律对道德建设的促进作用,以道德滋养法治精神、**强化道德对法治文化的支撑作用**,实现法律和道德相辅相成、法治和德治相得益彰。
坚持从中国实际出发	**中国特色社会主义道路、理论体系、制度是全面推进依法治国的根本遵循。**必须从我国基本国情出发,同改革开放不断深化相适应,总结和运用党领导人民实行法治的成功经验,围绕社会主义法治建设重大理论和实践问题,推进法治理论创新,发展符合中国实际、具有中国特色、体现社会发展规律的社会主义法治理论,为依法治国提供理论指导和学理支撑。汲取中华法律文化精华,借鉴国外法治有益经验,但决不照搬外国法治理念和模式。

【真题示例】

1. 全面依法治国必须坚持从中国实际出发。对此,下列哪一理解是正确的?(2017/1/1,单选)①

　　A. 从实际出发不能因循守旧、墨守成规,法治建设可适当超越社会发展阶段

　　B. 全面依法治国的制度基础是中华法系,实践基础是中国传统社会的治理经验

　　C. 从中国实际出发不等于"关起门来搞法治",应移植外国法律制度和法律文化

　　D. 从实际出发要求凸显法治的中国特色,坚持中国特色社会主义道路、理论体系和制度

【分析】　法律最终是由一个社会的物质生活条件决定的,法治建设不可能超越其所处的社会发展阶段。故 A 错。

　　中国特色社会主义制度是中国特色社会主义法治体系的根本制度基础,是全面推进依法治国的根本制度保障。全面推进依法治国的实践基础是新中国的治理经验。故 B 错。

　　全面依法治国需要汲取中华法律文化精华,借鉴国外法治有益经验,但决不照搬外国法治理念和模式。故 C 错。

　　中国特色社会主义道路、理论体系、制度是全面推进依法治国的根本遵循。中国特色社会主义法治理论是中国特色社会主义法治体系的理论指导和学理支撑,是全面推进依法治国的行动指南。故 D 正确。

2. 孟子的弟子问孟子,舜为天子时,若舜的父亲犯法,舜该如何处理?孟子认为,舜既不能以天子之权要求有司枉法,也不能罔顾亲情坐视父亲受刑,正确的处理方式应是放弃天子之位,与父亲一起隐居到偏远之地。对此,下列说法正确的是:(2017/1/86,不定项)②

---

　　① 【答案】D
　　② 【答案】D

A. 情与法的冲突总能找到两全其美的解决方案
B. 中华传统文化重视伦理和亲情,对当代法治建设具有借鉴意义
C. 孟子的方案虽然保全了亲情,但完全未顾及法律
D. 不同法律传统对情与法的矛盾可能有不同的处理方式

【分析】 法律的局限性之一就在于法律的僵硬性,从而导致情理法之间的冲突,这种冲突的表现形式就是:合法而不合理,合理而不合法,有时候这种冲突是无解的,并非在任何时候都能找到两全其美的解决方式。故 A 错。

中华传统法律文化是伦理本位的,亲亲得相首匿、准五服治罪都体现了中国法治重视伦理和亲情,这对当代法治有消极和积极两个方面的借鉴意义。其消极意义在于因伦理而轻重其刑,违背了法律的平等性,其积极意义在于重伦理亲情有利于和谐社会的建设。故 B 对。

孟子主张舜为了父亲,既不能以天子之权要求有司枉法,也不能罔顾亲情坐视父亲受刑,所以才提出放弃天子之位,与父亲一起隐居到偏远之地的两全之策,既保全了亲情,也顾及了法律。故 C 错。

不同法律传统在处理情与法的矛盾时方式不同,比如西方传统更重法律的平等适用,而中国传统更重亲情伦理,故 D 对。

第二章 基本格局

第一节 完善以宪法为核心的中国特色的社会主义法律体系,加强宪法实施

一、科学立法的意义

法律是治国之重器,良法是善治之前提。建设中国特色社会主义法治体系,必须坚持立法先行,发挥立法的引领和推动作用,抓住提高立法质量这个关键。要恪守以民为本、立法为民理念,贯彻社会主义核心价值观,使每一项立法都符合宪法精神、反映人民意志、得到人民拥护。要把公正、公平、公开原则贯穿立法全过程,完善立法体制机制,坚持立改废释并举,增强法律法规的及时性、系统性、针对性、有效性。

二、科学立法的措施

(一)概览

（二）具体措施

1. 健全宪法实施和监督制度

夯实基础	宪法是党和人民意志的集中体现，是通过科学民主程序形成的根本法。**坚持依法治国首先要坚持依宪治国，坚持依法执政首先要坚持依宪执政**。全国各族人民、一切国家机关和武装力量、各政党和各社会团体、各企业事业组织，都必须以宪法为根本的活动准则，并且负有维护宪法尊严、保证宪法实施的职责。一切违反宪法的行为都必须予以追究和纠正。
	完善全国人大及其常委会宪法监督制度，健全宪法解释程序机制。加强备案审查制度和能力建设，把所有规范性文件纳入备案审查范围，依法撤销和纠正违宪违法的规范性文件，禁止地方制发带有立法性质的文件。
	将每年十二月四日定为国家宪法日。在全社会普遍开展宪法教育，弘扬宪法精神。建立宪法宣誓制度，凡经人大及其常委会选举或者决定任命的国家工作人员正式就职时公开向**宪法宣誓**。

2. 完善立法体制

完善体制	**加强党对立法工作的领导，完善党对立法工作中重大问题决策的程序**。凡立法涉及重大体制和重大政策调整的，必须报党中央讨论决定。党中央向全国人大提出宪法修改建议，依照宪法规定的程序进行宪法修改。法律制定和修改的重大问题由全国人大常委会党组向党中央报告。
	健全有立法权的人大主导立法工作的体制机制，发挥人大及其常委会在立法工作中的主导作用。建立由全国人大相关专门委员会、全国人大常委会法制工作委员会组织有关部门参与起草综合性、全局性、基础性等重要法律草案制度。增加有法治实践经验的专职常委比例。依法建立健全专门委员会、工作委员会立法专家顾问制度。
	加强和改进政府立法制度建设，完善行政法规、规章制定程序，完善公众参与政府立法机制。重要行政管理法律法规由政府法制机构组织起草。
	明确立法权力边界，从体制机制和工作程序上有效防止部门利益和地方保护主义法律化。对部门间争议较大的重要立法事项，由决策机关引入第三方评估，充分听取各方意见，协调决定，不能久拖不决。加强法律解释工作，及时明确法律规定的含义和适用法律的依据。明确地方立法权限和范围，依法赋予设区的市地方立法权。

3. 深入推进科学立法、民主立法

明确方法	**加强人大对立法工作的组织协调**,健全立法起草、论证、协调、审议机制,健全向下级人大征询立法意见机制,建立基层立法联系点制度,推进立法精细化。健全法律法规规章起草征求人大代表意见制度,增加人大代表列席人大常委会会议人数,更多发挥人大代表参与起草和修改法律的作用。完善立法项目征集和论证制度。健全立法机关主导、社会各方有序参与立法的途径和方式。探索委托第三方起草法律法规草案。
	健全立法机关和社会公众沟通机制,开展立法协商,充分发挥政协委员、民主党派、工商联、无党派人士、人民团体、社会组织在立法协商中的作用,探索建立有关国家机关、社会团体、专家学者等对立法中涉及的重大利益调整论证咨询机制。拓宽公民有序参与立法的途径,健全法律法规规章草案公开征求意见和公众意见采纳情况的反馈机制,广泛凝聚社会共识。
	完善法律草案表决程序,对重要条款可以单独表决。

4. 加强重点领域立法

重点突出	**依法保障公民权利**,加快完善体现权利公平、机会公平、规则公平的法律制度,保障公民人身权、财产权、基本政治权利等各项权利不受侵犯,保障公民经济、文化、社会等各方面权利得到落实,实现公民权利保障法治化。增强全社会尊重和保障人权意识,健全公民权利救济渠道和方式。
	社会主义**市场经济**本质上是法治经济。使市场在资源配置中起决定性作用和更好发挥政府作用,必须以保护产权、维护契约、统一市场、平等交换、公平竞争、有效监管为基本导向,完善社会主义市场经济法律制度。健全以公平为核心原则的产权保护制度,加强对各种所有制经济组织和自然人财产权的保护,清理有违公平的法律法规条款。创新适应公有制多种实现形式的产权保护制度,加强对国有、集体资产所有权、经营权和各类企业法人财产权的保护。国家保护企业以法人财产权依法自主经营、自负盈亏,企业有权拒绝任何组织和个人无法律依据的要求。加强企业社会责任立法。完善激励创新的产权制度、知识产权保护制度和促进科技成果转化的体制机制。加强市场法律制度建设,编纂民法典,制定和完善发展规划、投资管理、土地管理、能源和矿产资源、农业、财政税收、金融等方面法律法规,促进商品和要素自由流动、公平交易、平等使用。依法加强和改善宏观调控、市场监管,反对垄断,促进合理竞争,维护公平竞争的市场秩序。加强军民融合深度发展法治保障。

(续表)

重点突出	制度化、规范化、程序化是社会主义**民主政治**的根本保障。以保障人民当家作主为核心,坚持和完善人民代表大会制度,坚持和完善中国共产党领导的多党合作和政治协商制度、民族区域自治制度以及基层群众自治制度,推进社会主义民主政治法治化。加强社会主义协商民主制度建设,推进协商民主广泛多层制度化发展,构建程序合理、环节完整的协商民主体系。完善和发展基层民主制度,依法推进基层民主和行业自律,实行自我管理、自我服务、自我教育、自我监督。完善国家机构组织法,完善选举制度和工作机制。加快推进反腐败国家立法,完善惩治和预防腐败体系,形成不敢腐、不能腐、不想腐的有效机制,坚决遏制和预防腐败现象。完善惩治贪污贿赂犯罪法律制度,把贿赂犯罪对象由财物扩大为财物和其他财产性利益。
	建立健全坚持社会主义**先进文化**前进方向、遵循文化发展规律、有利于激发文化创造活力、保障人民基本文化权益的文化法律制度。制定公共文化服务保障法,促进基本公共文化服务标准化、均等化。制定文化产业促进法,把行之有效的文化经济政策法定化,健全促进社会效益和经济效益有机统一的制度规范。制定国家勋章和国家荣誉称号法,表彰有突出贡献的杰出人士。加强互联网领域立法,完善网络信息服务、网络安全保护、网络社会管理等方面的法律法规,依法规范网络行为。
	加快保障和改善民生、推进社会治理体制创新法律制度建设。依法加强和规范公共服务,完善教育、就业、收入分配、社会保障、医疗卫生、食品安全、扶贫、慈善、社会救助和妇女儿童、老年人、残疾人合法权益保护等方面的法律法规。加强社会组织立法,规范和引导各类社会组织健康发展。制定社区矫正法。
	贯彻落实总体**国家安全**观,加快国家安全法治建设,抓紧出台反恐怖等一批急需法律,推进公共安全法治化,构建国家安全法律制度体系。
	用严格的法律制度保护**生态环境**,加快建立有效约束开发行为和促进绿色发展、循环发展、低碳发展的生态文明法律制度,强化生产者环境保护的法律责任,大幅度提高违法成本。建立健全自然资源产权法律制度,完善国土空间开发保护方面的法律制度,制定完善生态补偿和土壤、水、大气污染防治及海洋生态环境保护等法律法规,促进生态文明建设。
	实现**立法和改革决策相衔接**,做到重大改革于法有据、立法主动适应改革和经济社会发展需要。实践证明行之有效的,要及时上升为法律。实践条件还不成熟、需要先行先试的,要按照法定程序作出授权。对不适应改革要求的法律法规,要及时修改和废止。

【真题示例】

有研究表明,在实施行贿犯罪的企业中,有一部分企业是由于担心竞争对手提前行贿,自己不行贿就会"输在起跑线上",才实施了行贿行为。对此,下列哪些说法是正确的?(2017/1/51,多选)①

---

① 【答案】B、C、D

A. 市场环境不良是企业行贿的诱因,应适当减轻对此类犯罪的处罚
B. 应健全以公平为核心的市场法律制度,维护公平竞争的市场秩序
C. 应加快反腐败立法,从源头上堵塞企业行贿的漏洞
D. 必须强化对公权力的制约,核心是正确处理政府和市场的关系

【分析】 在一个信息不对称的社会中,人的行为很容易陷入"囚徒困境",由于博弈的双方缺乏互信,各自从自己利益最大化的角度出发作出的行为反而对双方都不利。从每个人利益的角度来看,囚徒困境中的双方作出的行为都是理性的,但是对集体来说的确实非理性的,这被称为"集体行为的非理性"。出现题干中这种现象的原因在于,政府的权力过于庞大集中,管了本来应该由市场处理的事务,要减少此类行为,需要简政放权,加快反腐败立法,强化对公权力的制约,故 B、C、D 的说法正确。市场环境不良是企业行贿的诱因,这本身没错,但是为了建立良好的市场环境应该加重而非减轻对行贿的惩罚。故 A 错。

第二节 深入推进依法行政,加快建设法治政府

一、严格执法的意义

法律的生命力在于实施,法律的权威也在于实施。各级政府必须坚持在党的领导下、在法治轨道上开展工作,创新执法体制,完善执法程序,推进综合执法,严格执法责任,建立权责统一、权威高效的依法行政体制,加快建设职能科学、权责法定、执法严明、公开公正、廉洁高效、守法诚信的法治政府。

二、严格执法的措施

(一)概览

(二)具体措施

1. 依法全面履行政府职能

依法全面	**完善行政组织和行政程序法律制度,推进机构**、**职能**、**权限**、**程序**、**责任法定化**。行政机关要坚持法定责任必须为、法无授权不可为,勇于负责、敢于担当,坚决纠正不作为、乱作为,坚决克服懒政、怠政,坚决惩处失职、渎职。行政机关不得法外设定权力,没有法律法规依据不得作出减损公民、法人和其他组织合法权益或者增加其义务的决定。推行政府权力清单制度,坚决消除权力设租寻租空间。
	推进各级政府**事权规范化**、**法律化**,完善不同层级政府特别是中央和地方政府事权法律制度,**强化中央政府宏观管理**、制度设定职责和必要的执法权,强化省级政府统筹推进区域内基本公共服务均等化职责,强化市县政府执行职责。

2. 健全依法决策机制

依法决策	把公众参与、专家论证、风险评估、合法性审查、集体讨论决定确定为重大行政决策法定程序，确保决策制度科学、程序正当、过程公开、责任明确。建立行政机关内部重大决策合法性审查机制，未经合法性审查或经审查不合法的，不得提交讨论。
	积极推行政府法律顾问制度，建立政府法制机构人员为主体、吸收专家和律师参加的法律顾问队伍，保证法律顾问在制定重大行政决策、推进依法行政中发挥积极作用。
	建立重大决策终身责任追究制度及责任倒查机制，对决策严重失误或者依法应该及时作出决策但久拖不决造成重大损失、恶劣影响的，严格追究行政首长、负有责任的其他领导人员和相关责任人员的法律责任。

3. 深化行政执法体制改革

深化体改	根据不同层级政府的事权和职能，按照减少层次、整合队伍、提高效率的原则，合理配置执法力量。
	推进综合执法，大幅减少市县两级政府执法队伍种类，重点在食品药品安全、工商质检、公共卫生、安全生产、文化旅游、资源环境、农林水利、交通运输、城乡建设、海洋渔业等领域内推行综合执法，有条件的领域可以推行跨部门综合执法。
	完善市县两级政府行政执法管理，加强统一领导和协调。理顺行政强制执行体制。理顺城管执法体制，加强城市管理综合执法机构建设，提高执法和服务水平。
	严格实行行政执法人员持证上岗和资格管理制度，未经执法资格考试合格，不得授予执法资格，不得从事执法活动。严格执行罚缴分离和收支两条线管理制度，严禁收费罚没收入同部门利益直接或者变相挂钩。
	健全行政执法和刑事司法衔接机制，完善案件移送标准和程序，建立行政执法机关、公安机关、检察机关、审判机关信息共享、案情通报、案件移送制度，坚决克服有案不移、有案难移、以罚代刑现象，实现行政处罚和刑事处罚无缝对接。

4. 坚持严格规范公正文明执法

公正文明	依法惩处各类违法行为，加大关系群众切身利益的重点领域执法力度。完善执法程序，建立执法全过程记录制度。明确具体操作流程，重点规范行政许可、行政处罚、行政强制、行政征收、行政收费、行政检查等执法行为。严格执行重大执法决定法制审核制度。
	建立健全行政裁量权基准制度，细化、量化行政裁量标准，规范裁量范围、种类、幅度。加强行政执法信息化建设和信息共享，提高执法效率和规范化水平。
	全面落实行政执法责任制，严格确定不同部门及机构、岗位执法人员执法责任和责任追究机制，加强执法监督，坚决排除对执法活动的干预，防止和克服地方和部门保护主义，惩治执法腐败现象。

5. 强化对行政权力的制约和监督

强化监督	**加强党内监督、人大监督、民主监督、行政监督、司法监督、审计监督、社会监督、舆论监督**制度建设,努力形成科学有效的权力运行制约和监督体系,增强监督合力和实效。
	加强对政府内部权力的制约,是强化对行政权力制约的重点。对财政资金分配使用、国有资产监管、政府投资、政府采购、公共资源转让、公共工程建设等权力集中的部门和岗位实行分事行权、分岗设权、分级授权,定期轮岗,强化内部流程控制,防止权力滥用。完善政府内部层级监督和专门监督,改进上级机关对下级机关的监督,建立常态化监督制度。完善纠错问责机制,健全责令公开道歉、停职检查、引咎辞职、责令辞职、罢免等问责方式和程序。
	完善审计制度,保障依法独立行使审计监督权。对公共资金、国有资产、国有资源和领导干部履行经济责任情况实行审计全覆盖。强化上级审计机关对下级审计机关的领导。探索省以下地方审计机关人财物统一管理。推进审计职业化建设。

6. 全面推进政务公开

政务公开	**坚持以公开为常态、不公开为例外原则,推进决策公开、执行公开、管理公开、服务公开、结果公开。**各级政府及其工作部门依据权力清单,向社会全面公开政府职能、法律依据、实施主体、职责权限、管理流程、监督方式等事项。重点推进财政预算、公共资源配置、重大建设项目批准和实施、社会公益事业建设等领域的政府信息公开。
	涉及公民、法人或其他组织权利和义务的规范性文件,按照政府信息公开要求和程序予以公布。推行行政执法公示制度。推进政务公开信息化,加强互联网政务信息数据服务平台和便民服务平台建设。

【真题示例】

推进依法行政、转变政府职能要求健全透明预算制度。修改后的《预算法》规定,经本级人大或者常委会批准的政府预算、预算调整和决算,应及时向社会公开,部门预算、决算及报表也应向社会公开。对此,下列哪一说法是错误的?(2017/1/2,单选)①

A. 依法行政要求对不适应法治政府建设需要的法律及时进行修改和废止
B. 透明预算制度有利于避免财政预算的部门化倾向
C. 立法对政府职能转变具有规范作用,能为法治政府建设扫清障碍
D. 立法要适应政府职能转变的要求,但立法总是滞后于改革措施

【分析】 虽然法律总体上具有滞后性,但是立法者可以发挥自己的主观能动性,使立法具有适度的超前性。故 D 的说法错误。其他三个选项正确。

---

① 【答案】D

第三节 保证公正司法,提高司法公信力

一、公正司法的意义

> 公正是法治的生命线。司法公正对社会公正具有重要引领作用,司法不公对社会公正具有致命破坏作用。必须完善司法管理体制和司法权力运行机制,规范司法行为,加强对司法活动的监督,努力让人民群众在每一个司法案件中感受到公平正义。

二、公正司法的措施

(一)概览

司法独立 ➡ 优化配权 ➡ 严格司法 ➡ 群众参与 ➡ 人权保障 ➡ 加强监督

(二)具体措施

1. 完善确保依法独立公正行使审判权和检察权的制度

司法独立	各级党政机关和领导干部要支持法院、检察院依法独立公正行使职权。建立领导干部干预司法活动、插手具体案件处理的记录、通报和责任追究制度。任何党政机关和领导干部都不得让司法机关做违反法定职责、有碍司法公正的事情,任何司法机关都不得执行党政机关和领导干部违法干预司法活动的要求。对干预司法机关办案的,给予党纪政纪处分;造成冤假错案或者其他严重后果的,依法追究刑事责任。
	健全行政机关依法出庭应诉、支持法院受理行政案件、尊重并执行法院生效裁判的制度。完善惩戒妨碍司法机关依法行使职权、拒不执行生效裁判和决定、藐视法庭权威等违法犯罪行为的法律规定。
	建立健全司法人员履行法定职责保护机制。非因法定事由,非经法定程序,不得将法官、检察官调离、辞退或者作出免职、降级等处分。

2. 优化司法职权配置

优化配权	健全公安机关、检察机关、审判机关、司法行政机关**各司其职**,侦查权、检察权、审判权、执行权相互配合、相互制约的体制机制。
	完善司法体制,推动实行审判权和执行权相分离的体制改革试点。完善刑罚执行制度,统一刑罚执行体制。改革司法机关人财物管理体制,探索实行法院、检察院司法行政事务管理权和审判权、检察权相分离。
	最高人民法院设立巡回法庭,审理跨行政区域重大行政和民商事案件。探索设立跨行政区划的人民法院和人民检察院,办理跨地区案件。完善行政诉讼体制机制,合理调整行政诉讼案件管辖制度,切实解决行政诉讼立案难、审理难、执行难等突出问题。

（续表）

优化配权	**改革法院案件受理制度**，变立案审查制为立案登记制，对人民法院依法应该受理的案件，做到有案必立、有诉必理，保障当事人诉权。加大对虚假诉讼、恶意诉讼、无理缠诉行为的惩治力度。完善刑事诉讼中认罪认罚从宽制度。
	完善审级制度，一审重在解决事实认定和法律适用，二审重在解决事实法律争议、实现二审终审，再审重在解决依法纠错、维护裁判权威。完善对涉及公民人身、财产权益的行政强制措施实行司法监督制度。检察机关在履行职责中发现行政机关违法行使职权或者不行使职权的行为，应该督促其纠正。探索建立检察机关提起公益诉讼制度。
	明确司法机关内部各层级权限，健全内部监督制约机制。司法机关内部人员不得违反规定干预其他人员正在办理的案件，建立司法机关内部人员过问案件的记录制度和责任追究制度。完善主审法官、合议庭、主任检察官、主办侦查员办案责任制，落实谁办案谁负责。
	加强职务犯罪线索管理，健全受理、分流、查办、信息反馈制度，明确纪检监察和刑事司法办案标准和程序衔接，依法严格查办职务犯罪案件。

3. 推进严格司法

严格司法	**坚持以事实为根据、以法律为准绳**，健全事实认定符合客观真相、办案结果符合实体公正、办案过程符合程序公正的法律制度。加强和规范司法解释和案例指导，统一法律适用标准。
	推进以审判为中心的诉讼制度改革，确保侦查、审查起诉的案件事实证据经得起法律的检验。全面贯彻证据裁判规则，严格依法收集、固定、保存、审查、运用证据，完善证人、鉴定人出庭制度，保证庭审在查明事实、认定证据、保护诉权、公正裁判中发挥决定性作用。
	明确各类司法人员工作职责、工作流程、工作标准，实行办案质量终身负责制和错案责任倒查问责制，确保案件处理经得起法律和历史检验。

4. 保障人民群众参与司法

群众参与	**坚持人民司法为人民，依靠人民推进公正司法，通过公正司法维护人民权益**。在司法调解、司法听证、涉诉信访等司法活动中保障人民群众参与。完善人民陪审员制度，保障公民陪审权利，扩大参审范围，完善随机抽选方式，提高人民陪审制度公信度。逐步实行人民陪审员不再审理法律适用问题，只参与审理事实认定问题。
	构建开放、动态、透明、便民的阳光司法机制，推进审判公开、检务公开、警务公开、狱务公开，依法及时公开执法司法依据、程序、流程、结果和生效法律文书，杜绝暗箱操作。加强法律文书释法说理，建立生效法律文书统一上网和公开查询制度。

5. 加强人权司法保障

人权保障	**强化诉讼过程中当事人和其他诉讼参与人的知情权、陈述权、辩护辩论权、申请权、申诉权的制度保障**。健全落实罪刑法定、疑罪从无、非法证据排除等法律原则的法律制度。完善对限制人身自由司法措施和侦查手段的司法监督,加强对刑讯逼供和非法取证的源头预防,健全冤假错案有效防范、及时纠正机制。
	切实解决执行难,制定强制执行法,规范查封、扣押、冻结、处理涉案财物的司法程序。加快建立失信被执行人信用监督、威慑和惩戒法律制度。依法保障胜诉当事人及时实现权益。
	落实终审和诉讼终结制度,实行诉访分离,保障当事人依法行使申诉权利。对不服司法机关生效裁判、决定的申诉,逐步实行由律师代理制度。对聘不起律师的申诉人,纳入法律援助范围。

6. 加强对司法活动的监督

加强监督	**完善检察机关行使监督权的法律制度,加强对刑事诉讼、民事诉讼、行政诉讼的法律监督**。完善人民监督员制度,重点监督检察机关查办职务犯罪的立案、羁押、扣押冻结财物、起诉等环节的执法活动。司法机关要及时回应社会关切。规范媒体对案件的报道,防止舆论影响司法公正。
	依法规范司法人员与当事人、律师、特殊关系人、中介组织的接触、交往行为。严禁司法人员私下接触当事人及律师、泄露或者为其打探案情、接受吃请或者收受其财物、为律师介绍代理和辩护业务等违法违纪行为,坚决惩治司法掮客行为,防止利益输送。
	对因违法违纪被开除公职的司法人员、吊销执业证书的律师和公证员,终身禁止从事法律职业,构成犯罪的要依法追究刑事责任。
	坚决破除各种潜规则,绝不允许法外开恩,绝不允许办关系案、人情案、金钱案。坚决反对和克服特权思想、衙门作风、霸道作风,坚决反对和惩治粗暴执法、野蛮执法行为。对司法领域的腐败零容忍,坚决清除害群之马。

【真题示例】

某法院完善人民陪审员选任方式,在增加陪审员数量的基础上建立"陪审员库",随机抽选陪审员参与案件审理。关于人民陪审员制度,下列哪一说法是错误的?(2016/1/5,单选)①

A. 应避免陪审员选任的过度"精英化"
B. 若少数陪审员成为常驻法院的"专审员",将影响人民陪审员制度的公信力
C. 完善人民陪审员制度的主要目的是让人民群众通过参与司法养成守法习惯

---

① 【答案】C

D. 陪审员的大众思维和朴素观念能够弥补法官职业思维的局限性

【分析】《中共中央关于全面推进依法治国若干重大问题的决定》中说:完善人民陪审员制度,保障公民陪审权利,扩大参审范围,完善随机抽选方式,提高人民陪审制度公信度。逐步实行人民陪审员不再审理法律适用问题,只参与审理事实认定问题。依据该《决定》,对陪审员制度进行了改革试点,试点的内容之一是把学历要求降低为高中,把年龄提高到28周岁,这一措施的目的就在于防止陪审员选任的过度"精英化"。随机抽选的目的在于防止陪审员常任化,从而保证陪审制度的公信力。设立陪审员制度目的就是为了让陪审员参与案件的审理,把平民主义视角引入裁判,以防止法官的职业主义视角下裁判的偏执化,从而保证司法判决的合法合理。故 A、B、D 三个选项的表述正确。

通过担任陪审员参与司法过程,了解司法的运作,从而养成守法习惯,这是陪审员制度的目的之一,但并非主要目的。故 C 错。

第四节 增强全民法治观念,推进法治社会建设

一、全民守法的意义

> **法律的权威源自人民的内心拥护和真诚信仰。** 人民权益要靠法律保障,法律权威要靠人民维护。必须弘扬社会主义法治精神,建设社会主义法治文化,增强全社会厉行法治的积极性和主动性,形成守法光荣、违法可耻的社会氛围,使全体人民都成为社会主义法治的忠实崇尚者、自觉遵守者、坚定捍卫者。

二、实现全民守法的措施

（一）概览

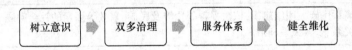

（二）具体措施

1. 推动全社会树立法治意识

| 树立意识 | 坚持把全民普法和守法作为依法治国的长期基础性工作,深入开展法治宣传教育,引导全民自觉守法、遇事找法、解决问题靠法。坚持把领导干部带头学法、模范守法作为树立法治意识的关键,完善国家工作人员学法用法制度,把宪法法律列入党委(党组)中心组学习内容,列为党校、行政学院、干部学院、社会主义学院必修课。把法治教育纳入国民教育体系,从青少年抓起,在中小学设立法治知识课程。 |

（续表）

树立意识	**健全普法宣传教育机制**，各级党委和政府要加强对普法工作的领导，宣传、文化、教育部门和人民团体要在普法教育中发挥职能作用。实行国家机关"**谁执法谁普法**"的普法责任制，建立法官、检察官、行政执法人员、律师等以案释法制度，加强普法讲师团、普法志愿者队伍建设。把法治教育纳入精神文明创建内容，开展群众性法治文化活动，健全媒体公益普法制度，加强新媒体新技术在普法中的运用，提高普法实效。
	牢固树立有权力就有责任、有权利就有义务观念。加强社会诚信建设，健全公民和组织守法信用记录，完善守法诚信褒奖机制和违法失信行为惩戒机制，使尊法守法成为全体人民的共同追求和自觉行动。
	加强公民道德建设，弘扬中华优秀传统文化，增强法治的道德底蕴，强化规则意识，倡导契约精神，弘扬公序良俗。发挥法治在解决道德领域突出问题中的作用，引导人们自觉履行法定义务、社会责任、家庭责任。

2. 推进多层次多领域依法治理

双多治理	**坚持系统治理、依法治理、综合治理、源头治理，提高社会治理法治化水平**。深入开展多层次多形式法治创建活动，深化基层组织和部门、行业依法治理，支持各类社会主体自我约束、自我管理。发挥市民公约、乡规民约、行业规章、团体章程等社会规范在社会治理中的积极作用。
	发挥人民团体和社会组织在法治社会建设中的积极作用。建立健全社会组织参与社会事务、维护公共利益、救助困难群众、帮教特殊人群、预防违法犯罪的机制和制度化渠道。支持行业协会商会类社会组织发挥行业自律和专业服务功能。发挥社会组织对其成员的行为导引、规则约束、权益维护作用。加强在华境外非政府组织管理，引导和监督其依法开展活动。
	高举民族大团结旗帜，依法妥善处置涉及民族、宗教等因素的社会问题，促进民族关系、宗教关系和谐。

3. 建设完备的法律服务体系

服务体系	**推进覆盖城乡居民的公共法律服务体系建设，加强民生领域法律服务**。完善法律援助制度，扩大援助范围，健全司法救助体系，保证人民群众在遇到法律问题或者权利受到侵害时获得及时有效的法律帮助。
	发展律师、公证等法律服务业，统筹城乡、区域法律服务资源，发展涉外法律服务业。健全统一司法鉴定管理体制。

4. 健全依法维权和化解纠纷机制

健全维化	**强化法律在维护群众权益、化解社会矛盾中的权威地位,** 引导和支持人们理性表达诉求、依法维护权益,解决好群众最关心的最直接最现实的利益问题。
	构建对维护群众利益具有重大作用的制度体系,**建立健全社会矛盾预警机制、利益表达机制、协商沟通机制、救济救助机制,畅通群众利益协调、权益保障法律渠道**。把信访纳入法治化轨道,保障合理合法诉求依照法律规定和程序就能得到合理合法的结果。
	健全社会矛盾纠纷预防化解机制,完善调解、仲裁、行政裁决、行政复议、诉讼等有机衔接、相互协调的多元化纠纷解决机制。加强行业性、专业性人民调解组织建设,完善人民调解、行政调解、司法调解联动工作体系。完善仲裁制度,提高仲裁公信力。健全行政裁决制度,强化行政机关解决同行政管理活动密切相关的民事纠纷功能。
	深入推进社会治安综合治理,健全落实领导责任制。 完善立体化社会治安防控体系,有效防范化解管控影响社会安定的问题,保障人民生命财产安全。依法严厉打击暴力恐怖、涉黑犯罪、邪教和黄赌毒等违法犯罪活动,绝不允许其形成气候。依法强化危害食品药品安全、影响安全生产、损害生态环境、破坏网络安全等重点问题治理。

【真题示例】

梁某欲将儿子转到离家较近的学校上小学,学校要求其提供无违法犯罪记录证明。梁某找到户籍地派出所,民警告之,公安机关已不再出具无违法犯罪记录证明等18类证明。考虑到梁某的难处,民警仍出具了证明,并附言一句:"请问学校,难道父母有犯罪记录,就可以剥夺小孩读书的权利吗?"对此,下列哪一说法是正确的?(2017/1/4,单选)①

  A. 公安机关不再出具无违法犯罪记录证明,将减损公民合法权益
  B. 民警的附言客观上起到了普法作用,符合"谁执法谁普法"的要求
  C. 派出所对学校的要求提出质疑,不符合文明执法的要求
  D. 梁某要求派出所出具已明令不再出具的证明,其法治意识不强

【分析】 公安机关已不再出具无违法犯罪记录证明等18类证明,本身就是为了提高行政效率,减少公民办事的无谓成本,属于保护公民合法权益的举措,故A错。

民警的附言想告诉学校公民有受教育的权利,这种权利并不因为父母的犯罪行为而丧失,客观上起到了普法的作用,我国的普法实行"谁执法谁普法"的普法责任制。故B正确。

派出所民警的行为合情合理,并不违背文明执法的要求。故C错。

梁某之所以要求排除出具不合理的证明,不是法治意识不强,是被学校所迫的无奈之举。故D错。

---

① 【答案】B

第三章 保障力量

【基本框架】

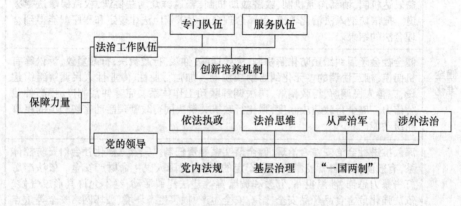

第一节 加强法治工作队伍建设

一、建设高素质法治专门队伍

专门队伍	把思想政治建设摆在首位,加强理想信念教育,深入开展社会主义核心价值观和社会主义法治理念教育,坚持**党的事业、人民利益、宪法法律至上**,加强立法队伍、行政执法队伍、司法队伍建设。抓住立法、执法、司法机关各级领导班子建设这个关键,突出政治标准,把善于运用法治思维和法治方式推动工作的人选拔到领导岗位上来。畅通立法、执法、司法部门干部和人才相互之间以及与其他部门具备条件的干部和人才的交流渠道。
	推进法治专门队伍**正规化、专业化、职业化**,提高职业素养和专业水平。完善法律职业准入制度,健全国家统一法律职业资格考试制度,建立法律职业人员统一职前培训制度。建立从符合条件的律师、法学专家中招录立法工作者、法官、检察官制度,畅通具备条件的军队转业干部进入法治专门队伍的通道,**健全从政法专业毕业生中招录人才的规范便捷机制**。加强边疆地区、民族地区法治专门队伍建设。加快建立符合职业特点的法治工作人员管理制度,完善职业保障体系,建立法官、检察官、人民警察专业职务序列及工资制度。
	建立法官、检察官逐级遴选制度。初任法官、检察官由高级人民法院、省级人民检察院统一招录,一律在基层法院、检察院任职。上级人民法院、人民检察院的法官、检察官一般从下一级人民法院、人民检察院的优秀法官、检察官中遴选。

二、加强法律服务队伍建设

服务队伍	加强律师队伍**思想政治建设**，把拥护中国共产党领导、拥护社会主义法治作为律师从业的基本要求，增强广大律师走中国特色社会主义法治道路的自觉性和坚定性。构建社会律师、公职律师、公司律师等优势互补、结构合理的律师队伍。提高律师队伍业务素质，完善执业保障机制。加强律师事务所管理，发挥律师协会自律作用，规范律师执业行为，监督律师严格遵守职业道德和职业操守，强化准入、退出管理，严格执行违法违规执业惩戒制度。加强律师行业党的建设，扩大党的工作覆盖面，切实发挥律师事务所党组织的政治核心作用。
	各级党政机关和人民团体普遍设立**公职律师**，企业可设立公司律师，参与决策论证，提供法律意见，促进依法办事，防范法律风险。明确公职律师、公司律师法律地位及权利义务，理顺公职律师、公司律师管理体制机制。
	发展公证员、基层法律服务工作者、人民调解员队伍。推动法律服务志愿者队伍建设。建立激励法律服务人才跨区域流动机制，逐步解决基层和欠发达地区法律服务资源不足和高端人才匮乏的问题。

三、创新法治人才培养机制

人才培养	坚持用马克思主义法学思想和中国特色社会主义法治理论全方位**占领高校、科研机构法学教育和法学研究阵地**，加强法学基础理论研究，形成完善的中国特色社会主义法学理论体系、学科体系、课程体系，组织编写和全面采用国家统一的法律类专业核心教材，纳入司法考试必考范围。坚持立德树人、德育为先导向，推动中国特色社会主义法治理论进教材进课堂进头脑，培养造就熟悉和坚持中国特色社会主义法治体系的法治人才及后备力量。建设通晓国际法律规则、善于处理涉外法律事务的涉外法治人才队伍。
	健全政法部门和法学院校、法学研究机构人员双向交流机制，实施高校和法治工作部门人员互聘计划，重点打造一支政治立场坚定、理论功底深厚、熟悉中国国情的高水平法学家和专家团队，建设高素质学术带头人、骨干教师、专兼职教师队伍。

【真题示例】

人民调解制度是我国的创举，被西方国家誉为法治的"东方经验"。关于人民调解，下列哪些说法是正确的？（2016/1/55，多选）①

A. 人民调解员不属于法治工作队伍，但仍然在法治建设中起着重要作用
B. 法院应当重视已确认效力的调解协议的执行，防止调解过的纠纷再次涌入法院
C. 人民调解制度能够缓解群众日益增长的司法需求与国家司法资源不足之间的矛盾
D. 人民调解组织化解纠纷的主要优势是不拘泥于法律规定，不依赖专业法律知识

【分析】 人民调解员属于法治服务队伍，是法治工作队伍的重要组成部分，因而 A 错。

---

① 【答案】B、C

调解本身就是为了减轻法院工作压力,缓解群众日益增长的司法需求与国家司法资源不足之间的矛盾的一种制度安排,如果调解协议得不到执行,调解过的纠纷再次涌入法院,就违背了设立这一制度的初衷,故B、C项的说法正确。

人民调解组织在调解纠纷的时候应当依法进行,故D错。

第二节 加强和改进党对全面推进依法治国的领导

一、坚持依法执政

依法执政	**依法执政是依法治国的关键**。各级党组织和领导干部要深刻认识到,维护宪法法律权威就是维护党和人民共同意志的权威,捍卫宪法法律尊严就是捍卫党和人民共同意志的尊严,保证宪法法律实施就是保证党和人民共同意志的实现。各级领导干部要对法律怀有敬畏之心,牢记法律红线不可逾越、法律底线不可触碰,带头遵守法律、带头依法办事,不得违法行使权力,更不能以言代法、以权压法、徇私枉法。
	健全党领导依法治国的制度和工作机制,完善保证党确定依法治国方针政策和决策部署的工作机制和程序。加强对全面推进依法治国统一领导、统一部署、统筹协调。完善党委依法决策机制,发挥政策和法律的各自优势,促进党的政策和国家法律互联互动。党委要定期听取政法机关工作汇报,做促进公正司法、维护法律权威的表率。党政主要负责人要履行推进法治建设第一责任人职责。各级党委要领导和支持工会、共青团、妇联等人民团体和社会组织在依法治国中积极发挥作用。
	人大、政府、政协、审判机关、检察机关的党组织和党员干部要坚决贯彻党的理论和路线方针政策,贯彻党委决策部署。各级人大、政府、政协、审判机关、检察机关的党组织要领导和监督本单位模范遵守宪法法律,坚决查处执法犯法、违法用权等行为。
	政法委员会是党委领导政法工作的组织形式,必须长期坚持。各级党委政法委员会要把工作着力点放在把握政治方向、协调各方职能、统筹政法工作、建设政法队伍、督促依法履职、创造公正司法环境上,带头依法办事,保障宪法法律正确统一实施。政法机关党组织要建立健全重大事项向党委报告制度。加强政法机关党的建设,在法治建设中充分发挥党组织政治保障作用和党员先锋模范作用。

二、加强党内法规制度建设

党内法规	党内法规既是管党治党的重要依据,也是建设社会主义法治国家的有力保障。党章是最根本的党内法规,全党必须一体严格遵行。完善党内法规制定体制机制,加大党内法规备案审查和解释力度,形成配套完备的党内法规制度体系。注重党内法规同国家法律的衔接和协调,提高党内法规执行力,运用党内法规把党要管党、从严治党落到实处,促进党员、干部带头遵守国家法律法规。

(续表)

党内法规	**党的纪律是党内规矩。党规党纪严于国家法律**，党的各级组织和广大党员干部不仅要模范遵守国家法律，而且要按照党规党纪以更高标准严格要求自己，坚定理想信念，践行党的宗旨，坚决同违法乱纪行为作斗争。对违反党规党纪的行为必须严肃处理，对苗头性倾向性问题必须抓早抓小，防止小错酿成大错、违纪走向违法。
	依纪依法反对和克服形式主义、官僚主义、享乐主义和奢靡之风，形成严密的长效机制。完善和严格执行领导干部政治、工作、生活待遇方面各项制度规定，着力整治各种特权行为。深入开展党风廉政建设和反腐败斗争，严格落实党风廉政建设党委主体责任和纪委监督责任，对任何腐败行为和腐败分子，必须依纪依法予以坚决惩处，决不手软。

三、提高党员干部的法治思维和依法办事能力

党员干部是全面推进依法治国的重要组织者、推动者、实践者，要自觉提高运用法治思维和法治方式深化改革、推动发展、化解矛盾、维护稳定能力，高级干部尤其要以身作则、以上率下。把法治建设成效作为衡量各级领导班子和领导干部工作实绩的重要内容，纳入政绩考核指标体系。把能不能遵守法律、依法办事作为考察干部的重要内容，在相同条件下，优先提拔使用法治素养好、依法办事能力强的干部。对特权思想严重、法治观念淡薄的干部要批评教育，不改正的要调离领导岗位。

四、推进基层治理法治化

全面推进依法治国，基础在基层，工作重点在基层。发挥基层党组织在全面推进依法治国中的战斗堡垒作用，增强基层干部法治观念、法治为民的意识，提高依法办事能力。加强基层法治机构建设，强化基层法治队伍，建立重心下移、力量下沉的法治工作机制，改善基层基础设施和装备条件，推进法治干部下基层活动。

五、深入推进依法治军从严治军

从严治军	党对军队绝对领导是依法治军的核心和根本要求。紧紧围绕党在新形势下的强军目标，着眼全面加强军队革命化现代化正规化建设，创新发展依法治军理论和实践，构建完善的中国特色军事法治体系，提高国防和军队建设法治化水平。
	坚持在法治轨道上积极稳妥地推进国防和军队改革，深化军队领导指挥体制、力量结构、政策制度等方面的改革，加快完善和发展中国特色社会主义军事制度。
	健全适应现代军队建设和作战要求的军事法规制度体系，严格规范军事法规制度的制定权限和程序，将所有军事规范性文件纳入审查范围，完善审查制度，增强军事法规制度科学性、针对性、适用性。

(续表)

从严治军	坚持从严治军铁律,加大军事法规执行力度,明确执法责任,完善执法制度,健全执法监督机制,严格责任追究,推动依法治军落到实处。
	健全军事法制工作体制,建立完善领导机关法制工作机构。改革军事司法体制机制,完善统一领导的军事审判、检察制度,维护国防利益,保障军人合法权益,防范打击违法犯罪。建立军事法律顾问制度,在各级领导机关设立军事法律顾问,完善重大决策和军事行动法律咨询保障制度。改革军队纪检监察体制。
	强化官兵法治理念和法治素养,把法律知识学习纳入军队院校教育体系、干部理论学习和部队教育训练体系,列为军队院校学员必修课和部队官兵必学必训内容。完善军事法律人才培养机制。加强军事法治理论研究。

六、依法保障"一国两制"实践和推进祖国统一

一国两制	坚持宪法的最高法律地位和最高法律效力,全面准确贯彻"一国两制""港人治港""澳人治澳"、高度自治的方针,严格依照宪法和基本法办事,完善与基本法实施相关的制度和机制,依法行使中央权力,依法保障高度自治,支持特别行政区行政长官和政府依法施政,保障内地与香港、澳门经贸关系发展和各领域交流合作,防范和反对外部势力干预港澳事务,保持香港、澳门长期繁荣稳定。
	运用法治方式巩固和深化两岸关系和平发展,完善涉台法律法规,依法规范和保障两岸人民关系、推进两岸交流合作。运用法律手段捍卫一个中国原则、反对"台独",增进维护一个中国框架的共同认知,推进祖国和平统一。
	依法保护港澳同胞、台湾同胞权益。加强内地同香港和澳门、大陆同台湾的执法司法协作,共同打击跨境违法犯罪活动。

七、加强涉外法律工作

适应对外开放不断深化,完善涉外法律法规体系,促进构建开放型经济新体制。积极参与国际规则制定,推动依法处理涉外经济、社会事务,增强我国在国际法律事务中的话语权和影响力,运用法律手段维护我国主权、安全、发展利益。强化涉外法律服务,维护我国公民、法人在海外及外国公民、法人在我国的正当权益,依法维护海外侨胞权益。深化司法领域国际合作,完善我国司法协助体制,扩大国际司法协助覆盖面。加强反腐败国际合作,加大海外追赃追逃、遣返引渡力度。积极参与执法安全国际合作,共同打击暴力恐怖势力、民族分裂势力、宗教极端势力和贩毒走私、跨国有组织犯罪。